suhrkamp taschenbuch 2155

Im Alter von 18 Jahren kommt Alberto Santos Dumont (1873-1932), Sohn reicher brasilianischer Plantagenbesitzer, nach Paris, um sich auf dem Gebiet der Technik und Naturwissenschaften weiterzubilden, doch: Er erliegt dem Traum vom Fliegen, der Faszination der Gefahr und seiner Lust auf Abenteuer. Schon bald ist er einer der bedeutendsten Flugpioniere seiner Zeit. Im Sturm-Flug erobert er die Herzen der Pariserinnen. Aber da seine wahre Liebe der Fliegerei gilt, lösen sich seine Beziehungen zu Frauen früher oder später in Luft auf...

In der szenischen Folge abgeschlossener Prosaminiaturen erzählt Márcio Souza von den Höhenflügen und Bruchlandungen Santos Dumonts. Er manövriert den Leser mit luftiger Leichtigkeit durch Ballonschuppen und Hangars, Cafés und Salons der Belle Époque und entlarvt dabei – ganz en passant und doch schonungslos – die Arroganz der »zivilisierten« Europäer und ihren kolonialistischen Blick auf Lateinamerika ebenso wie die politischen Verhältnisse im Brasilien der dreißiger Jahre.

»Nur Fliegen ist schöner...« *Ulrich Klenner, Bayerischer Rundfunk*

Márcio Souza wurde 1946 in Manaus (Amazonien) geboren. Er studierte Sozialwissenschaften in São Paulo und leitet heute die Nationale Buchabteilung der Biblioteca Nacional in Rio de Janeiro, Brasilien. Er arbeitet auch als Filmkritiker und Drehbuchautor und ist einer der jüngsten brasilianischen Erzähler, deren Bücher bereits auf deutsch veröffentlicht wurden: Sein Roman »Galvez, Kaiser von Amazonien« erschien 1983 in deutscher Übersetzung und sein Roman »Mad Maria oder das Klavier im Fluß« 1984.

Márcio Souza
Der fliegende Brasilianer

Roman

Aus dem brasilianischen
Portugiesisch von
Karin von Schweder-Schreiner

Mit einem Anhang
von Michael Fisch

Suhrkamp

Die Originalausgabe in portugiesischer Sprache erschien 1986 im Verlag *Editora Marco Zero* in Rio de Janeiro unter dem Titel *O Brasileiro Voador.*
Umschlagbild: Die lenkbare ›No. 9‹, ›Balladeuse‹, Länge 12 m, Volumen 220 m^3. Sie war der kleinste der lenkbaren Santos-Dumont-Ballons und veranstaltete 1903 mehrere Demonstrationsflüge über Paris.

suhrkamp taschenbuch 2155
Erste Auflage 1993

Lizenzausgabe mit freundlicher Genehmigung
der Edition diá, St. Gallen/Berlin/São Paulo
Suhrkamp Taschenbuch Verlag

Satz: IBV Satz- und Datentechnik GmbH, Berlin
Druck: Nomos Verlagsgesellschaft, Baden-Baden
Printed in Germany
Umschlag nach Entwürfen von
Willy Fleckhaus und Rolf Staudt

1 2 3 4 5 6 – 98 97 96 95 94 93

»NOBODY WILL FLY
FOR A THOUSAND YEARS!« *Wilbur Wright*

Dieses Buch ist ursprünglich als Drehbuch für einen Film entstanden. Die endgültige, offizielle und unanfechtbare Biographie von Santos Dumont zu schreiben, war nie mein Anspruch. Eigentlich hatte ich keine große Sympathie für den Protagonisten. Als er vom militärischen Kult vereinnahmt wurde, verwandelte Santos Dumont sich in eine fade Gestalt, das Symbol eines mittelmäßigen, gekränkten, typisch brasilianischen Patriotismus, eine Art schmächtiger, galliger Halbgott, der nur deshalb verkannt werde, weil er in diesem Land des Karnevals und der Bonhomie geboren war. Kurzum, eine jener typischen Geschichten, die man uns ständig eintrichtert, um uns weiszumachen, wir seien zum Siegen geboren und nicht zum Verlieren.
Im Grunde hat dieser verzerrte Patriotismus Santos Dumont wesentlich Schlimmeres angetan als das, was die Tauben ganz ungeniert auf den Statuen berühmter Leute in öffentlichen Anlagen tun.
Zum Glück irren die Tauben sich nicht.
Im übrigen trage ich die alleinige Verantwortung.

Teil I

Das Wunder der abendländischen Welt
oder
Ein Großgrundbesitzer der Luft in Gallien

1893 bis 1902
Mit Szenen von 1932

»Und er stieg empor, in die Lüfte hinein
Im verblassenden Blau des Spätnachmittagshimmels
Auf der Suche nach einem klangvollen Reim...«

Machado de Assis

Alte Republik Er zündet die Papiere an, die er aufbewahrt hat. Rui Barbosa, der die Dokumente der Sklaverei in die Flammen geworfen hatte, hätte neidisch werden können. Man schreibt 1914. Alberto ist schon sehr krank. Die Franzosen, in Panik, weil die *boches* ihnen auf den Fersen sind, haben den Brasilianer für einen deutschen Spion gehalten. Chauvinismus ist immer kurzsichtig. Und er beschließt, der Zukunft jene Krumen vorzuenthalten, aus denen man die Toten notdürftig rekonstruiert. Briefe, Tagebücher, Entwürfe, alles verbrennt. Übrig geblieben ist die brasilianische Verdammung zum Unpräzisen. Alberto war damit zu einem weiteren Kapitel der nationalen Desinformation geworden.

Der Cinematograph Lumière Übrig blieb der schmächtige Stutzer von den Photographien und der schillernde Typ aus den neunmalklugen Biographien. Ein Exzentriker unter der Lupe der lombrosianischen Psychiatrie. Kurios und naiv. Noch eine unangenehme Figur im Pantheon der Unangenehmen der Nation.
Den Mann der Tat stellt die Handlung vielleicht wieder her. Auf der Leinwand eines dunklen Raumes und in Dolby Stereo.
Den Kavalier der Belle Époque holt vielleicht die schwungvolle Erzählung zurück. Mit der respektlosen Spekulation der Fiktion.
Mit dem Verbrennen seiner Papiere hat er uns jede Freiheit gestattet.
Lieber seine Taten aufschlüsseln als in aschgraue Interpretationen versinken.

Cinematograph II Der Roman beginnt.
Der Held greift nach einer Krawatte und geht ins Badezimmer. Im Morgenmantel.

São Paulo kopflos Er stirbt im Badezimmer eines Luxushotels am Strand von Santos. An einem schönen Vormittag, dem 23. Juli 1932. Die Paulistaner befinden sich seit dem 9. im Aufstand gegen das Regime von Getúlio Vargas. Streitereien der Elite, wie man

weiß. Am selben Tag tritt atemlos ein Mann in das Arbeitszimmer des Revolutionsführers. Er ist dick, Dichter und von der Kripo. Ein anderer Mann, dieser dick, schielend und General, mit dem Äußeren eines Raufbolds aus einer deutschen Bierkneipe, empfängt ihn unwirsch. Der Kripo-Dichter heißt Emílio de Menezes. Der wie ein rüder Säufer wirkende ist Bertoldo Klinger, der später versuchen wird, noch etwas zu reformieren, was ihn, neben der Demokratie, ebenfalls gründlich ärgert: die Orthographie der portugiesischen Sprache. Der dicke Provinzliebhaber der Musen sieht über die Schroffheit des Generals hinweg und berichtet ohne Umschweife von der Tragödie. Alberto Santos Dumont, der Stolz des Vaterlandes, habe soeben Selbstmord begangen. Der General vernimmt mit Abscheu, daß der besessene Erfinder sich ausgerechnet mitten in der Revolution umgebracht hat und obendrein noch in einem Hotelbadezimmer. Höchst verdächtig, sich in einem Badezimmer umzubringen. Er weiß, daß der Selbstmörder einen leichten Dachschaden hatte, sich einmischte, wo man ihn nicht nach seiner Meinung gefragt hatte, und sich in letzter Zeit nicht gerade wie der Ruhm der Nation aufführte. Deshalb ordnet er an, ehe es peinlich und die Ehre des Vaterlandes befleckt werden könnte, die polizeilichen Ermittlungen einzustellen und vom Autopsie-Tisch einen Leichnam mit anständigem, unverdächtigem Tod zu entlassen, so wie alle großen Patrioten zu sterben haben. Wäre Alberto Santos Dumont nicht übergeschnappt gewesen, hätte er selbstverständlich so eine unbedachte Tat nie begangen. Männer wie er sterben im Bett, zur Bestürzung der Gerechten und als Vorbild für die Jugend. Abschließend ordnet er dann an, daß in den Mitteilungen an die Presse ein weiteres unpassendes biographisches Detail unerwähnt bleiben solle. Der Mann ist als Junggeselle gestorben. Unverheiratet zu sterben, ohne eine Witwe und zahlreiche Nachkommenschaft zu hinterlassen! Wie sollen die Lehrer später den Ledigenstand des Helden erklären, ohne bei den pubertierenden Schülern Verdacht zu wecken? Dann lieber ein Detail von so geringer Bedeutung weglassen.
Und so geschah es.

LIED AUS DEM EXIL Er gehört kaum in dieses Land und geht das Wagnis ein, sich wie ein Exilierter zu fühlen. 18 vollendete Lebensjahre und die Volljährigkeitserklärung im Gepäck. Als Einkommen seinen Erbanteil am Drei-Millionen-Dollar-Vermögen seines

Vaters, sorgfältig in Aktien und anderen Investitionen angelegt. Frühjahr 1893.
Alberto kommt im selben Jahr in Paris an, in dem Getúlio Vargas, schon damals pausbackig und durchtrieben, zehn Jahre alt wird. Er ahnt nicht, daß sein Tod so viele Ungelegenheiten verursachen und die Verbreitung so vieler Geheimnisse auslösen wird. Es dauert 24 Jahre, bis sein Totenschein ausgestellt wird, und trotzdem steht nichts vom Selbstmord in dem Dokument. Vargas' Totenschein, in Rio ausgestellt, sagt, wie der Caudillo zu Tode kam: Selbstmord.

Mein Werdegang Ehe Schandmäuler irgendwelche Mutmaßungen anstellen, sei von vornherein festgehalten, das Petitsantôs' Vermögen ausschließlich in Brasilien angelegt war.
Und er hat alles, was er gemacht hat, mit diesem Vermögen gemacht.

Die Statur von Beau Brummel Er quartiert sich bei seinen Verwandten Dumont ein.
Sagen wir, die Verwandtschaft hätte im 16. Arrondissement gewohnt. Und als ordentlicher junger Mann, der er ist, nimmt Alberto dort Logis. Aber die Verwandten haben den Hausgast vermutlich nicht in bester Erinnerung behalten. Seine Zurückhaltung wird mit Stolz verwechselt, seine Wortkargheit mit Schroffheit. Und nicht genug damit, daß er seine eigenen Bettücher aus Seridó-Baumwolle und seine in der Rua Direita maßgeschneiderten Anzüge mitgebracht hat, er demonstriert auch noch feierliche Verachtung für akademische Rituale und läßt die Sorbonne links liegen. Er engagiert einen *métèque* namens Garcia als Privatlehrer und besucht als Gasthörer die Universität von Bristol.

La Gran Via Der Lehrer Garcia ist arbeitslos und bekommt von dem südamerikanischen Senhorito die Erklärung zu hören, daß seine Studien keinen bloßen Bildungszweck erfüllen sollen. Ich habe nicht die Absicht, ein Mann der Gesellschaft mit einem salonfähigen Anstrich von vager Bildung zu werden wie so viele andere, sagt der Senhorito. Dem Lehrer bricht angesichts des pragmatischen Denkens seines Schülers der kalte Schweiß aus. Er muß diese Stelle bekommen, auch wenn er dafür Physik, Elektrizitätslehre und Chemie zu unterrichten hat, Fächer, die im Bois de Boulogne nicht gerade üblich sind. Er fragt, ob der junge Mann in die Industrie gehen wolle, und erhält eine ausweichende Antwort. Er wird engagiert.

Die Insel der Pinguine Ein neuer Sport zieht die waghalsigsten jungen Männer in den Parc des Princes. Aber Waghalsigkeit allein genügt nicht, man muß auch noch sehr reich sein. Ein Roadster Peugeot kostet 25.000 Goldfrancs, ein Gottlieb Daimler 12.000 und ein Panhard et Levassor 32.000. Ganz abgesehen von dem ständig in Bereitschaft stehenden Mechaniker und den Reparaturen nach jeder Fahrt.

Alberto kauft einen Roadster Peugeot und schließt sich mit 16 Stundenkilometern der Clique an. Auf einen Mechaniker kann er verzichten, denn er ist imstande, die weißen Handschuhe auszuziehen und selbst Hand an den komplizierten Mechanismus zu legen. Die jungen Barone, Unternehmenserben und Bankierssöhne wissen nicht recht, ob sie den kleinwüchsigen, herausgeputzten Südamerikaner um seine manuelle Geschicklichkeit beneiden oder dafür verachten sollen. Schließlich nehmen sie seine Exzentrizität als Frucht einer exotischen Herkunft. Und Alberto wird zu dem beliebten Petitsantôs.

Nur sein Lehrer Garcia scheint mit den Extravaganzen nicht einverstanden zu sein. Wenn sein Schüler verunglückt, wer wird ihm dann je wieder 2.000 Francs im Monat zahlen?

Bräuche und Moral im Spätkapitalismus In dem Roadster Peugeot fährt er mit 16 Stundenkilometern auf den von Zypressen gesäumten Landstraßen des Marnetals. Dann kauft er eine *voiturette*, ein »Wägelchen« von De Dion, das bis zu 35 Stundenkilometer erreichen kann. Die badenden Damen in Nizza sind entzückt.

Wie klein er ist, tuscheln die Midinetten, die den Passanten in der Rue du Temple Veilchen anbieten. Er geht dazu über, wegen ihrer streckenden Wirkung längsgestreifte Anzüge zu tragen. Trotzdem hört er noch bei Wettrennen zwischen von Straußen gezogenen zweirädrigen Karren Bemerkungen über seine kleine Statur. Bei einem renommierten Handwerker der Rue de Turbigo bestellt er Stiefeletten, um fünf Zentimeter größer zu werden. Die Franzosen sehen weiterhin auf den Brasilianer herab. Das Problem liegt nicht in der Statur, sondern im Breitengrad.

Eines Tages verbietet der Direktor des Parc des Princes die Dreiradrennen. Petitsantôs macht sich zum Fürsprecher und protestiert gegen die Maßnahme. Der Direktor ist ein vorsichtiger Mann und findet, das Velodrom sei nicht dafür gebaut worden, daß hirnlose junge Männer sich dort den Hals brechen. Der Neffe des Grafen Maturin hat sein Leben verloren, der Enkel des Marschalls Bobineaux ist gelähmt, und der jüngste Bruder des Vicomte de Parma vom Crédit Lyonnais liegt mit einem schweren offenen Bruch im Hospital.

Petitsantôs versucht, das Velodrom zu mieten und die Verantwortung zu übernehmen. Der Direktor erkundigt sich, wer er sei, daß er das Velodrom mieten wolle. Der Erbe eines Pharmaimperiums, der die Geschwindigkeit mehr liebt als den Verkauf von Wurmmitteln, wundert sich über die Frage. Wieso wisse der Direktor nicht, wer Petitsantôs sei? Und sei es überhaupt wichtig zu wissen, wer er sei? Selbstverständlich, erwidert der Direktor arrogant. Im Parc des Princes verkehre die beste Pariser Gesellschaft, und da könne nicht einfach irgendwer ihn mieten. Sei der ungestüme junge Mann wenigstens Franzose? Nein, das sei er nicht. Vielleicht halb Franzose. Und der Direktor untersagt die Rennen, weil er nicht weiß, was es bedeutet, halb Franzose zu sein.

Die Theorie der müssiggängerischen Klassen Albertos Reichtum kommt aus der Erde. Von einer Kaffeefazenda in Ribeirão Preto im Staate São Paulo. Die Santos Dumonts im Süden sind schon länger zivilisierte Leute als die Vanderbilts im Norden. Sie sind kultiviert, aristokratisch und aufgeklärt. Die weiblichen Sprößlinge der Familie haben es nicht nötig, in den Taschen der verfügbaren zahlungsunfähigen Adligen von Cap Ferrat nach Tradition zu suchen. Albertos Wunsch, im vertraulichen Zirkel der besten Salons zu verkehren, ist nur natürlich. Aber die einheimischen Dumonts aus der Wohnung im 16. Arrondissement mit ihrer auf langer Erfahrung im Umgang mit Edelsteinen fußenden Zurückhaltung halten den Wunsch des Cousins für einen bedauerlichen Beweis prahlerischen Müßiggangs.

Der Lehrer Garcia, der zu seiner Mietsmansarde in einem Haus in Barbès fünf Treppen hinaufsteigen muß und das ganze Jahr über Kohlsuppe ißt, findet das auch. Stiefeletten mit Plateausohle anfertigen zu lassen, ist für ihn ein Zeichen von prahlerischem Konsum. Genauso primitiv wie die Manie der Madame Stuyvesant, Banketts für die Rassehunde ihrer Freundinnen zu geben.

Die einheimischen Dumonts haben in Frankreich nie mehr sein wollen, als sie immer gewesen sind. Der Dumont aus dem Ausland schlägt sich mit Staturproblemen herum.

Prahlerischer Konsum Wie bereitet man für seine Geliebte ein Champagnerbad? Jeder Herr von feiner Lebensart weiß, daß zwölf Flaschen ausreichen, um eine Wanne zu füllen.

Prahlerischer Müssiggang Wie kann man sich so richtig amüsieren und seine Freunde tief beeindrucken? Die Herren von feiner Lebensart wissen, daß man dafür nur im Kasino von Monte Carlo Unsummen zu verlieren braucht.

Sozialdarwinismus Paris ist ein einziges Fest.
Die Eheschließung zwischen einem ruinierten englischen Adligen und einer reichen amerikanischen Erbin kann sich bis auf zehn Millionen Dollar belaufen. Die Vermählung eines nicht unbemittelten spanischen Edelmanns kommt auf fünf Millionen Dollar. Osteuropäische Geschlechter können es bis zu einer Million Dollar bringen. Ein brasilianischer Magnat hingegen, der taugt höchstens für eine komische Einlage in den Operetten von Offenbach.
Da er keine Neigung zum Theater verspürt und merkt, daß die Dreiradrennen nichts helfen, ist Petitsantôs frustriert. Er schifft seinen Roadster Peugeot ein und kehrt nach Brasilien zurück.
Die Dumont-Verwandtschaft atmet auf. Der Lehrer Garcia gerät in Panik.

Der Sertâo Alberto kommt in dem von der Ursprünglichkeit faszinierten Brasilien vor Langeweile fast um. Er, der das erste Automobil ins Land gebracht hat, fährt über das Chá-Viadukt, und die Passanten bleiben absolut gleichgültig. Kein Mensch bringt dem Roadster auch nur einen Bruchteil jenes funkelnden Interesses entgegen, das angesichts eines Photos von Antônio Conselheiro in den Blicken aufleuchtet.
Sämtliche Unterhaltungen drehen sich um das Thema Canudos. Alberto kann einfach nicht begreifen, wieso eine Gruppe halbverhungerter und zerlumpter Sertanejos imstande gewesen ist, den Kurs mancher brasilianischer Aktien an der New Yorker Börse sinken zu lassen und gleichzeitig wiederholten Angriffen des Heeres zu trotzen.

In wehmütigen Momenten träumt er von den Feldern in Ribeirão Preto und der roten, Reichtümer produzierenden Erde. Die rote Erde von Ribeirão Preto ist für ihn Brasilien, so wie manchmal Brasilien die verschwenderische Geste eines jungen Mannes vom Amazonas ist, der den Gewinn der Plantagen in der Rue du Temple verpraßt.
Er beschließt, nach Paris zurückzukehren.

Bordlektüre Ehe er sich einschifft, sucht er in Rio nach einem Abenteuerbuch als Lektüre für die Überfahrt. Er kauft »Andrée au Pôle Nord« von Lachambre und Machuron. Ein reales Abenteuer, das Alfred Nobel 65.000 schwedische Kronen gekostet hat und den auf der Insel Kvitøya erfrorenen Ballonfahrer Salomon August Andrée das Leben.

Gare d'Orléans Ein herbstlich kalter Abend, und er wird wieder Petitsantôs. Wenn die Brasilianer unbedingt über seinen Roadster hinweg in Richtung Canudos blicken mußten, ist das nicht sein Problem. Während der Reise, bei der Lektüre des Buches, das von der tragischen Ballonfahrt zum Nordpol berichtet, scheint Alberto endlich seine Bestimmung gefunden zu haben. Ein couragierter Mann hatte auf den Wind vertraut und sich zum eisigen Norden der Erde treiben lassen. Er war, vielleicht für immer, in den entsetzlichen Stürmen der arktischen Regionen verschollen. Es gab also Menschen wie den Schweden Salomon August Andrée, und das ist der Menschenschlag, den er bewundert. Von klein auf hat er sich darauf vorbereitet, solche Herausforderungen anzunehmen. Auf der Fazenda in Ribeirão Preto hat er während seiner ganzen Kindheit Jules Verne gelesen und sich ausgemalt, wie er den durch den Kaffeewohlstand auferlegten Beschränkungen entgehen könnte. Schon früh hat er gelernt, daß der Reichtum des Bodens den Menschen an die Erde bindet. Und er will an gar nichts gebunden sein.

Aufenthaltsgenehmigung Einmal, als er 16 Jahre alt und mit den Eltern in Paris war, hat er versucht, in einem Ballon aufzusteigen. Der Spaß hätte ihn 4.000 Goldfrancs gekostet, ziemlich viel Geld, aber keine unerschwingliche Summe für den Sohn eines wohlhabenden Kaffeepflanzers. Das Erbe der vorsichtigen Mineiros in ihm gewann die Oberhand über die Paulistaner Neugier.

Und Alberto geduldete sich und beschloß, eine andere Gelegenheit abzuwarten. Ehrlich gesagt, sind die Fortschritte der Ballonluftfahrt enttäuschend. Nichts von dem, was er sich vorgestellt hat, tut sich, das Ballonwesen befindet sich noch immer auf dem alten Stand von vor Henry Giffards Luftschiff mit Dampfantrieb.
Noch in derselben Woche des Jahres 1897 beschließt er, die Werkstatt von Lachambre und Machuron aufzusuchen. Er ist reif für einen Aufstieg im Ballon.

WERKSTATT Lachambre ist erstaunt über die 4.000 Francs, die man früher von dem liebenswürdigen brasilianischen Monsieur verlangt hat. Für einen Aufstieg von drei oder vier Stunden verlangt er nur 250 Francs. Und in diesem Preis ist noch der Rücktransport des Ballons per Eisenbahn sowie eine vernünftige Gewinnspanne enthalten.
Und was die Unfallgefahr beträfe, sagt Machuron, der Ballon sei sicher.
Sie werden handelseinig, und der liebenswürdige brasilianische Monsieur bezahlt im voraus mit knisternd neuen, frisch von der Bank geholten Scheinen.
Der liebenswürdige Monsieur verläßt mit verklärtem Gesicht die Werkstatt. Die alten Ballonfahrer kennen diesen Ausdruck.
Am nächsten Tag in aller Frühe sollen sie vom Parc d'Aérostation abheben.

FRÜHSTÜCK AM HIMMEL Halb in den frühmorgendlichen Dunst eingehüllt, in der Hand einen Proviantkorb und mit einem eleganten Jagdanzug bekleidet, schaut der liebenswürdige brasilianische Monsieur Lachambre und Machuron äußerst aufmerksam bei ihrer Arbeit zu.
Eine graue, mächtige Kugel nimmt Formen an, erhebt sich vom Boden und überragt das blasse Gold der herbstlichen Bäume. Mit Seilen am Boden festgehalten, schaukelt der Riese seine 750 Kubikmeter im leichten Morgenwind.
Startbereit, sagt Lachambre auf dem Boden, das Schlepptau in der Hand.
Mit Machurons Hilfe steigt der liebenswürdige Monsieur in die Gondel.
Loslassen, ruft Machuron als Kommandant des Ballons.

Und nun scheint der liebenswürdige brasilianische Monsieur so leicht wie ein Staubkorn zu werden.
Der Erdboden entfernt sich.
Monsieur reißt die kleinen Augen auf.
Fühlen Sie sich nicht gut? erkundigt sich Machuron.
Monsieur antwortet nicht.
Die Bäume werden zu rußigschwärzlichen Büschen und das Gras zu einer teigigen dunkelgrünen Schicht, die immer weiter wegrückt. Am Horizont ist alles Miniatur.
Das Dorf Puteaux und seine kleinen Schieferdächer, Rauchfetzen, die aus den steinernen Schornsteinen aufsteigen, das sanfte Flimmern des scheuen Sonnenlichtes, das sich in den Fensterscheiben bricht, die Kopfsteinpflasterstraßen kurz vor dem Erwachen in ihrem lethargischen Abschied von der Nacht. Die träge Auflösung der Dämmerung in die Transparenz der Morgenluft.
Eine Wolke zieht vorüber, und die Temperatur sinkt. Die Hülle des Ballons kühlt ab und flattert, sie droht zu erschlaffen…
Und der Ballon drängt zur Erde zurück.
Machuron schreit, und auch seine Stimme klingt schwerelos, ein körperloser Laut, der zu verhehlen scheint, wie dringend das von ihm verlangte Handeln ist. Schnell, Monsieur, die Ballastsäcke. Der Sand muß aus den Säcken da entleert werden.
Monsieur tut, wie ihm geheißen, doch das unbeschreibbare Gefühl, das ihn überkommen hat, läßt nicht nach. Die Säcke werden entleert, und der Ballon steigt wieder, was im Magen ein nicht definierbares Unbehagen verursacht.
Höher, immer höher, und die Schönheit der Bedeutungslosigkeit der Dinge auf Erden überwältigt Monsieur. Er keucht, ist erregt, der Sauerstoff wird in dieser Höhe knapp. Sein Gesicht hat sich gerötet, die zarten Nasenflügel sind geweitet. Seine kleinen Hände eines feinen Herrn klammern sich fest um den Korbrand.
Von einer unmerklichen Windströmung erfaßt, nähert der Ballon sich dem nächsten Ort. Es ist Nanterre mit seinem Glockenturm voller Storchennester und bitumenbedeckten Holzschindeln. Die Sonne hat inzwischen ihre frühmorgendliche Scheu verloren, den Dunst durchbrochen und scheint jetzt mit kräftig herbstlichem Leuchten auf das Städtchen.
Die Uhr des Glockenturmes schlägt zur vollen Stunde. Es ist zwölf.
Wollen wir zu Mittag essen? schlägt Machuron vor.

Monsieur sieht sich resigniert zu dem altgedienten Ballonfahrer um. In einem Moment wie diesem zu essen, grenzt an Gottlosigkeit. Aber er greift nach dem Korb und holt Servietten und ein Tischtuch heraus. Machuron stellt einen Klapptisch auf, breitet darauf das Tischtuch aus und wirft anschließend einen Blick auf das Menu, das der kultivierte Passagier zusammengestellt hat: dünne Scheiben Roastbeef und Hähnchenfleich, gekochte Eier mit Bratengelee, verschiedene Sorten Käse und Eis, Früchte der Saison, Nußkuchen, Kaffee und eine schwitzende Veuve Cliquot, ganz zu schweigen von der unten im Korb aufblitzenden Flasche Chartreuse.

Da er merkt, daß Monsieur zögert, mit der Mahlzeit zu beginnen, will Machuron ihn beruhigen.

Keine Sorge, daß Sie nach dem Imbiß – der mir köstlich aussieht – schwerer werden, Sie verlagern nur das Gewicht dieser Leckereien vom Tisch in den Magen, das Gleichgewicht bleibt gewahrt.

Monsieur beschränkt sich indessen darauf, den Champagner zu servieren.

Und er trinkt auf die Einzigartigkeit dieser Mahlzeit, denn kein Restaurant der Welt hätte so wunderbar sein können.

Als die Chartreuse-Schlücke die Kehlen hinunterrinnen, wird der Ballon in Richtung Carrière-sous-Bois getrieben, wo Wolken die Baumwipfel streifen. Wallende Dampfströme zischen wie Kaskaden gefrorener Flammen an ihnen vorüber und hinterlassen zarte Schneekristalle auf ihrer Kleidung. Die Stille ist gestört, der schaukelnde Flug ist jetzt eine rasende Fahrt auf die dunklen Wolken zu, die über dem Wald hängen. Machuron paßt konzentriert auf. Monsieur wirkt neugierig und gespannt. Dann sind Sonne, Wald und Erdboden verschwunden. Der Ballon ist in das Reich der weißen, verschwommenen Helligkeit der dichten Wolken eingedrungen. Machurons Gesicht verliert seine gesunde, gutdurchblutete Farbe und nimmt eine ätherische Tönung an. Monsieur, dessen Sicht nun eigeschränkt ist, blickt auf seine an den Korb geklammerten Hände. Auch sie sind ätherisch und leuchtend geworden und feucht.

Geschickt leert Machuron noch ein paar Sandsäcke, und der Ballon bringt schnell die Wolkendecke, die über dem Wald hängt, unter sich. Nichts ist mehr zu sehen, und die Welt ist jetzt ein gasförmiger Planet, dessen dampfende Oberfläche sich in beständiger Mutation ihrer Formen befindet. Das Gefühl von Ruhe ist über-

wältigend, und die Stille bekommt eine nie vermutete Struktur. Im Raum ist die Stille konkret, das einzige, was Gewicht und Konsistenz besitzt.
Aber nichts ist dort oben konstant. Schon bald geben die Wolken die Bäume im Wald frei, und der Ballon gleitet sanft über sie hinweg, berührt fast das halbentlaubte Geäst. Machuron breitet eine Karte aus und vergleicht ihre Position. Eine schlichte Feststellung, nichts als Ausdruck des menschlichen Stolzes, denn der Ballon mißachtet den Menschenwillen und unterwirft sich allein den Launen des Gottes Äolus.
Ein fürchterlicher Ruck wirft Machuron und seinen Passagier im Korb zu Boden. Das Schlepptau, das vom Ballon hinunterhing, während dieser über den Wald schwebte, hat sich in einem Baum verfangen. Machuron steht auf und versucht, das Schlepptau zu befreien. Er arbeitet flink, und zum ersten Mal scheint er sehr besorgt zu sein. Nun, da er festhängt, kann der Ballon dem Wind nicht mehr zu Gefallen sein und muß dafür büßen. Die Hülle schaukelt hin und her und schüttelt den Korb wild durch. Machuron hält sich im Gleichgewicht, so gut er kann, und zerrt mit Macht an dem Tau.
Endlich löst sich das Tau. Und der Ballon macht einen schwindelerregenden Satz in die Höhe.
Machuron stürzt stolpernd zu den Ventilen. Monsieur greift ruhig zu den Ventilen und läßt sachkundig wie ein alter Fachmann Gas ab. Wir müssen ausgleichen, sonst explodieren wir, schreit Machuron.
Die Hülle wird schlaffer und verliert ihre runde Form. Der Flug ist zu Ende, schreit Machuron. Zweifellos, pflichtet Monsieur ihm bei, der Ballast ist verbraucht, und der Ballon läßt sich nicht mehr lenken. Machuron sieht den jungen Mann bewundernd an und übernimmt die Gasventile.
Der Ballon überfliegt ein dichtes Gehölz und bewegt sich weiter in Richtung einer Lichtung, auf der sich ein Bach durch die Grasfläche schlängelt. Machuron öffnet die Ventile, und der Ballon sinkt sanft neben dem Bach zur Erde. Monsieur, mit einem Photoapparat bewaffnet, wartet kaum ab, bis der Korb den Boden berührt. Er springt auf das Gras, hebt die Kamera vors Auge und macht Aufnahmen von dem erschlaffenden Ballon. Nach der Photoserie setzt Monsieur die Kamera ab und sieht sich um. Der Wind wiegt die Weizenfelder, und die Grillen grüßen die letzten schwülen Tage.

Hinter einer Pappelreihe tauchen die Schieferschindeln eines Schlosses im Stil des 18. Jahrhunderts auf.
Der Nachmittag geht im säuselnden Wind zur Neige.

DER PARK Das Schloß aus dem 18. Jahrhundert heißt Château de la Ferrière und ist im Besitz des Baron Alphonse de Rothschild. Der Baron, ein einflußreicher und angesehener Mann, ist für Alberto kein gänzlich Unbekannter. Mit seiner Landung in den Parkanlagen des Barons pflegt er gewissermaßen nur einen alten brasilianischen Brauch. Viele, viele Jahre lang wird die Familie Rothschild brasilianischen Politikern – mit der Untertasse in der Hand um Darlehen nachsuchend – als Landeplatz dienen.
Ich war ein sommersprossiges Mädchen von erst 13 Jahren, erinnert sich Jahre später die Baronin Christiane de Rothschild, Tochter des Baron Alphonse, als dieser brasilianische Herr damit begann, von Zeit zu Zeit mit den bizarresten Flugapparaten in unserem Park herunterzukommen. Aber ich habe ihn nicht persönlich gekannt, und ich glaube auch nicht, daß ich ihm je auf einer Gesellschaft begegnet bin. Zu jener Zeit verbrachte ich den größten Teil des Jahres in einem Internat in Genf, aber ich weiß, daß La Ferrière anscheinend zum Lieblingslandeplatz der Ballonfahrer wurde. Ich erinnere mich, daß mein Vater sogar zwei Männer extra dafür abgestellt hatte, daß sie den Verunglückten zu Hilfe eilten. Einer dieser Angestellten ist noch immer bei uns, Gaston, der Gärtner...
Christiane de Rothschild starb 1976 bei einem Flugzeugabsturz.
Der Gärtner Gaston starb mit 95 Jahren, von einer Lungenentzündung dahingerafft. Er erzählte, daß um das Jahr 1898 an manchen Tagen so viele herunterkamen, als ob es in La Ferrière Ballonfahrer regnete. Natürlich verletzten manche sich. In diesen Dingern zu fliegen, das konnte doch kein Mensch bei gesundem Verstand wollen. Fliegen war im Jahre 1898 nicht so wie heute, mit diesen vielen Flugzeugen, bei denen man überhöhte Preise zahlt und wenig Komfort geboten bekommt...

IM SCHATTEN DER FAMILIE In der Wohnung im 16. Arrondissement erfährt man es erst am nächsten Tag. Die Cousins seufzen ungehalten, und Madame Dumont gerät in Panik. Sie weiß, wie man die normalen Triebe eines Jünglings zügelt. Für jede unreife Entgleisung hat sie ein Heilmittel. Aber der brasilianische Neffe ist

eine Ausnahme. Er verbringt nicht die Nächte am Spieltisch, gefährdet nicht seine Gesundheit mit irgendeinem Rauschmittel, das gerade in Mode ist, und er lebt erst recht nicht sein jugendliches Ungestüm in den Armen der käuflichen Frauen aus, die es auf den Straßen der Lichterstadt zuhauf gibt.
Der verflixte brasilianische Neffe fliegt nur.

Gewisse Dinge, die ein Herr nicht tun darf Alberto geht nun in der Werkstatt von Lachambre und Machuron ein und aus. Er wird in den übelsten Cafés von Montparnasse gesehen, wo er sich mit anderen Ballonfahrern unterhält, Leuten, die in der Stadt als verantwortungslose Verrückte gelten.
Zu Madame Dumonts Mißfallen ist der Neffe so tief gesunken, daß er sich sogar auf Märkten und Volksfesten zeigt. Madame meint, diese Abenteurer hätten es auf das Geld ihres Neffen abgesehen.

Gewisse Dinge, die ein Ballonfahrer tun muss Üben, und das tut Alberto. Bei jedem Aufstieg von Lachambre und Machuron ist er dabei und hilft. Und er lernt schnell. Schon bald vertrauen die Meister auf ihren gelehrigen Schüler.
Dann kommt der Tag seines ersten Alleinflugs. In Peronne, einem Städtchen im Norden, gibt es von der eingefahrenen Alltagsroutine nur einmal im Jahr Abwechslung durch den drei Tage währenden Bauernmarkt. Aus der ganzen Umgebung strömen Menschen in die Stadt, trinken Wein, tanzen und treiben Handel.
In jenem Jahr will der Ort beweisen, daß sein Markt mit der Zeit geht. Abgesehen von Seiltänzern, Feuerschluckern, Schlangenmenschen, diesen zirzensischen Attraktionen, soll auf dem Platz ein Ballon aufsteigen. Sie engagieren Lachambre und Machuron, aber in der Stadt erscheint ein kleiner, elegant gekleideter Mann, der den zusammengepackten Ballon in einem glänzenden Roadster Peugeot transportiert. Der Bürgermeister empfängt den jungen Mann mit Mißfallen. Er hat zwei französische Pioniere verpflichtet, und vor ihm steht ein Ausländer mit städtischem Benehmen und erlesenem Geschmack.
Am Sonntag, dem letzten Markttag, wird der Ballon auf dem Marktplatz der Stadt vor dem Rathaus vorbereitet. Der kleine Mann ist wortkarg und gibt nur einsilbige Antworten. Er hat den Ballon fast allein hergerichtet, nur mit Hilfe von zwei Kutschern,

die auf dem Platz auf Kundschaft warten und ein paar Sous für ihre Hilfe erhalten haben.
Als es Nachmittag wird und der Augenblick des Aufstiegs näherrückt, braut sich am Horizont ein Herbstunwetter zusammen. Der Bürgermeister wird nervös, aber der kleine Mann läßt keinerlei Besorgnis erkennen.
Bald ist der Platz von Neugierigen überfüllt, und der kleine Mann steigt ungeachtet des aufziehenden Unwetters in die Ballongondel und gibt Anweisung, das Tau loszulassen.
Der Ballon erhebt sich unter dem Beifall der Marktbesucher und steigt in die von bedrohlich schwarzen Wolken bedeckten Höhen auf. Und verschwindet.

STURM UND DRANG So sind Unwetter also, denkt Alberto, während er in den Wirbel von schwarzen Wolken, die seine Sicht auf Null reduziert haben, hineingezogen wird. Elektrische Entladungen flammen zwischen den Wolken auf, und das Brausen der Winde klingt, als fauche die entfesselte Natur wie eine Raubkatze. In diesem Strudel aufeinanderprallender Kräfte ist das Knallen der Donner kaum zu hören.
Nun weiß er zwar, daß es möglich ist, gegen das Gesetz der Schwerkraft anzugehen, aber der Anarchie von Unwettern zu trotzen, ist verwegen. Deshalb also meiden die Vögel Unwetter, denkt er. Und er widmet sich dem Anblick der bedrohlichen Schönheit der entfesselten Elemente, während der Ballon ständig weitersteigt.
Dann Stille. Die Ruhe eines Himmels mit seinen ersten Sternen.
Der Ballon hat, wunderbarerweise unbeschädigt, die Unwetterschicht durchquert. Er schwebt in einer anderen Welt, keine scharfen Donnerschläge, Regenböen und flackernden Blitze leisten ihm mehr Gesellschaft. Jetzt ist er allein, schwebt zwischen dem Wahnwitz, der dort in der Tiefe das Land im Norden heimsucht, und der teilnahmslosen Stille der Abendsterne. Er fröstelt in der nassen Kleidung. Der Mangel an Sauerstoff erzeugt eine merkwürdige Euphorie, eine Leichtigkeit, die ihn in trügerische Nähe zu den Sternen rückt. Und jetzt sind nur Sterne da. Nichts anderes ist mehr zu sehen, die dunkle Nacht hat die Erde vollkommen ausgelöscht. Alberto bewegt sich innerhalb der vollendeten geometrischen Form einer unendlichen schwarzen Kugel.
Vom Wind getrieben, gegen die Müdigkeit und das durch den Sau-

erstoffmangel verursachte ständige Gefühl von drohender Ohnmacht ankämpfend, fliegt er durch die Nacht. Schreckliche Visionen zucken durch sein Bewußtsein, die Sterne scheinen sich verflüssigt zu haben und aufflackernde Blitze in phantastischen Farben herabtropfen zu lassen. Die Kugel in ihrer Schwärze ist auch kein fester Körper, sie verwindet sich, manchmal flattert sie wie ein erschlaffender Ballon oder bebt wie die keuchende Brust eines monströsen Lebewesens.
Mitten in diesen Wunderbildern schläft Alberto ein.

Auf der anderen Seite der Grenze Die kräftige Morgensonne brennt ihm auf der Gesichtshaut. Alberto wacht durstig, mit eingeschlafenen Beinen und verquollenen Augen auf. Seine nasse Kleidung ist inzwischen getrocknet, aber er fühlt sich leicht unterkühlt.
Er zieht seine Taschenuhr und stellt fest, daß er seit über 17 Stunden unterwegs ist. Eine weite, noch nicht bestellte Ackerfläche, die auf den Winter wartet, dehnt sich bis zum Horizont. Der Ballon hat viel Gas verloren und sinkt. Alberto reckt seinen müden Körper und steht auf. Er öffnet die Ventile und lenkt den Ballon dem festen Erdboden entgegen. Es ist fast acht Uhr morgens, als der Korb sanft über die Erde schrammt.
Alberto springt heraus, ergreift das Tau und bindet den Ballon an einem Baumstamm fest. Die Hülle leert sich schnell und legt sich auf den feuchtkalten Boden. Es ist sehr kalt, vielleicht zwei oder drei Grad, und eine Nebelschicht hängt über dem Feld, auf dem die Erde noch von der Ernte aufgewühlt ist. Als der Ballon sich endgültig seitwärts zu Boden neigt, lassen ein paar Murmeltiere erschrocken von den Rüben ab, die sie ausgescharrt haben, und laufen zu ihren Bauten.
Einerseits, um sich aufzuwärmen, und andererseits, um sich aus seiner Benommenheit zu lösen, macht Alberto sich daran, den Ballon abzubauen und zusammenzulegen. Er ist mit solchem Eifer bei der Sache, daß er die Bauern nicht bemerkt, die feindselig Sensen und Rechen schwingend näherkommen.

Tartarin de Tarascon Die einfachen Bauern bleiben in sicherem Abstand stehen und beraten sich. Da wird Alberto die Männer gewahr und hält in seiner Arbeit inne. Er setzt ein Lächeln auf, behält aber die Sensen und Rechen im Blick und winkt ihnen zu.

Die Bauern zögern, ihre anfängliche Entschlossenheit ist erschüttert. Der beängstigende Anblick des fliegenden Monsters, das auf das Rübenfeld gefallen ist und sie in helle Aufregung versetzt hat, ist zu einer nüchternen Szene geworden. Statt der unerhörten Erscheinung steht da nun ein friedlich aussehender Herr und arbeitet an einer Art Stoffballen von ungewöhnlichem Umfang.
Ein Planwagen erscheint am Horizont und nähert sich mit hoher Geschwindigkeit der Gruppe. Heraus steigt ein katholischer Priester in abgewetzter Soutane, er hält seinen schwarzen Hut fest, der ihm vom Kopf zu fliegen droht. Es ist ein typischer Landpfarrer, alt, dickleibig und mit trägen Gesten, der sich jetzt aber bemüht, Autorität zu beweisen. Kaum ist er ausgestiegen, in der einen Hand die Peitsche und die andere am Hut, wird er von den Bauern umringt.
Dort, wo er sich befindet, kann Alberto nicht verstehen, was sie sagen, wohl aber hören, daß einige besonders aufgebrachte Bauern schroffe Worte mit dem Pfarrer wechseln. Trotz seiner äußerlichen Trägheit kann der Priester sich offensichtlich mit seinen Argumenten durchsetzen, denn die Bauern senken ihre Sensen und Rechen und lassen den Priester zu Alberto gehen. Erst als der Priester sich schon in der Nähe des eingepackten Ballons befindet, entschließen die Bauern sich, ebenfalls näherzukommen.
Sie glauben, daß Sie mit dem Teufel im Bunde stehen, sagt der Priester. So ein Ding ist noch nie in dieser Gegend aufgetaucht.
Alberto lächelt nicht mehr, während er dem Priester klarzumachen sucht, daß der Teufel mit seinem Flug nichts zu tun habe. Der Priester akzeptiert seine Erklärung und antwortet, er habe in seiner Jugend, als er in Brüssel studierte, so manchen Ballon gesehen. Aber hier, in dieser Wildnis, seien die Menschen sehr rückständig und würden leicht gewalttätig.
In welcher Gegend von Frankreich befinde ich mich? fragt Alberto.
Der Pfarrer sieht den kleinen Mann verblüfft an.
Hier ist nicht Frankreich, Monsieur, hier ist Belgien.
Jetzt ist es an Alberto, den Priester verblüfft anzusehen.
Belgien! Das ist ja wahnsinnig!
Der Pfarrer zuckt die Achseln und schüttelt den Kopf.
Wahnsinnig, Monsieur, ist die Fortbewegungsart, die Sie gewählt haben, um nach Belgien zu kommen.
Aus reiner christlicher Nächstenliebe erklären die Bauern sich

bereit, das fliegende Monster zur nächsten Eisenbahnstation zu befördern, nachdem Alberto großzügig handvollweise französische Sous verteilt hat. Die belgischen Bauern haben nichts dagegen.

Aufregung in der Werkstatt Lachambre und Machuron sind in Panik. Die letzte Nachricht besagte, der Brasilianer sei in einem Unwetter verschwunden. Sie denken sich tausend Möglichkeiten aus, wie sie den Verwandten des jungen Mannes die schmerzliche Nachricht zukommen lassen sollen.

Aufregung im 16. Arrondissement Madame Dumont stellt fest, nicht ohne insgeheim zu toben, daß das Bett des Neffen in den beiden letzten Nächten unberührt geblieben ist. Wo mag sich der Stutzer herumtreiben? Die Cousins wissen von nichts oder beteuern aus männlicher Komplizenschaft ihre Unschuld. Madame gibt sich nicht geschlagen und befragt das Gesinde mit geziemender Diskretion. Aber wie sich erweisen soll, ist diese Mühe vergeblich.

Der Zauberlehrling Leicht erkältet taucht Madame Dumonts Neffe wieder zu Hause auf. Seine Kleidung ist eingelaufen, weil sie klitschnaß geworden und dann am Körper getrocknet ist, so daß es aussieht, als wäre der junge Mann plötzlich übermäßig gewachsen. Er ist schweigend hereingekommen, schweigend hat er ein Bad genommen – und wie oft dieser Brasilianer badet –, und ohne den Mund aufzumachen, ist er wieder gegangen und in seinem lärmenden motorisierten Fahrzeug davongefahren.
In der Werkstatt der alten Ballonfahrer herrscht Totenwachenstimmung. Lachambre, der sentimentalere, verfaßt im Geiste den Brief, mit dem er den Familienangehörigen des jungen Brasilianers das Unglück mitteilen muß. Machuron, der praktischere, rechnet sich aus, wie viele Jahre sie nun allein für die Entschädigung würden arbeiten müssen, die sie der Familie des Verschwundenen zu zahlen verpflichtet sein würden.
Und Alberto erscheint ruhig und lächelnd in der Werkstatt.
Lachambre, der sentimentale, will den Unseligen am liebsten umbringen.
Machuron, der praktische, schließt den unvorsichtigen jungen Mann gerührt in die Arme.
In den folgenden Wochen sorgt Machurons praktischer Sinn

dafür, daß Alberto nicht einmal in die Nähe des Ballons kommt. Aber der sentimentale Lachambre verwirft sämtliche Argumente, die sein Kompagnon zu bedenken gibt.
Alberto fliegt weiter.
Inzwischen ist er in der Werkstatt so zu Hause, daß er den Ballon nehmen kann, ohne Bescheid zu sagen. So wie an einem sonnigen Sonntag, für den er die Freunde aus dem Parc des Princes zu einem Rundflug eingeladen hat. Zwei junge Männer und ein Mädchen haben zugesagt, die anderen haben mit den fadenscheinigsten Ausreden dankend abgelehnt.
Sie bringen den Ballon nach Vaugirard und nehmen reichlich Champagner und Proviant mit. Ihre Angst verstecken sie hinter einer Euphorie, die keinen Menschen täuschen kann und schon gar nicht den erfahrenen Ballonfahrer, der Petitsantôs inzwischen geworden ist.
Das Mädchen ist die Geliebte eines Stahlmagnaten.
Die beiden jungen Männer sind Besitzer von motorisierten Dreirädern und werden eines Tages ein Vermögen erben. Der ältere der beiden, mit wohlgestutztem Schnurrbart und tuberkulösem Blick, ist ein Abkömmling italienischer Fürsten.
Der tuberkulöse Fürst kommt mit einem starken Fernglas, um damit die Leute in ihrer Privatsphäre zu überraschen. Der Bürgerliche, stark wie ein Stier, bringt einen Photoapparat mit, um den Ausflug im Bild festzuhalten. Das Mädchen hat sich auf eine Cotte-de-maille-Tasche beschränkt und ein Dekolleté, das tiefe Einblicke gewährt.
Während des Fluges, der in schönster Harmonie begonnen hat, richtet der Fürst hartnäckig das Fernglas auf das Dekolleté des Mädchens, während der Photograph die Schambekundungen des Mädchens, das sich mit einem Batisttuch bedeckt, im Bild festhält.
Aber dann läuft irgend etwas nicht so, wie es sollte.
Wir verlieren an Auftrieb, brummelt Petitsantôs.
Die Spielchen hören auf, und der muskulöse Photograph erkundigt sich, was das bedeutet.
Das bedeutet, daß wir alles abwerfen müssen, teilt Petitsantôs mit.
Alles? ruft das Mädchen, und es schaudert sie, aber nicht vor Euphorie.
Ganz richtig, bestätigt Petitsantôs irritierend entschlußfreudig,

denn er wirft bereits den ersten Proviantkorb über Bord.
Wir sterben! schreit das Mädchen, und ihr Dekolleté hält kaum dem Beben seines Inhaltes stand.
Angesichts ihres Zitterns bemüht Petitsantôs sich, das Mädchen zu beruhigen.
Nein, natürlich sterben wir nicht, sagt er und schluckt trocken, denn der Ballon pendelt dicht über den Dächern und bewegt sich auf den Zoo von Vincennes zu. Und dann tut er etwas Unerhörtes. Petitsantôs beginnt, sich zu entkleiden.
Los, schnell, wir müssen alle überflüssigen Sachen rauswerfen. Und er schleudert seine Stiefeletten mit Plateausohle fort. Sie landen auf Bettlaken, die in einem Garten auf der Bleiche liegen. Auf die Stiefeletten folgen der Photoapparat, die Päckchen mit Glasplatten, das Fernglas und die Champagnerflaschen. Anschließend, allerdings nicht ohne eine gewissen Gezwungenheit aufgrund der Schwierigkeit von sechs nervösen Händen, die Mademoiselles Korsett aufbinden, flattern Kleidungsstücke über die Felder von Vincennes.
Der Zoo ist wie immer am Sonntagvormittag voll von stoischen Familienvätern mit ihren energiegeladenen Sprößlingen. Der sich nähernde Ballon bleibt nicht unbemerkt, und die Erwachsenen sammeln ihre Kinder ein, um sich mit ihnen in Sicherheit zu begeben. Danach zu urteilen, wie der Ballon naht, scheint dieses Mistding nicht gerade nur Pirouetten vorzuführen.
Und die Eltern haben recht, denn der Korb schlägt auf den Felsen auf, wo ein paar Braunbären schlafen. Die Bären, völlig desinteressiert, verändern nicht einmal ihre Stellung, als eine Frau schreiend aus dem Korb zu steigen versucht und von den Männern wieder hineingezogen wird. Die Frau ist vollkommen nackt. Die Männer auch. Der Entsetzensschrei der Menge schreckt die Bären auf, worauf sie sich majestätisch in ihre Höhlen zurückziehen.
Ein paar Polizisten kommen, wild in die Pedale tretend, auf Fahrrädern angefahren. Sie lassen ihre Pfeifen trillern und bemühen sich, die Menge davon abzuhalten, zu dicht an den Unfallort heranzugehen. Der Ballon im Bärenkäfig neigt sich zur Seite, und seine Passagiere winken nervös aus ihrem Versteck im Korb.
Zwei Stunden später erscheint atemlos der Sekretär des Fürsten von Parma auf der Polizeiwache von Vincennes, um die vier geflügelten Nudisten zu befreien. Nie wieder hat Petitsantôs die Freunde aus dem Parc des Princes zum Fliegen eingeladen.

Der athletische Bürgerliche stirbt 1916 in den Ardennen. Der tuberkulöse Fürst wird 1945 von der Résistance erschossen. Das Mädchen heiratet einen Triester Reeder und stirbt 1951.

Ein Hexer in der Familie Madame Dumont erfährt von der Landung im Zoo von Vincennes erst viel später. Und auf die Version, die man ihr erzählt, ist nicht unbedingt Verlaß. Zu ihrer Erleichterung ist sie nicht mehr für die Taten dieses jungen Mannes verantwortlich, der sich gegen ein normales Familienleben sträubt. Denn in derselben Woche, als der Zwischenfall im Zoo passierte, ist der Neffe in die Rue Washington an der Étoile umgezogen, eine für ehrgeizige Geister typische Gegend. Um kein schlechtes Gewissen haben zu müssen, schreibt sie einen Brief an die Mutter des Jungen. Die Witwe ihres Cousins Henrique antwortet dankend und so übertrieben höflich, daß es tadelnd klingt. Sie brechen den Kontakt für immer ab, und Madame Dumont hat nie wieder den Blick gehoben, wenn ihr Neffe über den Himmel des 16. Arrondissements schwebte.

Die Familie des Hexers Dona Francisca Santos Dumont verbringt den größten Teil ihrer Zeit in einem komfortablen Stadthaus in der Rua do Duque de Loulé, fast an der Ecke Rua Alexandre Herculano in der Stadt Porto. Das Haus besitzt einen Erker, von dem aus man den Douro mit seinem schlammigen Wasser und seinen mit Portweinfässern beladenen Booten zum Meer strömen sehen kann. In diesen Erker hat sie sich gesetzt, um den Brief der französischen Verwandten zu lesen. Ihr Blick hat sich von dem arroganten Stil des Briefes gelöst und verweilt lange Zeit auf der undeutlichen, vom Spätnachmittagsdunst fast ganz verhangenen Silhouette der Häuser von Vila Nova de Gaia auf dem anderen Flußufer. Ihrem Leben fehlt jetzt ein Sinn, sie ist alt, ihr Dasein hat die klar umrissene Funktion, die ihm die strenge Routine auf der Fazenda in Ribeirão Preto auferlegte, verloren. Deshalb versteht sie weder die Notwendigkeit dieses Briefes noch, daß Madame Dumont sich die Mühe gemacht hat, ihn zu schreiben, und erst recht nicht, was ihren Sohn dazu bewegt, das zu tun, was er da treibt. Das Leben wird schmerzensreich, unbequem und nutzlos, wenn das Alter kommt. Und alle werden einmal, unabhängig davon, was sie gemacht haben, so verbittert und alt sein wie sie.

Die Schnecke in ihrem Haus Die Wohnung in der Rue Washington hat wenig mit dem Herrenhaus in Arindeúva gemein. Das Herrenhaus der Kaffeefazenda war der Lebensmittelpunkt für 80 Sklaven. Die Bleibe in der Rue Washington ist mit einem Butler, einem Zimmermädchen und der Köchin bestückt. Die Fazenda hatte den Vater 300 Contos de Réis gekostet, die Pariser Miete beläuft sich auf 500 Francs im Monat, ohne die Abgaben.
Möbel gibt es wenige. Einige sind ungewöhnlich. Der Tisch und die Stühle im Eßzimmer zum Beispiel befinden sich drei Meter über dem Fußboden. Ein geräumiges Schlafzimmer im oberen Geschoß ist in ein Atelier umgewandelt.
Alberto verbringt ganze Tage im Atelier über dem Reißbrett, zeichnet Entwürfe und berechnet Konstruktionen.

Étoile Er nimmt den Fahrzeugverkehr rings um den Triumphbogen nicht wahr und spricht manchmal tagelang mit keinem Menschen. Gibt den Hausangestellten murmelnd Anweisungen, sitzt über dem Reißbrett und reibt seine nackten Füße an dem flauschigen, in einem algerischen Geschäft erstandenen Schaffellteppich.
Da er die Nächte hindurch wach bleibt, geht er in aller Frühe hinaus, wenn die Luft kalt ist und auf den Bürgersteigen keine Passanten sind, um einen Spaziergang zu machen und weiter über seine Ideen nachzudenken. Er trägt einen Mantel, hat einen Schal um den Hals gewickelt und geht die Avenue hinunter, bleibt vor den Schaufenstern stehen, begutachtet die Auslagen und amüsiert sich über die vielfältigen Verlockungen in den Geschäften. Aber es dauert, bis der Tag anbricht, und das ist ihm fremd. Nie würde er sich an die Trägheit der Sonne in den europäischen Wintern gewöhnen. Obwohl er die Kälte und die Eleganz der Menschen in der schweren Winterkleidung schätzt, kann er sich mit der Scheu dieser Sonne nicht abfinden. Um sieben Uhr morgens kommt er wieder nach Hause, und noch immer herrscht tiefe, nur von der elektrischen Straßenbeleuchtung und den Laternen der Frühaufsteher durchbrochene Dunkelheit. Zu Hause nimmt er sein bescheidenes Frühstück ein und legt sich schlafen. Um die Mittagszeit steht er auf und kann sicher sein, daß die Sonne nicht mit der harten Helligkeit der Tropen in sein Atelier gedrungen ist.

THEORIE UND PRAXIS Von Lachambre und Machuron hat er sehr viel über Ballons gelernt. Aber die Vorstellung, je nach Launen des Windes dahinzutreiben und nur die Wahl zwischen Sinken und Weiterfliegen zu haben, behagt ihm nicht. Auf seinem Arbeitstisch liegen, mit Anmerkungen versehen und stellenweise unterstrichen, die Studien von Giffard, der zwischen 1852 und 1855 mit lenkbaren dampfbetriebenen Luftschiffen aufgestiegen war; die von Tissandier 1883 verwirklichten Projekte mit elektrischen Motoren; das tragische Experiment von Wolfert über dem Himmel von Deutschland, der erst kürzlich in der Luft explodiert ist, weil ein Funke des Elektromotors auf die mit Wasserstoff gefüllte Hülle übergesprungen war; ganz zu schweigen von Schwarz, der mit seinem lenkbaren metallenen Luftschiff mit Dieselmotor in Berlin über den Tiergarten geflogen ist.

THEORIE I Ein in der Atmosphäre angetriebener Körper bewegt sich nicht ohne Widerstand. Dieser Widerstand heißt Reibung, und sehr starke Reibung kann für Ballons riskant werden. Überstarke Reibung läßt sich nur durch die Konstruktion eines Ballons vermeiden, dessen Form die Reibung möglichst gering hält.

PRAXIS I Alberto, der immer den einfachsten Weg geht, entwirft einen ersten, nach den Normen der damaligen Zeit sehr kleinen kugelförmigen Ballon, der später zu den zigarrenförmigen Ballons weiterentwickelt wird.

THEORIE II Wenn der in der Atmosphäre angetriebene Körper nicht seine Form hält, wird die Reibung auf gefährliche Weise ungleich verteilt, was unterschiedliche Spannungen erzeugt und jede Steuerung unmöglich macht.

PRAXIS II Die Straffheit der Ballons wird durch die Verwendung von Druckluftkammern im Inneren der Wasserstoffhülle sichergestellt.

THEORIE III Ein Körper, der leichter als Luft ist, braucht zum Aufsteigen und Sinken Ballast. Bei Ballons werden

PRAXIS III Alberto führt den Nettoballast ein, die Sandsäcke, die sich je nach Bedarf bewegen, ohne daß man sie

Sandsäcke verwendet, um ihnen Gewicht zu verleihen. Beim Aufstieg werden die Säcke nach und nach entleert. Sollen die Ballons sinken, läßt man Gas aus der Hülle ab.

entleeren muß. Das Sinken wird ohne Gasverlust mit Hilfe eines Steuers bewirkt.

THEORIE IV Ein Ballon ist ein mit Wasserstoff gefüllter und den Schwankungen von Temperatur, Feuchtigkeit und Druck ausgesetzter Körper. Das Gas reagiert auf alle diese Schwankungen mit Ausdehnung oder Zusammenziehen. Um einen Ballon lenken zu können, muß man den Innendruck trotz dieser Schwankungen konstant halten.

PRAXIS IV Die Druckluftkammern, mit denen die Form konstant gehalten wird, können auch den Innendruck regulieren.

THEORIE V Ein Körper, der sich durch die Atmosphäre bewegen soll, muß seine eigene Energie erzeugen, um von den Luftströmungen unabhängig zu sein.

PRAXIS V Alberto gelingt es, Stärke und Gewicht des Motors in ein perfektes Verhältnis zueinander zu bringen.

KLEIN SEIN IST DER CLOU In Deutschland entwickelt Graf Zeppelin seinen Bauplan für ein starres Luftschiff mit Metallgerüst und gigantischen Ausmaßen.
In Paris entwickelt der junge Dumont seinen Bauplan für ein nicht starres Luftschiff von winzigen Ausmaßen.
Beide sind auf dem richtigen Weg, wenn auch auf zwei verschiedenen.
Der deutsche Graf kann Millionen deutsche Mark für sein Projekt ausgeben.
Der brasilianische Plebejer begnügt sich mit einem begrenzten Monatseinkommen.

KLEIN, ABER ERFOLGREICH Lachambre, der ja sentimental ist, geht es durch Mark und Bein, als der junge Brasilianer mit einem Bauplan für einen Ballon in die Werkstatt kommt. Machuron, der ja praktisch denkt, ergreift Bleistift und einen Block Papier und macht sich ans Berechnen. Der junge Mann sieht die alten Ballonfahrer mit irritierendem Selbstbewußtsein an.
Sie sind verrückt, schreit Machuron und zerbricht den Bleistift. Das ist doch unmöglich, ein Ballon mit einer so leichten Hülle und nur 100 Kubikmeter!
Lachambre schnappt ein paar Sekunden lang nach Luft.
Der junge Mann reagiert auf Machurons Aufschrei mit einem flehentlichen Blick.
Der Ballon ist für mich, stöhnt er in seinem für einen Einheimischen zu perfekten Französisch. Ich wiege 50 Kilo. 100 Kilo Kubikinhalt ist genau richtig.
Lachambre schlägt sich an den Kopf und reckt die Hände gen Himmel: Selbstmord! Das ist Selbstmord! Wenn Sie Ihrem eigenen Leben ein Ende machen wollen, ist das Ihr Problem. Aber ziehen Sie uns da nicht mit rein.
Jetzt beißt Machuron in den Papierblock.
100 Kilo Kubikinhalt, ja? Nur weil Sie 50 Kilo wiegen? Warum dann nicht 50 Kilo Inhalt? Einen Kubikmeter, wie wär's damit?
Mißfallen breitet sich wie ein Schatten auf dem Gesicht des jungen Mannes aus. Sein flehentlicher Ausdruck verschwindet, und statt dessen überkommt ihn eine Wut, wie sie die alten Ballonfahrer von dem sonst immer schüchternen und bedächtig sprechenden jungen Mann nicht kennen.
Idioten, faucht er. Primitivlinge, wettert der junge Mann.
Und er zieht seine Handschuhe an, reißt Machuron die Zeichnungen aus der Hand, so daß sie zerknittern, und macht Anstalten zu gehen.
Lachambre, dem Sentimentalen, ist es lieber, daß er verschwindet.
Machuron, der praktischer denkt, hält ihn zurück.
Warten Sie, Monsieur Santôs!
Dieser Miniaturballon wird nie im Leben aufsteigen, denkt er. Es gibt keinen Grund, warum wir diesen Auftrag an die Konkurrenz verlieren sollten.
Der junge Mann macht kehrt, nun wieder mit seinem gewohnten gutmütigen Ausdruck.

Ich werde ihn »Brasilien« nennen, teilt er mit.
Die alten Ballonfahrer verkneifen sich das Lachen und nicken ernst.

TATSÄCHLICH ERFOLGREICH Und das Schlimmste ist, daß »Le Brésil« wider jeden gesunden Menschenverstand und die Erfahrung zweier alter Ballonfahrer tatsächlich aufsteigt.
In der Wochenzeitschrift »L'Illustration« erscheint eine Karikatur, die den Flug des »kleinsten Ballons der Welt« feiert. Die Karikatur ist mit Sem unterzeichnet.
Diese elegant gestrichelte Karikatur, das weiß Alberto, bedeutet einen noch größeren Triumph als sein Flug.
Endlich wird Paris auf ihn aufmerksam.

DER HEXER MACHT WEITER Das Dreirad fährt mit 32 Stundenkilometern und wirbelt eine Staubwolke auf der Erdstraße im Bois de Boulogne auf. Es ist Sonntag und kalt, bald wird der erste Schnee fallen. Ein eisiger Wind beißt auf der Haut und vertreibt die wenigen Besucher. Alberto in dickem Mantel und Mütze aus Marderfell, die Augen mit einer Brille und die Hände mit Lederhandschuhen geschützt, macht die Kälte nichts aus. Er fährt über die fast menschenleeren Alleen und hört den trockenen Kies gegen sein Fahrzeug schlagen. Er fährt eine feste Route, immer im Kreis, von der Südseite des Waldes bis zu einer Lichtung im Westen, wo sein Butler François in der Kutsche, die ebenfalls ihm gehört, neben dem Kutscher sitzt und auf ihn wartet. Winkend rast er mit seiner beängstigenden Geschwindigkeit an seinen Dienstboten vorbei und taucht winkend wieder auf.
François und der Kutscher wissen, daß er bis zur Erschöpfung fahren wird, und das bedeutet, daß sie, heimlich Kognak trinkend, mindestens drei Stunden dort sitzen werden. Und sie sind gerade erst angekommen.
Sie kennen ihren neuen Herrn noch kaum, denn sie stehen erst knapp zwei Monate in seinen Diensten. Aber eines haben sie schon begriffen: Wenn es in Paris einen Exzentrikerwettbewerb gäbe, dann würde dieser südamerikanische Knirps mit Leichtigkeit den ersten Platz gewinnen. Mal abgesehen von diesen verrückten Sonntagsrennfahrten, bei denen sie die Warterei in der feuchten Kälte ertragen müssen, sind seine anderen Extravaganzen recht gutartig. Der Knirps empfängt wenig Gäste, ist im Essen genügsam

und gewährt ihnen ein überdurchschnittliches Gehalt sowie einen freien Tag in der Woche, ein Zeichen, daß er tatsächlich in England studiert hat, wo man, wie es heißt, die Rechte der Arbeiter respektiert.
An diesem Morgen aber ist es reichlich unangenehm, die eisige Kälte zu ertragen. Nicht einmal der Kognak scheint zu helfen, und so empfinden sie beträchtliche Erleichterung, als ihr Herr nach der dritten Runde sein Dreirad anhält.
François, ruft der Herr und springt behende vom Dreirad.
Der Butler steigt aus der Kutsche und geht zu dem jungen Mann, der in seinem Marderfellmantel eher wie ein wuscheliger Pekinese aussieht.
Holt die Seile, die in der Kutsche liegen, und legt sie über den Ast von dem Baum da, ordnet der Herr an und zeigt auf einen kahlen Feigenbaum am Wegrand.
Der Butler bleibt verdattert stehen.
Nun mal los, Mann, treibt ihn der Knirps in gebieterischem Tonfall an.
Um nicht der Letzte in der Hierarchie zu sein, ruft François nach dem Kutscher.
Und beide tun, was der Herr befohlen hat.

NEWTONS APFEL Das De-Dion-Dreirad wird am Feigenbaum aufgehängt.
Jetzt hochziehen, los, strengt euch an, zieht an den Seilen, spornt der Herr sie an.
Der Butler und der Kutscher ziehen das Fahrzeug in die Höhe und flehen gleichzeitig zum Himmel, daß niemand vorbeikommt. Sie schämen sich zu Tode über die verrückte Idee ihres Herrn. Als gute Dienstboten nehmen sie jede Extravaganz hin, solange sie sich in bestimmten Grenzen hält.
Als das Dreirad schon einen Meter über dem Erdboden hängt, gibt der Spinner Anweisung, die Seile an einem anderen Baum festzubinden.
Er steigt auf das aufgehängte Dreirad und zündet den Motor.
Eine Rauchwolke wird aus dem Dreirad ausgestoßen, und das Brummen des Motors dröhnt durch die Stille im Wald.
Ist das nicht wunderbar? rief er.
Seht nur, wie ruhig es bleibt!

Überhaupt keine Erschütterung!
François sieht den Kutscher untröstlich an.
Das funktioniert garantiert auch an einem Ballon.

Der Verrückte von den Champs Elysées   Lachambre preßt die Lippen zusammen, um nicht zu schreien. Machuron kratzt sich am Kopf und beobachtet ungläubig den jungen Burschen in gebügeltem Anzug, Gamaschen und Panamahut, der gestikulierend um das Dreirad herumläuft.
Die beiden wissen schon, daß alle Brasilianer leicht verrückt sind. Machuron, weil sein Kompagnon ihm das erzählt hat. Und Lachambre, weil er selbst in Brasilien gewesen ist, im Dienst eines anderen Besessenen, des Abgeordneten Augusto Severo, der ein riesiges Luftschiff konstruieren lassen wollte, das auf der Route Rio-Paris Passagiere und Fracht transportieren sollte.
Schließlich platzt Lachambre:
Selbstmord, das ist Selbstmord!
Der Verrückte erwidert:
Sie sind merkwürdig auf Selbstmord fixiert, Lachambre.
Machuron geht näher an das Dreirad heran.
Na gut, dann werfen Sie das Ding mal an.
Der Verrückte tritt die Pedale, bis der Motor mit einer Reihe kleiner Explosionen funkensprühend anspringt.
Machuron zeigt auf die Funken, die durch das Halbdunkel der Werkstatt tanzen.
Und was ist mit den Funken? Was passiert, wenn die an die Hülle kommen?
Lachambre läuft es kalt über den Rücken. Der Wasserstoff ist sehr leicht entflammbar, schon ein einziger dieser kurzen, winzigen Kometen kann eine heftige Explosion auslösen.
Aber der Verrückte lächelt nur.
Das Problem wird noch gelöst, sagt er. Ich habe eine Werkstatt gefunden, die den Motor nach einem von mir entwickelten Plan umbaut. Damit wird er stärker, und der Auspuff, hier, der wird dann so.
Er dreht den Auspuff nach unten, und die Funken werden in die später dem Ballon entgegengesetzte Richtung gelenkt.
Die Funken verglühen, sagt er triumphierend.
Lachambre und Machuron sehen sich nur an.

TARTARIN IN FORM Die alten Ballonfahrer zu überzeugen, wird von Tag zu Tag schwieriger. Die Pioniere glauben nicht an Luftschiffe, ihr sicheres Geschäft mit bescheiden bezahlten Ballonaufstiegen ist ihnen lieber, als sich auf neue Möglichkeiten einzulassen. Außerdem ist Alberto es leid, als Verrückter zu gelten.
Er macht sich daran, ein eigenes Team zusammenzustellen.
Als ersten engagiert er einen jungen Mann einfacher Herkunft, der fast genauso groß wie er und von der Luftfahrt besessen ist. Er heißt Emmanuel Aimé.
Während das Luftschiff Nr. I gebaut wird, geben Lachambre und Machuron sich die größte Mühe, den jungen Aimé anzufeinden.
Alberto tut, als wäre nichts.
Und sein erstes Luftschiff wird fertig.

DER FLIEGENDE DRACHEN I Jardin d'Acclimatation, ein frostiger früher Morgen im Jahre 1898. Das Luftschiff Nr. I ist zum Aufstieg bereit. Es mißt 25 Meter in der Länge und 3,40 Meter im Durchmesser. Angetrieben wird es von zwei Dion-Button-Motoren mit je 3,5 PS, die ihrerseits den zweiblättrigen Propeller mit 120 Umdrehungen pro Sekunde rotieren lassen.
Im Automobil Club spricht man von nichts anderem. Dieser winzige Südamerikaner sei lebensmüde, er wolle in einem Ballon mit Ölmotor aufsteigen. Ein paar besonders aufgebrachte Klubmitglieder versammeln sich an dem Tisch des Mannes, der das größte Interesse an der Zukunft von Explosionsmotoren hat, dem Unternehmer und wichtigsten Erdölimporteur Frankreichs, Henry Deutsch de la Meurthe. Sie verlangen, er solle den Unvernünftigen von seinem Plan abbringen, sonst mache er sich der Beihilfe zum Selbstmord schuldig. Deutsch de la Meurthe, der gerade erst Interesse an der Luftfahrt entwickelt, hat nie daran gedacht, so einen Motor für einen Ballon zu verwenden, aber er bezahlt, weil er sehen will, was daraus wird. Er bleibt kalt.
Die Nr. I steigt in Windrichtung auf, stößt gegen die Bäume des Parks und zertrümmert vollkommen.
Während der südamerikanische Sonderling mit zerrissener Kleidung und diversen Schnittwunden am Körper aus den Trümmern geborgen wird, wettert er gegen Lachambre, Machuron und Aimé.
Idioten, schreit der Verrückte. Sie sind schuld, weil Sie mich gezwungen haben, in Windrichtung zu starten. Banausen…

Die Schnittwunden bluten, und sein Gesicht ist von einer dunklen Prellung entstellt. Aber der kleine Mann hört nicht auf, Beleidigungen auszuteilen.
Man bringt ihn ins Krankenhaus, wo ein mißgelaunter Arzt den Aufgebrachten beruhigt.

DER FLIEGENDE DRACHEN II Vier Tage später, nachdem die Schäden beseitigt und die Assistenten verstummt sind, steigt die Nr. I wieder auf. Lachambre hat noch sagen wollen, er solle nicht zu hoch aufsteigen, aber dann lieber geschwiegen. Aimé hat ihn noch daran erinnern wollen, vorsichtig zu manövrieren, aber den Mund gehalten.
Der unvorsichtige Mensch steigt 400 Meter auf.
Beim Abstieg will die Luftpumpe nicht funktionieren, und die Druckluftkammern bleiben leer. Ergebnis: Die Riesenzigarre klappt zusammen.
Der Unselige fällt wie ein Stein vom Himmel.
Machuron schließt die Augen.
Lachambre senkt den Blick und kaut auf den Nägeln.
Aimé nimmt den Hut ab, bekreuzigt sich und beginnt, für eine neue Stelle zu beten.
Während er fünf Meter in der Sekunde sinkt, fühlt Alberto, wie sich alles in seinem Organismus dreht. Er versucht, klaren Kopf zu behalten und nach einer Lösung zu suchen, aber er kann nichts machen. Bald wird er zerquetscht da unten liegen, auf dem gepflegten Rasen, wo eine Kindergruppe spielt.
Ihm ist übel, und gleichzeitig ist er euphorisch. Er hat Angst.
Er weiß, daß er sterben wird.
Die Kinder hören auf zu spielen und starren auf das Ding, das da herunterkommt.
Sie sind wie gebannt, und keinem kommt es in den Sinn, Schutz zu suchen.
Da hören sie einen Mann aus dem herabsinkenden Ding schreien.
Das Tau, haltet das Tau fest! Zieht gegen den Wind!
Der Älteste läuft los und greift nach dem Tau. Die anderen Kinder machen es ihm nach. Und sie laufen gegen den Wind und ziehen am Tau.
Alberto sinkt nicht mehr, der Ballon ist zu einem Riesendrachen geworden, und die Kinder wissen es. Sie schreien und hüpfen vergnügt und ziehen am Tau.

Zehn Minuten später ist Alberto heil und sicher gelandet.
Die Kinder sind, die Taschen voller Sous, aus dem Park verschwunden und auf dem Weg zu einem Süßigkeitenstand.
Aimé, Lachambre und Machuron atmen tief aus und setzen sich auf den Rasen.
Das Luftschiff Nr. I liegt zusammengefallen auf dem Rasen von Bagatelle.

IM AUTOMOBIL CLUB Der Roadster Peugeot steht in einer Reihe anderer glänzender Wunder geparkt. Fast alle Mitglieder sind da, denn keiner läßt sich das Klubmittagessen zum Jahresende entgehen.
Politik, Politik, Politik.
Alberto stellt sich taub. Und küßt den Damen die Hand.
Aber natürlich, Madame de Cambremer! Gewiß, Madame de Putbus! Sehr erfreut, Madame de Saint-Loup! Ganz bestimmt, Madame de Bontemps!
Von seinem Tisch aus beobachtet Deutsch de la Meurthe den Handküsser. Wie lange noch wird dieser geschniegelte Knirps es vermeiden, sich auf politische Gespräche einzulassen?
Albertos Stern indessen leuchtet noch immer.
Ein Brasilianer betritt die Szene, Dr. Antônio Prado, ein bedeutender Unternehmer und hervorragender Automobil-Fahrer, bei Spazierfahrten wie auf schwierigen Strecken, ein Liebhaber der empfindlichen italienischen Automobile.
Der letzte Handkuß gilt Madame Prado. Und der geschniegelte Schlauberger setzt sich zu seinen illustren Landsleuten und drückt sich vor Meinungsäußerungen über die Dramen des französischen Lebens.
Deutsch de la Meurthe ist entzückt von der Schläue des Däumlings mit dem gewichsten Schnurrbart.

WIEDER IN DER LUFT Er weicht einer schwarzen Katze aus, die über den Bürgersteig des Boulevard Saint Michel läuft. Er untersagt, bei Tisch Salzfässer zu benutzen, damit nichts verschüttet werden kann. Er überquert die Rue Monsieur Le Prince, um nicht unter einer Leiter hindurchgehen zu müssen.
In der Kirche Saint Philippe du Roule beschließt er, daß sein nächster Aufstieg am Himmelfahrtstag stattfinden soll.
Er steigt auf. Der Herrgott hat kein Nachsehen.

Ein Wolkenbruch geht nieder, und die Nr.2 klappt zusammen und verheddert sich in den Bäumen im Park.
Unverletzt rutscht er wie ein begossener Pudel an den Ästen hinunter.
Er hat sich erkältet.
Und beschließt, die Nr.3 zu bauen.

TAGEBUCH EINES ZIMMERMÄDCHENS Der Herr geht nicht viel aus. Ein Mann mit wenig Freunden. Die Wäsche muß genau richtig gestärkt sein, und er zieht sich selbst an, ohne Hilfe des Butlers. Sparsam mit Gesten, Worten und Ausgaben. Gestattet keine Verschwendung.
Und er hält sich an einen festen Terminkalender.
Dienstags: Abendessen mit Antônio Prado und Gattin.
Donnerstags: mit Pedro Guimarães ausgehen.
Samstags: zu eventuellen Einladungen gehen.
Die übrigen Tage widmet er seiner Arbeit.
Der bevorzugte Freund des Herrn ist Monsieur Pedro. Ein kultivierter Vertreter der brasilianischen Jugend. Er verbringt das halbe Jahr in Paris und die andere Hälfte auf seiner Kaffeefazenda im Nordosten des Staates São Paulo. Er unterhält eine Wohnung in der Avenue Foch, eine Garçonnière in Versailles und eine Dauerreservierung im Crillon in Nizza. Er fährt einen silberschwarzen Daimler. In der Oper hält er sich die Loge 12 und in der Comédie die 16. Die Maîtres der zehn besten Restaurants der Stadt spricht er mit Vornamen an. Er ist in Brasilien verlobt, aber in Paris versagt ihm eine gewisse Madame Lepic nicht ihre Gunst.

ROSAROTE PRESSE Wieder ist eine Karikatur mit der Unterschrift Sem in »L'Illustration« erschienen.
Petitsantôs kauft zehn Exemplare und verschickt sie an Freunde.
Er sucht die berühmte Unterschrift auf und trifft auf einen temperamentvollen Bretonen, zehn Jahre älter und doppelt so groß wie er, der wie ein Wasserfall redet.
Der Name, der sich hinter der Unterschrift verbirgt, lautet Goursat, Georges.
Georges sammelt gleichermaßen Verehrer und Anfeindungen. Seine Zeichnungen halten das sorglose elegante Pariser Leben in einer Bilderchronik fest. Aber wenn er den Bleistift gegen das Wort eintauscht, bedeutet dies immer Skandal.

Mit einer Reportage über das Elend der Kinder in Marokko hat er bei Madame de Daumesnil einen Anfall von nervöser Unruhe und das Ende ihres gut besuchten Salons ausgelöst.
Mit einer Reportage über Pariser Stundenhotels hat er bei so manchen Paaren Ehekrach und bei den Duffys deren aufsehenerregende Scheidung ausgelöst.
Goursat, versteht sich, wäscht seine Hände in Unschuld.
Der Bretone drückt jeder Umgebung seinen Stempel auf.
Der Brasilianer verhält sich wie eine Schnecke.
Die beiden werden Freunde.
Zum Glück liebt Paris Schnecken, sagt Goursat immer.

Die unternehmungslustige Schnecke Die Starrköpfigkeit der Mechaniker im Jardin d'Acclimatation wird allmählich hinderlich. Alberto sieht auf den Zeitplan und stellt fest, daß sie mit der Nr. 3 stark im Rückstand sind. Bei jedem Abschnitt des Projektes muß er Stunden und Stunden für Diskussionen opfern. Und die Mechaniker führen die Arbeit erst aus, wenn er droht, das Projekt einer anderen Equipe zu übergeben.
Schließlich macht er die Drohung wahr.
Die Nr. 3 soll auf seinem eigenen Grundstück gebaut werden.
Er kauft ein Areal in Saint-Cloud und entwirft einen Hangar von 30 Meter Länge, sieben Meter Breite und elf Meter Höhe.
Gegen genauso viel Eitelkeit, Voreingenommenheit und Starrsinn wie bei den Mechanikern muß Alberto nun bei den Baumeistern ankämpfen, damit der Hangar nach seinem ursprünglichen Plan fertiggestellt wird.
Im Herbst 1898 kann man zusehen, wie die Nr. 3 zu ihren Probeflügen aus dem Hangar herauskommt.

Sonate für den Eiffelturm Im November verläßt die Nr. 3 den Hangar und schwebt friedlich über den Wolkenhimmel in Richtung Champs de Mars. Der Eiffelturm ist eine Art Achse, und das Luftschiff kreist mehrmals über die Dächer von Passy und die Militärakademie.

Pré-Café Society Das Jahr 1900 beginnt, und »Le Figaro« schreibt:
Petitsantôs führt Cléo de Mérode, der meistbegehrten Frau von Paris, die Nr. 4 vor. Und er empfängt am selben Tag in Saint-Cloud

den Sozialisten Jaurès und den Konservativen Rochefort. Spitze Bemerkungen werden von der Ex-Kaiserin Eugénie verhindert.
Im »Aérophile« steht: Neues Luftschiff von Petitsantôs verspricht, Überraschung für alle zu werden.
In »L'Illustration« steht:
Petitsantôs öffnet zum ersten Mal die Türen zu seinen Salons in der Rue Washington. Wir vermerken die Anwesenheit der japanischen Schauspielerin Sada Yakko.

•

FIN DE SIÈCLE Die Weltausstellung hat 50 Eingänge. Und elektrisches Licht.
Die Franzosen verlieren ihr Herz an Japan.

TAGEBUCH EINES ZIMMERMÄDCHENS Den Terminkalender des Herrn führt Monsieur Goursat. Er kommt ohne anzuklopfen herein und sucht sogar die Kleidung für seinen Freund aus.
Der Herr nimmt es kommentarlos hin.

RAMPENLICHT Petitsantôs ist überall dabei. Goursat sorgt dafür. Wer wird schon Monsieur Goursat etwas abschlagen?
Im Theater Loïe Fuller hat man ihn zur Premiere von »Die Geisha und der Offizier« zwischen Barrès und Maria Baschkirzeff Platz nehmen sehen. Der Star Sada Yakko gibt mit einer brillanten Darbietung der Stadt in ihrer neuesten Liebe recht. Das Publikum applaudiert mit einem Auge zur Bühne und dem anderen zur Loge des japanischen Botschafters. Die Gräfin Mathieu de Noailles, von sprichwörtlicher Zerstreutheit, beobachtet Barrès, der sich ungezwungen mit dem kleinen Herrn an seiner Seite unterhält. Sie erkundigt sich, wer dieser »Japaner« ist, der sich da zwischen lauter Abendländer verirrt hat. Die Baschkirzeff antwortet, das sei kein Japaner, sondern Petitsantôs, ein brasilianischer Luftfahrer.
Brasilianer? erwidert die Gräfin, also doch ein Orientale!

PYGMALION Petitsantôs besitzt überhaupt keinen Sinn für Kunst.
Colette findet er langweilig. Zola entsetzlich. Richtig schön sind seines Erachtens nur die verwässerten Ergüsse von Jean Lorrain.
Goursat bekommt Wutanfälle.

Zwischenspiel Premiere von »L'Aiglon«. Petitsantôs kommt leicht schläfrig aus dem Theater. Graf de la Vaulx läuft ihm in Begleitung eines jungen Mannes mit rundlichen Formen über den Weg. Sie unterhalten sich, und innerhalb von fünf Minuten erzählt der junge, nach Lavendel duftende Geck mit asthmatischer Stimme und wachsbleicher Haut 20 pikante Klatschgeschichten über Personen, die Petitsantôs schätzt.
Petitsantôs ist verärgert und hat das Bedürfnis, sich dieser frivolen Unterhaltung zu entziehen. Er beeilt sich, der Prinzessin Murat, die er kaum kennt, die Hand zu küssen, und läßt den feinen Herrn allein weiterreden.
Der Graf ruft beleidigt seinem perplexen Freund zu:
Komm, Marcel!

Zeitgeist Petitsantôs trägt Flanellhosen und schließt sich der Mode an, »mein Haar« zu sagen und nicht »meine Haare«. Den Plural verwendet er nur, wenn er mit Graf D'Eu spricht. Zur Einweihung des Aéro Club de Paris trägt er eine Künstlerschleife und fühlt sich wie ein perfekter Sportsman.
Er zieht die Glacéhandschuhe aus, um dem Industriellen Archdeacon die Hand zu geben, dem Kandidaten von Deutsch de la Meurthe, der ohne Gegenkandidat zum Präsidenten des Aéro Club gewählt worden ist. Auch ohne ein Bankkonto zu besitzen und vielleicht, weil er gut im Rechnen ist, übernimmt Aimé das Amt des Klubsekretärs.
Petitsantôs kommt in die Wissenschaftliche Kommission und fliegt weiter.
Er wird so oft vom Regen naß, daß er eine Lungenentzündung bekommt.
Mit dem Train d'Azur fährt er ans Meer.
Im Carlton in Cannes kommt die Genesung.
Im Crillon in Nizza kommt er wieder zu Kräften.
Antônio Prado, der sich um seine Finanzen gekümmert hat, bittet ihn um ein Gespräch unter vier Augen.
Die Lungenentzündung hat die Kleinigkeit von 80.000 Francs gekostet.
Oder sollte es die Freundschaft mit Goursat gewesen sein?

Ölmotoren Henry Deutsch de la Meurthe möchte den Marktanteil seines Unternehmens steigern. Er stellt sich vor, daß Millio-

nen von durstigen Motoren auf den Straßen der Welt unterwegs sind und das Erdöl verbrauchen, das er aus Arabien importiert.
Eines Abends erscheint er im Aéro Club. Die Direktion hat sich versammelt und liest Briefe und Mitteilungen. Er macht einen Vorschlag. Wie wäre es mit einem Geldpreis, den die Wissenschaftliche Kommission dann demjenigen lenkbaren Ballon verleihen könnte, der als erster einen dreißigminütigen Flug ohne Unterbrechung mit Start und Landung im Parque d'Aérostation in Saint-Cloud und einer Umkreisung des Eiffelturms absolviert?
Archdeacon glaubt, nicht recht zu hören.
Die anderen Luftfahrer halten den Vorschlag für absurd.
Auch wenn man dabei 100.000 Francs gewinnen kann? erwidert Deutsch de la Meurthe.
Petitsantôs erkundigt sich, ab wann der Preis ausgeschrieben werden soll.
Deutsch de la Meurthe erklärt, der Preis sei ab sofort, mit dieser Versammlung ausgeschrieben und bleibe es so lange, bis jemand diese Tat vollbracht habe.
Die Ballonfahrer lachen über die angebliche Großzügigkeit des Industriellen.
In ihren Augen hat Deutsch de la Meurthe mal wieder seinen Geiz unter Beweis gestellt. Solche Bedingungen zu stellen, sei dasselbe wie einen Preis von einer Million Francs für denjenigen auszusetzen, der als erster seinen Fuß auf den Mond setze.
Petitsantôs ist anderer Meinung, und als Mitglied der Wissenschaftlichen Kommission setzt er sich verhement dafür ein, den Vorschlag anzunehmen.
Archdeacon beugt sich Petitsantôs' Redekunst und streckt die Hand aus, um die Abmachung zu besiegeln. Statt seiner Hand reicht Deutsch de la Meurthe ihm einen Scheck über den versprochenen Betrag. Der Präsident des Aéro Club, ein brillanter Financier, ergreift den Scheck und beendet das Thema.
Das Geld soll zu vier Prozent angelegt und die Zinsen an denjenigen Luftfahrer ausgezahlt werden, der sich in dem jeweiligen Jahr am meisten hervortut.

IMMER IN DEN PARK Die Nr. 5 ist 33 Meter lang, hat ein Volumen von 550 Kubikmeter und einen 4-Zylinder-Buchat-Motor mit 16 PS. Da Alberto weiß, daß sein ererbtes Vermögen im Verhältnis zu den steigenden Ausgaben für seine Experimente ziemlich begrenzt

ist, stellt der neue Ballon eine Abwandlung der alten, entsprechend ausgeschlachteten Nr. 4 dar.
Und das Luftschiff steigt wie ein Knallfrosch auf und landet doch tatsächlich, statt den Eiffelturm zu umrunden, im Park der Rothschilds!

Die Prinzessin in ihrem Park 13. Juli. Alberto steigt auf, drückt einen Talisman aus Angolaholz in der Hand und stört einen Wohltätigkeitstee, den Madame Baronin Rothschild zugunsten der marokkanischen Waisenkinder gibt.
Eine Nachbarin des Barons wird eifersüchtig.
Was hat der Park der Rothschilds, was meiner nicht hat?
»Senhor Santos Dumont!
Ich schicke Ihnen ein Medaillon des heiligen Benedikt, das vor Unfällen schützt. Nehmen Sie es an, und tragen Sie es an Ihrer Uhrenkette, in Ihrer Brieftasche oder um den Hals. Ich schenke es Ihnen mit dem Gedanken an Ihre gute Mutter und bete zu Gott, daß er Sie immer aus der Not rette und Ihnen helfe, zum Ruhm unseres Vaterlandes zu arbeiten.
Isabel, Gräfin D'Eu«.

Die Kalenderheiligen Goursat findet das Medaillon des heiligen Benedikt grundhäßlich.
Für alle Fälle trägt Petitsantôs den heiligen Benedikt an einem goldenen Armband, was die Journalisten fortan mit Begeisterung zur Kenntnis nehmen werden.
Und zum Beweis für den Einfluß des Heiligen stößt die Nr. 5 gegen das Dach des Grand Hôtel de Trocadero. Petitsantôs bleibt in 20 Meter Höhe hängen, und der heilige Benedikt kommt mit der Feuerwehr, um ihn zu retten.

Im Park der Prinzessin Die Miene der Prinzessin ist nie entspannt, aber sie spiegelt ihre Freude über das Geschenk, das der brasilianische Freund ihr mitgebracht hat: Käse aus Minas. Isabel ist so gealtert, wie manche Früchte ihrer Heimat reifen. Sie hat noch eine weiße, glatte, rosige Haut, die ihrem kleinen, fetten und agilen Körper einen mediterranen Einschlag verleiht. Sie ist nie eine schöne Frau gewesen, aber sie besitzt die überschäumende, allerdings durch eine strenge Erziehung in Schranken gehaltene Anmut der Frauen aus Rio.

Alberto gehört zu dem begrenzten Kreis von Brasilianern, die der Mann der Prinzessin in seinem Haus duldet. Der Graf D'Eu hat das Land, dessen Thron ihm durch die Finger gegangen ist, nicht in bester Erinnerung. Und an diesem Vormittag, als er vom Fenster aus den lächerlichen Gnom aus den Tropen eintreffen sieht, findet er zum wiederholten Male bestätigt, wie scheinheilig die Brasilianer sind. Der befrackte Gnom trägt eine leuchtend rote Krawatte, doch ehe er die Füße in sein Haus setzt, tauscht er das widerwärtige republikanische Symbol gegen ein weißes Seidentuch aus.

WINTER-FEIJOADA Dona Isabel klingelt mit dem Silberglöckchen, und die Diener tragen die ersehnte Köstlichkeit herein. Es ist ein Samstag, der Tag, an dem man Feijoada ißt, ein brasilianisches Ritual, das die Prinzessin nur selten zelebrieren kann, sei es aus Mangel an echten Zutaten, sei es wegen des vehementen Widerstandes des Herrn Grafen, eines Mannes mit empfindlichem Magen, der gegen solch barbarische Gaumenfreuden revoltiert.
Die Prinzessin jedoch tut sich daran gütlich, so oft sie kann. Eine echte Feijoada ist fast wie eine Rückkehr zu der feuchten Wärme eines Nachmittags in Rio.
Einer liebenswürdigen Geste des Marquês de Sapucaí sind die schwarzen Bohnen zu verdanken, sie stammen aus der jüngsten Ernte auf seinem Besitz im Norden von Rio. Ein Besuch der Viscondessa de Garanhuns hat vor kurzem für die Schweinsöhrchen und -schwänzchen gesorgt, auf die der geladene Gast begehrliche Blicke wirft. Die Schinkenwurst kommt von der Fazenda des Marquês de Abrantes und das Trockenfleisch von der Fazenda des Barão da Torre. Der Minaskohl, auf Eis frisch gehalten, ist ein Geschenk des Erzbischofs von Mariana.
Der Nachtisch ist also gesichert, und dieser bewirkt immer den jähen Rückzug des Grafen: Minas-Käse mit Guavengelee. Das bräunliche Guavengelee, mit brüchiger Kruste und tadellos gesüßt, ist eines der Mitbringsel von Dona Emiliana Maria Carolina Francisca de Rezende e Passos, der Gräfin D'Arcos; den Käse hat gerade der Gast mitgebracht. Den Abschluß soll ein eigens von den Nonnen in Olinda hergestellter Jenipapo-Likör bilden, ein Geschenk von Ehrwürden Kardinal-Primas von Brasilien bei seinem letzten Europa-Besuch.

Die Würze der fernen Heimat Meine Heimat kennt keine Bitternußbäume, in denen die Grasmücke singt.
Noch Ebereschen mit gelben Beeren oder kätzchenbehangene Birken.
Sie kennt auch weder rotblättrigen Zuckerahorn noch Pekanbäume oder weiß blühende Weiden.
Die Drosseln, die hier zwitschern, zwitschern nicht so wie dort.
Hier wissen die Wälder zu schweigen.
Hier sterben die Wälder vor Überdruß.

Der unbeirrbare Nostalgiker Wieder ein Santos Dumont-Luftschiff unterwegs.
Es ist 33 Meter lang und sechs Meter breit. 360 Kubikmeter Volumen und ein Buchat-Motor mit vier Zylindern und 16 Pferdestärken.
Es ist die Nr.6. Gebaut, um den Prix Deutsch zu gewinnen.

Der Jockey der Lüfte Petitsantôs fliegt mit Vorliebe in Longchamp, wenn Pferderennen stattfinden. Die Wettenden protestieren gegen die fliegende Zigarre, die knatternd am Himmel vorbeizieht, die Pferde scheu macht und Außenseiter gewinnen läßt. Die Rennbahnleitung verbietet dem Verrückten, an Renntagen über die Bahn zu fliegen. Die Rennbahn von Longchamp erhebt als erste Institution der Welt Anspruch auf ihren eigenen Luftraum.

Antepasto Petitsantôs begibt sich zum Mittagessen ins Les Cascades. Per Luftschiff.
Auf dem Rückweg stürzt die Nr.6, wie vom Schicksal vorherbestimmt, mitten in einer Golfpartie im Park der Rothschilds ab.
Alphonse verliert die Partie und ein paar Pfund an einen Schweizer Bankier.
Goursat verfällt auf die dumme Idee, darüber zu spotten.
Petitsantôs verkriecht sich deprimiert zu Hause.

Oktober Am 19. verläßt er seinen Bau und gewinnt den Prix Deutsch.
Innerhalb einer halben Stunde steigt er auf, fliegt um den Eiffelturm herum und kehrt zum Hangar in Saint-Cloud zurück. Die Leute im Aéro Club reagieren auf seinen Erfolg mit gemischten

Gefühlen, während Goursat wie wild an die wichtigsten Zeitungen der Welt telegraphiert.

THOMAS EDISON »AN SANTOS DUMONT STOP PIONIER DER LUFT STOP MEINE HOCHACHTUNG THOMAS EDISON«
GUGLIELMO MARCONI »GRUSS AN PIONIER SANTOS DUMONT STOP MARCONI«

DIE PRESSE AN DER FRONT Wie fühlt man sich als Gewinner des Prix Deutsch?
Belohnt.
Haben Sie schon darüber nachgedacht, was Sie mit dem Geld machen werden?
Ich werde es an die Armen verteilen.
An die Armen?
Ja, an arbeitslose Arbeiter.
Das ganze Geld?
Die eine Hälfte bekommen meine Mitarbeiter, die andere Hälfte Arbeitslose. Wußten Sie, daß es in Paris Arbeiter gibt, die keine Stelle haben?
Und in Brasilien, gibt's da keine?
Ich befinde mich aber in Frankreich.

MEINUNGSVERSCHIEDENHEIT IM AÉRO CLUB Deutsch de la Meurthe möchte den Preis sofort überreichen.
Archdeacon sucht Ausflüchte.
Seiner Meinung nach hat der Luftfahrer bei der Landung Zeit verloren, weil er über das Ziel hinausgeflogen ist.
Petitsantôs ist gekränkt und will sich aus dem Verband zurückziehen.
Die Pariser Arbeitslosen umstellen den Aéro Club und drohen, alles kurz und klein zu schlagen. Die Polizei greift ein, und die Mitglieder der Wissenschaftlichen Kommission beschließen, den Preis zu überreichen, um soziale Probleme zu vermeiden.

LA RONDE Er erscheint in der Comédie in Begleitung von Louis Barthou.
Er ißt mit Madame R. im Weber zu Mittag.
Er besucht Vichy zusammen mit Henri Rochefort (böse Zungen reden über seine Beziehung zu Madame Rochefort, die 15 Jahre jünger als ihr Mann ist.).

Er diniert im Maxim's zusammen mit seinem Freund Sem und zwei Tänzerinnen aus dem Moulin Rouge.
Wochenende in Trouville mit Cecile Sorel.
Im Café de la Paix mit Jean Jaurès.
Abendlicher Spaziergang mit Paul Helleu in Montparnasse.
Stundenlanger Schwatz mit Gaston Tissandier.
Vor der Oper mit Burnau-Varilla.
Auf dem Geburtstag des Bankiers Agenor Barbosa.
Wochenende in Nizza mit Madame R.
Mittagessen mit Cartier.
Lange Unterhaltung in einer Brasserie in Denfert mit Joaquim Nabuco.
Er schlendert mit Pierre Laffitte an den Bakkarat-Tischen in Cannes herum.
Er zeigt James Gordon Bennett seinen Hangar.
Antônio Prado stellt bei der Abrechnung zum Monatsende erfreut fest, daß sein Freund keinen Sous zuviel ausgegeben hat.

NOTIERUNG Voilá Santôs. L'aéronaute. Le Roi du Café!
Sehr erfreut, Fürst Benevente.
Mein lieber Santôs, ich brauche Ihre Hilfe.
Ja, Fürst?
Ich benötige 100.000 Goldfrancs und...
Und...
Die Dringlichkeit macht es mir unmöglich, auf meine Einlage bei der Bank in Bologna zurückzugreifen.
Ich bin untröstlich, Fürst, aber mein Geld befindet sich in Rio de Janeiro.

SPIELLASTER Mit Sack und Pack und Luftschiff zieht Petitsantôs nach Monaco um.
Im Aéro Club rümpft man die Nase über das mangelnde Urteilsvermögen dieses neunmalklugen Liliputaners. Wie, Paris für ein Kasino-Fürstentum verlassen? Einem Adligen mit so schlechtem Gehör, daß er Saint-Saëns protegiert, Gehör verleihen? Ein Fürst, der weder Fisch noch Fleisch ist und trotzdem ein Institut für Ozeanographie gebaut hat!

LES SECRETS DE LA PRINCESSE DE CARDIGNAN In Monaco, wie die Monegassen.

Petitsantôs hat jeden Abend Chips von 500 Francs. Und einen Hangar am Ende der La Condamine. Die Hotelsuite läuft auf Rechnung des Fürstentums. Die Yachtausflüge desgleichen.
Der Herzog von Dino schleppt, da er keine feste Bleibe hat, seinen Stammbaum in Petitsantôs Suite. Die Räumlichkeiten sind weitläufig genug für die Spiele der Fürstenkinderchen Ruspoli, Enkel des Herzogs, an denen der kleine Plebejer in besten finanziellen Verhältnissen seine helle Freude hat.
Der Herzog und der Plebejer sind berühmt. Der Plebejer, weil er fliegt. Der Herzog, weil er der Enkel der schönen Dorothee von Kurland ist, Geliebte Talleyrands und faszinierender Star des Wiener Kongresses.
So spielt das Leben.
Petitsantôs fliegt über die Bucht von Monaco, während die Yachten seiner Freunde zum Gruß tuten.
Das Spielzeugboot dort mit schneeweißen Segeln dürfte die Yacht von Eugene Higgins sein. Und das andere da, mit den kühn geschwungenen Linien, das Boot von James Gordon Bennett.

FEINDLICHE BLICKE Manche lassen sich nicht blenden.
So die Gräfin de Lavernne:
Ist er ein »Dumont« oder ein »de Dumont«?
Dumont, nur Dumont.
Ach so!
Aber er fliegt!
Gaucherie! Gaucherie!

TRUNKENE BLICKE Auf der Terrasse des Kasinos hebt Gustave Eiffel die behandschuhte Hand.
Der Kellner eilt dienstfertig herbei.
Noch einen Champagner, schnell!
Petitsantôs strahlt.
Sie sagen also, Sie hätten sich zur Ruhe gesetzt. Das glaube ich nicht!
Doch, ich habe meine Arbeit als Ingenieur aufgegeben. Alles habe ich aufgegeben!
Auch die Frauen?
Hélas! Tout est perdu, hors l'honneur!

Bucht von Monaco Petitsantôs lächelt, aber Alberto, unter dem Panamahut versteckt, langweilt sich zu Tode. Die Belanglosigkeit ist immer gleich und verlangt Mangel an Phantasie. Das Geplauder auf der Terrasse bietet keinerlei Reiz, und die Geziertheit der Frauen ist nur Geziertheit, sonst nichts. Die Lässigkeit ist wie eine parfümierte, glatte Schale mit der Struktur kostbarer, geschmeidig machender Öle, die aber der Haut ihre Sensibilität nehmen. Jeder Tag, der vergeht, nimmt selbst dem Glücksgefühl beim Fliegen ein Stückchen seiner Erhabenheit und verleiht ihm immer mehr den trüben Anstrich der Routine.
Wonach verlangt es Petitsantôs?
Nach den kleinen Erwartungen, die sich als große kaschieren. Eine Runde auf dem grünen Filz. Spät aufstehen. Sich in der Stadt zeigen.
Und Alberto?
Er weiß es nicht. Er fürchtet sich nur vor dem beunruhigenden Mangel an Herausforderung. Diese Furcht entsteht jeden Tag neu, erwächst aus den erlesenen Speisen, aus dem Bukett der Weine. Er ist schwermütig, gleichgültig, verletzt und weiß nicht, warum. Er muß weg von diesem beklemmenden Ort, wo die Blicke durch die Menschen hindurchgehen und auf keinem verweilen. Wo seine Seele sich verflüchtigt und der Morgen wie eine gläserne Wand ist, durch die er die Wiederholung des Heute, des Gestern in einer endlosen Folge von eitlem Tun erlebt.
Am 14. Februar 1902 hat er einen Unfall. Um ein Haar wäre er ertrunken, und das Luftschiff wird total zerstört.
Er packt seine Koffer, verabschiedet sich vom Herzog von Dino und bittet um eine Audienz beim Fürsten.
Auf der Rückfahrt im Zug nach Paris ist Alberto voll düsterer Gedanken und Scham.
Petitsantôs bewahrt die Erinnerung an Monaco wie getrocknete Blätter in einem Herbarium. Aber Alberto ist ein sehr feinfühliger Mensch, er hat Verständnis für das Verhalten des leichtlebigen jungen Mannes und weiß, daß er nichts anderes als populär sein möchte, einer, der von allen erkannt, aber aus der Ferne bewundert wird.
Alberto möchte sich jetzt engagieren, experimentieren, der unerträglichen Härte seiner Einsamkeit entfliehen.
Paris ist ein kalter Lichtstreif am Horizont.
Petitsantôs wird reifer werden müssen, damit er weiterleben kann.

Teil II

Die Abenteuer des Dumont-Daidalos oder Quincas Borba in Combray

1903

»Eine Schwingung schwebt
dicht über dem Wasser,
Und in meinem Herzen bebt
ein vager Schmerz.« *Fernando Pessoa*

Der gestiefelte Kater Ein schöner Sommermorgen. Jardin des Tuileries. Paare sitzen friedlich auf dem Rasen, ein paar Leute spielen Boule, ausstaffierte Kindermädchen gehen unter den Blikken eines Flic auf seinem Fahrrad mit Kleinkindern spazieren. Gymnasiasten ziehen lärmend durch die Ruhe im Park. Zwischen den Kindern geht unnahbar ein Mann spazieren. Er trägt einen gestreiften Anzug, hat einen dichten Schnurrbart und auf dem Kopf einen weichen Hut mit heruntergezogener Krempe. Es könnte durchaus derjenige sein, den wir vermuten, aber seine Dickleibigkeit klärt den Irrtum schnell auf.

Der Kater mit Panamahut Boulevard des Capucines. Neben dem Eingang zu einem eleganten Restaurant unterhalten sich lebhaft drei junge Leute. Sie tragen gestreifte Jacketts, in die Stirn gezogene Hüte und haben dichte Schnurrbärte. Sie sehen wie drei getreue Reproduktionen einer wohlbekannten Gestalt aus. Auf der anderen Seite der Straße ein Mann mittleren Alters in der gleichen Kleidung, die in der Stadt Mode zu sein scheint.

Der Kater mit weissen Gamaschen Boulevard Saint Michel. Während ein hochgewachsener, schlanker junger Mann in gestreiftem Anzug und mit weichkrempigem Hut auf dem Kopf zwischen den Tilburys in die Pedale eines extravaganten Fahrrads tritt, geht ein anderer, ähnlich gekleidet, Arm in Arm mit seiner Freundin auf dem Bürgersteig entlang.

Der Kater mit Stehkragen Gare de Montparnasse. Menschen steigen geschäftig aus einem Provinzzug aus. Viele der Männer sind, obschon nicht so elegant, in der gleichen Weise gekleidet, wie es der letzte Schrei zu sein scheint. Jeder ist ein Typ für sich, aber irgendwie ähneln sie sich alle.

Der Kater am Firmament Jardin de Luxembourg. Da es ein wunderschöner Vormittag ist, herrscht in den Parkanlagen genau so ein friedlicher Betrieb wie in den Tuilerien. Auf einmal werden die Menschen unruhig und schauen hinauf zum Himmel. Sie zeigen mit den Fingern und laufen in Richtung Palais. In der Menge, die sich dabei sammelt, tragen diverse Männer die gleiche modische Kleidung. Die Menge gestikuliert, zeigt zum Himmel und verfällt allmählich scheinbar in Hypnose. Da erscheint langsam und majestätisch ein sonderbares fliegendes Gebilde mit bauchiger, eleganter Form, an dem eine zarte Konstruktion hängt, in der einsam ein Mann steht. Das fliegende Gebilde schiebt sich über das Schieferdach des Palais, das Wunderwesen in ihm ist kaum zu erkennen. Schweigend sehen die Menschen mit einer Mischung aus Faszination und Ehrfurcht zu, während das Gebilde über den blauen Himmel mit Wolkenfetzen gleitet und wenig später auf der anderen Seite des Parks hinter den Jugendstilhäusern der Rue d'Assas verschwindet. Ehe es endgültig fort ist, applaudiert die Menge, und wir sehen noch, wie das Wesen dort oben mit einem weißen Taschentuch zurückwinkt.

Der verrückte Hutmacher   Von Bord des Luftschiffes Nr. 9 winkt Alberto mit dem weißen Taschentuch der Menge zu, die ihn feiert. Er trägt die gleiche Kleidung wie so viele in den Straßen von Paris, doch wir stellen fest, daß es sich um das Original handelt. Das Luftschiff fliegt über die Häuser und dann diagonal über den Boulevard Edgar Quinet, und ständig zieht es die Blicke der Passanten auf sich. Aber der Boulevard Edgar Quinet ist eine ruhige Straße, nur eine Kalesche steht vor einem Haus gegenüber vom Friedhof Montparnasse. Menschen schauen aus dem Fenster, und ein paar Diener laufen auf die Straße, um das Luftschiff vorbeifliegen zu sehen. Auch der Kutscher läßt sich ablenken, schaut nach oben und merkt nicht, daß eine junge Frau aus dem Haus kommt. Sie kümmert sich nicht um die Aufregung in der sonst ruhigen Straße. Sie steigt in die Kalesche und gibt dem Kutscher schroff Anweisung, seine Arbeit zu verrichten.

Viele Jahre später   Der geräumige Salon der Penthousewohnung ist diskret geschmackvoll eingerichtet. An der Wand ein Ölporträt des noch jungen Alberto. Von der Wohnung aus hat man einen großartigen Blick über den Central Park in New York. Eine schöne Frau, im Chanel-Stil gekleidet, für ihre 47 Jahre noch gutaussehend, kämpft gegen die Tränen, die in ihre braunen Augen treten.

Nein, ich trage nicht mehr den Familiennamen Breckinridge… Ich habe mich gerade scheiden lassen. Jetzt heiße ich wieder D'Acosta, wie damals, als er mich kennenlernte, wie in dem Sommer 1903 in Paris. Ich war 18… Meine Familie ließ sich, auf Drängen meiner Mutter natürlich, keinen Sommer in Paris entgehen…
Kaum zu glauben, aber seitdem sind fast 30 Jahre vergangen. 30 Jahre!

In jenem besonderen Jahr Ungeduldig sitzt die elegante junge Frau in der Kalesche und wartet darauf, daß der Kutscher von dem Wundergebilde abläßt, das über der Straße schwebt, und endlich die Pferde antreibt. Obwohl diese Erscheinung schon fast alltäglich ist, wird es den Leuten nicht langweilig, mit staunenden Augen hinaufzusehen.
Maurice, wir können hier nicht den ganzen Tag stehen!
Notgedrungen greift der Kutscher schließlich nach den Zügeln und wartet darauf, daß ihm gesagt wird, wohin die Fahrt gehen soll.
Nach Neuilly, schnell…
Sie warten ja nicht ab, Mademoiselle, bis die Pferde schneller laufen…
Oh, was für ein Getrödel… Wenn du weiter schwatzt, werden die Pferde noch langsamer als eine Schnecke.
Der Kutscher peitscht wütend auf die Pferde ein, die Kalesche rast die Straße hinunter.

Mit voller Fahrt voraus Alberto in seinem Luftschiff steckt das Taschentuch weg und setzt ein Lächeln auf. Er führt ein paar Kommandos aus, und die Nr. 9 ändert ihren Kurs und folgt nun der Kalesche, die in wilder Fahrt davonfährt. Nach ein paar Sekunden dieses für die Kalesche ungerechten Wettrennens führt Alberto weitere Kommandos aus, die Nr. 9 über dem Pariser Häusermeer ändert wieder den Kurs, wird schneller, steigt höher und verschwindet zwischen vereinzelten Kumuluswolken.

Ein blühendes Mädchen Die Kalesche befindet sich jetzt auf einer Landstraße. Die junge Frau kann ihre Ungeduld kaum verbergen.
Maurice, Mama darf absolut nichts davon erfahren, hast du mich verstanden?

Sie können sich auf mich verlassen, Mademoiselle. Aber ich finde es noch immer verrückt…

Ich habe dich nicht um deine Meinung gebeten.

Der Kutscher verzieht beleidigt das Gesicht. Auch ohne ihn von vorn zu sehen, weiß die junge Frau, daß sie ihn verletzt hat.

Ist gut, Maurice. Ich entschuldige mich… aber manchmal bist du noch schlimmer als Mama.

Wenn Madame D'Acosta das erfährt, zieht sie mir bei lebendigem Leib das Fell über die Ohren. Dann verliere ich meine Stelle, bin alles los…

Werd nicht tragisch, Maurice. Mama denkt nur an die Einladungen, die sie bekommt, welches Kleid sie zu welchem Empfang anziehen und wen sie zu dem Fest einladen soll, das sie zum Abschluß der Saison geben will.

Vielleicht, Mademoiselle. Aber ich verspreche Ihnen, daß Hauptmann Ferber gar nicht erfreut sein wird, wenn er hört, daß wir nach Neuilly fahren.

Ferber! Dieser eingebildete Mensch. Ich glaube nicht, daß er sich für mich interessiert.

Ihre Dollarmillionen, Mademoiselle, sind für ihn genauso verlokkend wie ein Honigtopf für Fliegen.

Maurice! Sei nicht gemein. Das hat sich doch alles nur Mama ausgedacht. Sie hat den armen Hauptmann Ferber überredet, mich in diesem Sommer zu begleiten.

Aber Sie haben andere Pläne, Mademoiselle?

Ja, ich will in diesem Sommer fliegen.

Der Kutscher bekreuzigt sich, und das junge Mädchen lacht vor Freude hell auf.

LUFTFAHRT-FOLKLORE Im Hangar in Neuilly ist alles emsig. Aimé konzentriert sich auf das Polieren eines neuen Teils für den Motor. Dazon bemüht sich, die Hüllentakelage zu kalibrieren, und Chapin demontiert mühsam das Gondelgestänge. Neben dem Eingang hantiert Gasteau am Holzpropeller. Sie arbeiten an der Nr. 7, Albertos Renn-Luftschiff, und da der Herr mit der Nr. 9 unterwegs ist, pflegen die Mechaniker die tägliche Routine, sich gegenseitig durch den Austausch höflicher Liebenswürdigkeiten Kameradschaftlichkeit und Achtung vor beruflichem Können zu beweisen.

Aber natürlich ist Petitsantôs kurzsichtig, Chapin. Sonst hätte er

dich nicht als Luftschiffmechaniker eingestellt.
Weißt du, daß ich das bald selbst glaube, Dazon? Immerhin bist du hier für die Takelage zuständig, aber offensichtlich kannst du dir noch nicht mal die Schnürsenkel binden.
Dazon sieht auf seine Stiefel und stellt fest, daß sie aufgebunden sind.
Wer war das?... Ihr benehmt euch wie die Schulkinder.
Gasteau, der bis dahin geschwiegen hat, mischt sich in die Unterhaltung ein:
Ich habe das Gefühl, diesmal spielt Petitsantôs nicht den Kurzsichtigen.
Hoffentlich, denn was ihm an Frauen entgeht, das ist schon eine Sünde.
Diese Kleine ist anders... stark ist die... eine Persönlichkeit...
Oh! Amerika, Amerika.
Heißt sie América?
Nein, Dazon, wie sie heißt, weiß ich nicht, nur, daß sie Amerikanerin ist. Hast du ihren Akzent nicht gehört? Sie spricht ein fürchterliches Französisch, genauso schlimm wie Gasteau mit seinem bretonischen Akzent.
Deshalb hab' ich gedacht, sie wär' Bretonin.
Die ist genauso Bretonin wie deine verehrte Frau Mutter.
Seit einer Woche kommt sie jeden Tag her. Die hat Ausdauer!
Und du, Chapin, tust liebend gern so, als ob du was von Ballons verstehst.
Ich bin nur höflich. Und sie schätzt meine Erklärungen.
Aber denk immer daran, die ist nichts für deiner Mutter Sohn.
Und warum nicht?
Weil sie nicht auf der Place Pigalle verkehrt.
Ach, was du nicht sagst, Dazon! Und wie geht's Michou? Die ist doch schon sämtliche Straßen an der Place Pigalle abgelaufen, und du glaubst, die ist noch Jungfrau.
Du bist ja nur neidisch, Chapin. Michou ist ein anständiges Mädchen.
Was sie nicht daran gehindert hat, sich nackt in Petitsantôs' Bett zu verstecken.
Das stimmt nicht ganz. Sie war nicht im Bett...
Aber nackt war sie, da hilft kein Leugnen. Der Butler von Petitsantôs hat's mir erzählt.
Sie wollte nur einmal mit dem Luftschiff mitfahren. Das wollen

alle, oder nicht, Dazon? Daran ist nichts Schlimmes. Jede Woche findet der Butler von Petitsantôs verliebte Mädchen, die es irgendwie versuchen. Manchmal sogar Männer, und das ist eine Schande. Aber Petitsantôs beachtet sie nicht, als existierten sie überhaupt nicht.

DAS LEBEN IN ROSAROT Als die Kalesche in die kleine Erdstraße nach Neuilly einbiegt, kann das junge Mädchen den Hangar sehen, der wie ein riesiges Araberzelt über die Bäume ragt.
Er wird sich doch nicht weiter so verstecken.
Monsieur Santôs ist berühmt für seine exzentrische Art, Mademoiselle.
Natürlich ist er exzentrisch, Maurice. Was sollte ein Mann, der fliegt, denn sonst sein?
Die Leute sagen nur, daß Monsieur Santôs übertreibt.
Ich liebe Menschen, die übertreiben.
Die Kalesche hält vor dem Hangar, und das junge Mädchen steigt aus, ohne abzuwarten, daß der Kutscher ihr hilft. Maurice bleibt mit ausgestreckter Hand und verdutztem Gesicht stehen.
Warte hier.
Ich laufe nicht weg, Mademoiselle.
Das junge Mädchen bleibt stehen und dreht sich erstaunt zu dem Kutscher um.
Wenn du willst, kannst du sehr unhöflich sein, Maurice.
Ich bitte vielmals um Entschuldigung, Mademoiselle, aber diese Abenteuer bringen mir meine Nerven ganz durcheinander.
Ihr Franzosen scheint ständig mit den Nerven durcheinander zu sein.
Und ihr Amerikaner habt Feuer unterm Hintern.
Was hast du da gemurmelt, Maurice?
Nichts, Mademoiselle!
Das ist auch besser so.
Entschlossen verschwindet sie in der riesigen Schiebetür des Hangars.

DIE KATZE Ich hoffe, ich störe nicht, sagt sie, als sie die Mechaniker erblickt.
Aber, Mademoiselle! Es ist uns eine Ehre, Sie hier zu sehen. Schönheit ist hier immer willkommen. Wir stehen ganz zu Ihren Diensten, Mademoiselle.

Die junge Dame bedankt sich für die Schmeicheleien mit einer weichen Geste und läßt den Blick durch den riesigen Hangar schweifen.
Er ist noch unterwegs, Mademoiselle.
Noch lange?
Der Tag heute ist wunderbar, mit beständigem Wetter. Das wird er wohl ausnutzen, so lange es geht.
Enttäuschung macht sich auf dem Gesicht des jungen Mädchens breit.
Aber er kommt noch, Mademoiselle. Ganz bestimmt.
Ich kann nicht lange bleiben. Neuilly ist sehr weit. Wenn ich zum Essen nicht zu Hause bin, merkt meine Mutter, daß ich nicht da bin.
Ich bin sicher, daß er Sie schon bemerkt hat, Mademoiselle.
Sie brauchen nicht zu lügen, Monsieur... Monsieur?
Chapin, zu Ihren Diensten.
Monsieur Chapin, aber Monsieur Santôs ist wegen seines Desinteresses an Frauen noch berühmter als wegen seiner Wundertaten.
Aber Sie sind anders, Mademoiselle.
Das junge Mädchen sieht ihn fragend an.
Anders?
Ja, anders. Sie, Mademoiselle, wollen, wenn Sie mir diese grobe Ausdrucksweise nachsehen, Petitsantôs nicht einfach nur die Flügel beschneiden.
Beschneiden?
Der Mechaniker läuft plötzlich rot an.
Ich meine, Sie wollen meinen Herrn nicht einfach festhalten und ihm die Flügel durch eine Ehe stutzen, Mademoiselle. Nein, Sie sind die erste Frau, Mademoiselle, die hierher kommt und fliegen will, ich meine, richtig fliegen... und nicht in einem andern Sinn, wenn Sie mich verstehen.
Jetzt wird die junge Dame rot und atmet schwer vor Verlangen.
Ja, das stimmt, Monsieur Chapin. Ich will fliegen, ich will an einem Morgen mit blauem Himmel aufsteigen und die Welt von dort oben sehen...
Die anderen lassen von ihrer Arbeit ab und beobachten schweigend die junge Dame, die ihre Arme ausbreitet, als wollte sie da, vor ihren Augen, zum Flug abheben.
Das muß ein unvergeßliches Erlebnis sein. Das einen Menschen

vollkommen verändert. Sie bemerkt, daß die Männer sie beobachten. Ihre Gesten, ihre Stimme werden plötzlich scheu. Ich bitte vielmals um Verzeihung, Sie verlieren meinetwegen kostbare Zeit. Er kommt wohl so bald nicht zurück... aber ich gebe nicht auf...
Sie macht ein paar Schritte auf die weit geöffnete, große Tür des Hangars zu. Chapin ist enttäuscht, daß sie gehen will.
Mademoiselle?
Die junge Dame dreht sich um.
Ich glaube, ich bin kein guter Lehrer, stimmt's?
Aber natürlich sind Sie das, Monsieur Chapin. Ich bin Ihnen sehr dankbar.
Aber jetzt wollen Sie keinen Unterricht mehr von einem schäbigen Mechaniker.
Oh, verstehen Sie mich nicht falsch, Monsieur, aber... Warum nicht? Haben Sie denn Zeit?
So viel Sie wollen...
Während ich Ihren Erklärungen zuhöre, vergeht die Zeit, und vielleicht überrascht er mich hier.
Sie gehen zusammen näher an die Nr. 7 heran.
Das Geheimnis der Luftschiffe von Petitsantôs liegt darin, daß sie klein, aus hochwertigem Material gebaut, leichter und widerstandsfähiger sind. Ein Luftschiff muß nicht viel wiegen, um stabil zu sein...
Die junge Aída betrachtet das Luftschiff, als träumte sie, und hört dennoch aufmerksam den Worten des Mechanikers zu.

GEDÄCHTNISFALLEN I 30 Jahre später konnte Dazon sich nicht daran erinnern, daß Mademoiselle Aída in Neuilly gewesen war, ehe Petitsantôs sie eingeladen hatte. Und erst recht nicht Gasteau, der sogar Zweifel an dem von Chapin erteilten Unterricht in Luftfahrttechnik äußerte. Sie erinnerten sich, daß der Hangar in Neuilly viel besucht wurde, so wie die Ateliers aller berühmten Künstler der Zeit, aber daß nur dort verkehrte, wer von Petitsantôs persönlich eingeladen war. Keinem Fremden wurde gestattet, das Innere des Hangars zu betreten oder in der Werkstatt herumzugehen.

GEDÄCHTNISFALLEN II Aída D'Acosta war eine sehr schöne, ausgesprochen südländische und sehr kühne junge Dame, sollte sich Goursat, Sem genannt, erinnern, als er 70 wurde. Ich glaube, sie war Kubanerin. Und es hat etwas sehr Starkes zwischen ihnen gegeben. Leider hat Alberto 1914, als sich eine idiotische Sache abspielte, seine Tagebücher vernichtet. Stellen Sie sich vor, man hat Alberto für einen deutschen Spion gehalten. Nun ja, es war Krieg. Das Tragische daran ist, daß wir nie etwas über Albertos ganz persönliche Dinge erfahren werden, und dazu gehört auch diese mögliche Romanze mit Mademoiselle Aída. Aber ich habe sie persönlich gekannt. Sie war eine temperamentvolle und energische Person. Ich kann mich noch an die Umstände erinnern, als die beiden sich kennenlernten, ich war dabei, aber was danach geschah, ist ein Geheimnis, das nur sie lüften kann...

ORPHEUS IN DER HÖLLE Ein Kammerorchester spielt ein munteres Stück von Offenbach vor einer großen erlesenen, elegant gekleideten geladenen Zuhörerschaft. Das Publikum sitzt auf Stühlen, Sesseln und Puffs in einem großen Salon im Louis-Philippe-Stil, der mit seiner Dekadenz einen gewissen Charme ausstrahlt.

Draußen fahren Kaleschen und Kutschen vor und lassen ihre glanzvollen Insassen aussteigen, Herren im Frack und Damen mit nacktem, juwelenbehängtem Dekolleté. Die Dunkelheit der Nacht wird durch das flimmernde Licht von im Garten verteilten elektrischen Laternen durchbrochen. Und im Hintergrund leuchtet hell, wie ein Anziehungspunkt für die lärmenden, unbeschwerten Gäste, ein kleines Palais.

Gleich am Palaiseingang, an einer Treppe, die zum Salon führt, steht ein livrierter Diener in Marteau-Perücke und kündigt mit heiserer, teilnahmsloser Stimme die eintreffenden Gäste an.

Monsieur und Madame Boulot... Graf und Gräfin de Latour...

General und Madame General Fontainebleau.

Hauptmann Ferber und Madame und Mademoiselle D'Acosta.

ANCIEN RÉGIME Hauptmann Ferber ist ein schlanker, sehr großer Mann mit schmalem Lippenbart, der ebenso stark pomadisiert ist wie sein schwarzes, in der Mitte gescheiteltes Haar. An einem Arm führt er Madame D'Acosta die Stufen herauf, eine reife, prächtig gekleidete Frau mit starken hispanischen Zügen und zierlicher Figur, und an dem anderen Arm ein junges, schwarzhaariges Mädchen mit rassigen Zügen und in schlichtem, hellblauem Kleid. Die Junge zeigt unverhohlen, daß ihr diese Begleitung mißfällt,

aber die Ältere schimpft immer weiter.
So ein eigensinniges Mädchen. Wie sie sich angezogen hat, wie eine Gemüseverkäuferin aus der Bronx. Lächerlich! Dabei hat sie so viele neue Kleider!
Ach, seien Sie nicht so streng, ma chère Madame. Mademoiselle Aída sieht in diesem hellblauen Kleid wie eine Blume aus.
Wie eine Wiesenblume... ja, so sieht sie aus. Und sie hat dieses Kleid schon auf zwei anderen Festen angehabt. So etwas ist unverzeihlich. Später heißt es dann, wir seien ruiniert.
Niemand würde wagen, so etwas zu behaupten.
Siehst du, Mama? Kein Mensch wird denken, wir seien ruiniert. Das sagt Hauptmann Ferber, und er versteht eine Menge von finanziellem Ruin.
Freches Ding! Setze ich mich hier vielleicht für eine Fremde ein? Ich weiß nicht, wie dieses Mädchen sich das Leben vorstellt...
Sie treten in den Salon ein und werden von den Gastgebern begrüßt, einem schon recht betagten Ehepaar mit vor lauter Hochmut und engem Umgang mit der Macht glasigem Blick.
Mein lieber Freund, Graf de Bouvard. Und wie geht es der reizenden Gräfin, strahlend schön und weise wie immer.
Ferber küßt der Gräfin salbungsvoll die Hand, eine Hand, auf deren Fingern Gold und Diamanten funkeln.
Und wer sind Ihre entzückenden Begleiterinnen, mein lieber Hauptmann?
Darf ich Ihnen vorstellen: Madame D'Acosta und ihre Tochter Aída. Graf und Gräfin de Bouvard, sie führen den berühmtesten Salon von ganz Paris...
Alle begrüßen sich, aber Aída verhält sich gleichgültig.
Madame D'Acosta, ja, natürlich, sagt der Graf, als er die Millionärin wiedererkennt.
Bouvard zieht Ferber fast indiskret zur Seite, während Madame D'Acosta unter Aídas gereizten Blicken mit der Gräfin plaudert.
Der Graf faßt Ferber offensichtlich neugierig am Arm.
Wie haben Sie das geschafft, Sie Draufgänger!
Das Mädchen hat keinen festen Verehrer. Der Vater befindet sich in Holland, und Madame hat an mir Gefallen gefunden. Mein lieber Freund, ich stehe kurz vor einem großen Schritt...
Die Tabakkönigin von Kuba! Jede zweite Zigarre, die in der zivilisierten Welt angezündet wird, stammt aus ihrer Fabrik in Santiago.

Sie besitzen eine Kollektion Pelzmäntel, mit denen man die Straße bis nach Cap Ferrat auslegen könnte.
Pelzmäntel? Für den Sommer? Sie müssen diese Damen zivilisieren, mein Freund.
Gewiß doch, verehrter Graf.
Und es wird sich für Sie lohnen... materiell...
Ferber beschränkt sich auf ein Lächeln und läßt seinen Blick über die plaudernden Frauen gleiten, bis er an Aída, die geistesabwesend daneben steht, hängenbleibt.
Ach, à propos, meine alten Spielschulden...
Sagen Sie bloß, Sie wollen sie bezahlen!
Ja, bald, sehr bald. Und mit Zinsen!
Bouvard lacht ungläubig auf.
Großer Gott, und ich hatte schon die Hoffnung aufgegeben.
Ich habe seit jeher auf die Großzügigkeit amerikanischer Familien vertraut!
Der Diener kündet neue Gäste an:
Monsieur Albertó Santós Dumont und Monsieur Georges Goursat.
Alle brechen ihre Unterhaltung ab, große Unruhe macht sich im Salon bemerkbar. Die Frauen stoßen spitze Schreie aus und applaudieren, als der kleine, elegante Herr mit einem Spazierstock in der Hand zusammen mit einem dicken, blonden Herrn hereinkommt. Alberto dankt so offensichtlich schüchtern, daß die besonders Eifrigen, die sich nicht beherrschen konnten und herbeigelaufen sind, um sie aus der Nähe zu sehen und ihm sogar die Hand zu schütteln, etwas zurückhaltender werden.
Aída, die sich bis dahin abseits gehalten hat, heftet ihren Blick auf den Neuankömmling. Alberto entgeht nicht die junge Dame, die ihn so eindringlich ansieht, daß er, wäre er entflammbar, mit Sicherheit Feuer gefangen hätte. Alberto geht an ihr vorüber, sieht ihr ein paar Sekunden lang in die Augen und geht dann der Gräfin Bouvard die Hand küssen. Dieses ungewöhnliche Ereignis ist Sem nicht entgangen, ein leicht ironisches Lächeln umspielt seine Lippen. Petitsantôs ist nicht ganz blind, und genauso wenig blind ist Hauptmann Ferber, der besorgt Aídas Reaktion beobachtet hat.
Die alte Gräfin begrüßt die Berühmtheiten mit fröhlicher Herzlichkeit.
Mein lieber Petitsantôs, welche Ehre. Sie müssen mir alles erzählen, was Sie machen. Wenn Sie wüßten, wie sehr ich gebangt habe,

daß Monaco Sie uns rauben würde.
Petitsantôs hört kaum, was die Gräfin sagt:
Monaco?
Ja, Monaco. Hat nicht Fürst Albert Ihnen angeboten, all Ihre hübschen Ballons in seinem Fürstentum einzuquartieren?
Petitsantôs ist ausgesprochen undankbar, mischt sich Sem amüsiert ein. Als erstes hat er gleich durch einen Ruck des Schlepptaus seines Ballons Seine Hoheit Fürst Albert in einem Boot zu Fall gebracht.
Allmächtiger! Und der Fürst? fragt die Gräfin erschrocken.
Der Fürst hatte das Gewicht des Taus nicht richtig eingeschätzt, versuchte Petitsantôs zu erklären, und wurde von der Nr. 6 mitgerissen.
Nr. 6?
Dem Luftschiff!
Wie?
Äh... dem... dem Ballon...
Ach so!
Bei einem zweiten Versuch wurde die Nr. 6 mühelos zum Kai geschleppt und dann zum Hangar. Ich war schneller, als es den Anschein hatte...
Und der Fürst?
Welcher Fürst? fragt Petitsantôs die fassungslose Gräfin.
Man muß wissen, antwortet Sem, mühsam sich das Lachen verkneifend, daß für Alberto das Luftschiff Nr. 6 wichtiger war als das Wohlbefinden des Fürsten von Monaco.
Die Gräfin Bouvard sieht Petitsantôs unverhohlen tadelnd an.
Ich verstehe! Petitsantôs mag keine Aristokraten!

REIZENDES BEISAMMENSEIN Alberto betritt endgültig den Salon und wird auf der Stelle von Frauen unterschiedlichen Alters umringt. Der Karikaturist Sem begleitet seinen Freund mit amüsiertem Gesichtsausdruck. Die Gruppe folgt Alberto zu einem riesigen, granatroten Taftsofa, wo Alberto Platz nimmt und zum Gesprächsmittelpunkt wird. Sem setzt sich etwas abseits von der Gruppe auf einen Stuhl, von wo aus er bequem überblicken kann, was sich dort abspielen wird. Während er sich setzt, zieht Sem einen Block und einen Kohlestift aus der Tasche und beginnt zu zeichnen.

DIE LÄCHERLICHEN PRETIOSEN Wie aufregend es sein muß, da oben zu sein. Ich würde zwar vor Angst sterben, aber es trotzdem gern einmal ausprobieren. Manchmal habe ich entsetzliche Alpträume. Ich fliege. Mein Körper wird ganz leicht, und es kribbelt furchtbar an der Fußsohle. Ich will aufwachen und kann es nicht. Ich fliege durch die Wolken und sehe die Menschen unten so klein wie Ameisen... Meistens wache ich völlig durchgefroren auf.

Mich graust es vor Höhe, mir wird schon schwindlig, wenn ich nur auf eine Bibliothekstreppe steige.

Ich liebe Schwindelgefühle.

Und wie fühlen Sie sich da oben, Petitsantôs?

Eine ruhige, bedächtige Stimme. Er antwortet. In Pose.

Tief unten in dem Abgrund, der sich beim Fliegen unter einem auftut, sieht die Erde nicht rund wie eine Kugel aus, sondern wirkt konkav wie eine Schale, bedingt durch ein Verkürzungsphänomen, das den Ring des Horizontes vor unseren Augen ständig ansteigen läßt.

Das muß doch sehr gefährlich sein! Sie sind sehr mutig, Monsieur.

Dörfer und Wälder, Wiesen und Schlösser ziehen wie bewegliche Bilder vorbei, und darüber stoßen die Lokomotiven ihr langgezogenes, schrilles Pfeifen aus.

Man hört das Pfeifen der Lokomotiven?

Ja, und auch das Hundegebell. Die menschliche Stimme dringt nicht bis in diese grenzenlose Einsamkeit.

Und Schwindel, haben Sie keine Schwindelgefühle?

Nein, dort oben wird mir nicht schwindlig. Ehrlich gesagt, schwindlig wird mir nur hier unten.

Taft und Musselin knistern und rascheln.

Hier?

In einem Salon wie diesem mich zu bewegen, umgeben von Geschöpfen, die mich wie in diesem Augenblick mit ihrer Aufmerksamkeit überhäufen, ist weit gefährlicher und komplizierter, als sich dort oben zu bewegen.

Petitsantôs, Sie erlauben sich einen Scherz, nicht wahr?

Aída D'Acosta, die sich bis dahin nicht am Gespräch beteiligt hat, gibt sich einen Ruck.

Monsieur Santos hat recht. Ich stimme dem, was er gerade gesagt hat, voll und ganz zu. Wer in Salons verkehren will, muß den Mut zur Belanglosigkeit haben, zum Fliegen hingegen genügt es,

schlicht und einfach Mut zu haben.
Und die Belanglosigkeit ist tausendmal so tödlich.
Die Frauen tauschen Blicke. Sie giften das vorlaute Mädchen an.
Aída hat die Aufmerksamkeit auf sich gezogen, die sie für sich haben wollten.
Aber sie wehren ab: Hören Sie, in Salons braucht man keinen Stürmen zu trotzen.
Es hat noch keiner sein Leben verloren, weil er in einem Salon gegen die Etikette verstoßen hat.
Nein, Fliegen ist eindeutig gefährlicher. Wie haben Sie es geschafft, allen davonzufliegen, Monsieur? Wie bringen Sie es fertig, sich dort oben mit einer solchen Eleganz zu bewegen?
Das wie eine Marktverkäuferin aus der Bronx gekleidete Mädchen erwidert:
Das Geheimnis der Luftschiffe von Monsieur Santos liegt darin, daß sie klein, aus hochwertigem Material gebaut, leichter und widerstandsfähiger sind. Ein Luftschiff muß nicht viel wiegen, um stabil zu sein…
Die Worte des jungen Mädchens verblüffen Petitsantôs.
Sie scheinen sich in der Materie auszukennen, Senhorita.
Ich bin nur wißbegierig.
Petitsantôs erhebt sich, verbeugt sich vor den anderen Frauen und fragt Aída, ob sie etwas trinken möchte.
Wie haben Sie das erraten?

Chronik armer Liebender Die Getränke werden am anderen Ende des Salons serviert, und die Frauen sehen neidisch und enttäuscht zu, wie die beiden sich dorthin begeben. Sem auf seinem Stuhl schaut dem Paar wohlwollend nach. Er hat gerade eine Karikatur gezeichnet, auf der Alberto, vom Hauptmann Ferber offenkundig bewacht, in der leuchtendroten Nr. 9 über den Frauen schwebt. Der Karikaturist weiß nicht, daß er soeben die Geburtsstunde einer heftigen Rivalität im Bild festgehalten hat.

Die Kehrseite der Gefühle Für den Rest des Abends sind die beiden unzertrennlich. Sie unterhalten sich angeregt wie alte Freunde, zum Entsetzen von Hauptmann Ferber, der zweimal versucht, das junge Mädchen in den Salon zu locken. Aída indes scheint kein Verlangen zu haben, Albertos Gesellschaft gegen des Hauptmanns Fähigkeiten als Tänzer einzutauschen. Ihre Unterhaltung ist so interessant, daß sie nicht merken, wie schnell die Zeit vergeht.

FAMILIENKRACH Gegen vier Uhr morgens sind nur noch wenige Gäste im Salon, und der Hauptmann erreicht endlich, daß Madame D'Acosta die Unterhaltung abbricht.
Aída, meine Liebe, es ist Zeit, daß wir gehen.
Petitsantôs wirft einen Blick auf seine Taschenuhr und protestiert, es sei noch sehr früh, obwohl er erschrocken ist, weil der Abend so schnell vergangen ist. Da verändert er sich vollkommen, seine Aufmerksamkeit verschwindet, er schaut mehrfach auf die Uhr und macht Anstalten zu gehen, ohne sich bei den Damen zu entschuldigen. Madame D'Acosta klappert ungehalten mit den Wimpern und erkundigt sich, wer dieser Mann ist, für den ihre Tochter den liebenswürdigen Hauptmann Ferber den ganzen Abend hat stehen lassen.
Ist das ein berühmter Jockey?
Ja, Mama. Er reitet den Pegasus.
Welches Pferd?
Nein... ein Pferd aus der Mythologie, ein fliegendes Pferd.
Mythologie, pah! Fliegende Pferde... das Mädchen hat wahrscheinlich Fieber.
Als er schon an der Haustür ist, scheint Petitsantôs etwas einzufallen, und er kehrt um. Goursat denkt, daß sein Freund etwas vergessen hat, und damit ist er nicht weit von der Wahrheit entfernt. Petitsantôs geht auf Aída zu, verbeugt sich und fragt:
Sie hätten also den Mut, sich von mir in einem Freiballon mitnehmen zu lassen, auch wenn niemand das Schlepptau festhält?
Nein! Ich will nicht mitgenommen werden! Ich will allein fliegen, selbst lenken, so wie Sie, Monsieur...
Das sollen Sie, antwortet Alberto und wendet sich dem Ausgang zu. Er geht schnell hinaus, ohne jedes weitere Wort, und läßt das junge Mädchen sprachlos im Salon stehen.
Hauptmann Ferber kocht offensichtlich vor Wut über das anmaßende Verhalten des Erfinders. Madame D'Acosta versucht nervös zu begreifen, was da vor sich geht.
Aber was bedeutet denn eigentlich, äh... fliegen?
Aída, fast in Trance, antwortet mit hauchdünner Stimme:
Fliegen!

In rasender Nacht Die ersten Anzeichen, daß der Tag anbricht. Noch herrscht nächtliche Kühle in dem stillen Hangar in Neuilly, aber kurz darauf öffnet sich die riesige Tür und wir sehen, wie die bauchige Form der Nr. 9 von den Männern hinausgeschoben wird. Alberto wartet vor seinem Auto mit Elektromotor. Als das Luftschiff sein riesiges Gehäuse vollkommen verlassen hat, steigt er in die Gondel.
Ist der Ballon ordnungsgemäß gefüllt?
Ja.
Kann irgendwo Gas entweichen?
Nein.
Ist die Vertäuung in ordnungsgemäßem Zustand?
Ja.
Ist der Motor in einwandfreiem Zustand?
Ja.
Sind die Seilzüge des Ruders frei?
Ja.
Sind die Seilzüge des Motors frei?
Ja.
Sind die Seilzüge für den Ballast frei?
Ja.
Sind die Seilzüge für das Schlepptau frei?
Ja.
Ist das Luftschiff ordnungsgemäß mit Ballast versehen?
Ja.
Ist das Luftschiff ordnungsgemäß ausbalanciert?
Ja.
Leinen los!
Das noch fast vom frühmorgendlichen Halbdunkel verborgene Luftschiff bewegt sich mit rauhem, anhaltendem Geräusch aufwärts, steigt höher und über den Hangar hinaus, wo es sich gegen den nun heller werdenden Himmel abhebt.

Freiheit ist ein Sport Das Luftschiff gleitet über den frühmorgendlichen, fast wolkenlosen Himmel, fliegt über die verdunkelten Häuser mit ihren wenigen aufflackernden Lichtern hinweg. Ein Zug schlängelt sich wie ein winziger rasender Tausendfüßler durch die weite Landschaft. Das Pfeifen des Zuges hört sich wie das Signal eines kochenden Wasserkessels an. Der Himmel färbt sich am Horizont rötlich, und die Nr. 9 nähert sich einem flimmernden Juwel: der noch halb schlafenden Stadt Paris.

Wer eine Geschichte erzählt... Ich befand mich in einer absurden Situation, erinnerte Aída sich. Ich mußte mich unbedingt häufiger mit Alberto treffen, aber Mama bestand darauf, Hauptmann Ferber in jenem Sommer zu meinem Begleiter zu machen. Nicht, daß sie ihn für eine gute Partie für mich gehalten hätte, aber aus irgendeinem Grund war ihr der Hauptmann sympathisch. Als wir das Fest verließen, wollte Mama die Nacht weiter auskosten, obwohl Hauptmann Ferber über mein Verhalten ziemlich verärgert war.

Ein Pluspunkt Hauptmann Edmond Ferber dient im Kabinett des Kriegsministers. Dorthin ist er erst kürzlich berufen worden, nicht gerade wegen seiner Fähigkeiten, sondern dank der Vermittlung einer Reihe lukrativer Gefälligkeiten, worin der Hauptmann Meister ist. Mit 40 Jahren, etwas verspätet, hat er plötzlich gesellschaftlichen Ehrgeiz entwickelt. Bis dahin hat er sich auf eine alltägliche Militärkarriere beschränkt, denn er stammt nicht aus einer Familie mit Kasernentradition und hat sich immer gescheut, zu sehr in den Vordergrund zu treten. In dem Augenblick, als er in die nächste Umgebung des Ministers versetzt wird, merkt er, daß er ein paar Abschnitte überspringen muß, um die verlorene Zeit wettzumachen. Eine gute Partie ist die nächste Etappe, und dafür verläßt er sich auf die Sympathie der Madame D'Acosta und die Hoffnung, den Stolz der jungen Millionärin zu brechen.
An diesem Abend entscheidet er sich für einen typischen Abschluß einer Pariser Nacht. Er führt die beiden Damen auf einen Bummel durch die Hallen zwischen Gemüsehändlern, Straßenverkäufern und den Nanas auf der Jagd nach Freiern. Madame D'Acosta findet alles interessant, sogar die Bouillabaisse, die sie in einem volkstümlichen Restaurant bestellt haben. Aber die Bemühungen des Hauptmanns scheinen nicht Aídas Beifall zu finden, denn sie klagt alle Augenblicke über Müdigkeit und bittet inständig, sie nach Hause zu bringen.

Blasse Morgensterne Die Nr. 9 überfliegt jetzt die große erwachende Stadt. Die Lichter brennen noch und leuchten lustlos gegen die energische Helligkeit der langsam aufgehenden Sonne an. Alberto seufzt tief und beobachtet das Treiben derer, die notgedrungen früh aufstehen müssen, um zur Arbeit zu gehen. Der Wind rüttelt leicht am Luftschiff, und unten zeigen die Menschen gestikulierend zum Himmel, als würden sie aus ihrem unbedeutenden, regelmäßigen Leben gerissen.

VERGNÜGEN NACH ZUHÄLTERMANIER Aída ist im Haus geblieben, aber Madame D'Acosta ist mit dem Hauptmann weitergefahren, um das schöne Schauspiel des Sonnenaufgangs auf den Champs Elysées zu erleben. Die breite Avenue ist im erwartungsvollen Dämmerlicht des Morgengrauens noch fast menschenleer. Nur ein paar Fußgänger eilen über die breiten Bürgersteige. Die beiden schlendern die Avenue hinauf, und die Kalesche rollt langsam nebenher. Licht und Schatten wechseln in märchenhafter Vielfalt, und Madame hüpft bald Ferber voraus, wie ein sorgloses junges Mädchen. Der Hauptmann beobachtet sie und wünscht sich, daß ihre Tochter sich eines Tages so in seiner Gesellschaft verhalten möge. Sonnenstrahlen fallen hier und dort auf die Häuserwände und tauchen den Bürgersteig in goldgelbes Licht. Im Hintergrund beherrscht der Arc de Triomphe in Regenbogenfarben schillernd die Szene mit seiner Pracht.
Ein dickes Tau, das von irgend etwas Beweglichem herunterhängt, promeniert ebenfalls einsam die Avenue entlang. Es scheint eine für seine Proportionen ungewöhnliche Kraft zu besitzen, denn auf seinem Weg stößt es Mülltonnen und vor den Geschäften aufgestapelte Kartons um, erschreckt streunende Hunde und kommt gefährlich auf das Nachtschwärmerpaar zu, das die Nacht mit dem Spaziergang auf der Avenue noch auszudehnen versucht. Als das Tau schon fast das Paar umschlingt und die Pferde vor der Kalesche scheuen und zu wiehern anfangen, ertönt eine ferne, körperlose Stimme und ruft, begleitet vom heiseren Brummen eines Rieseninsektes:
Vorsicht, das Tau!
Ferber hat sich umgedreht, das Ding erblickt, das Kartons mitreißt, schnell reagiert und Madame aus dem Weg gezogen.
Sie hat nicht einmal Zeit zum Schreien gehabt. Als sie hinaufsieht, erblickt sie ein bauchiges graues Objekt, das sanft über ihrem Kopf schwebt, fast die dunklen Häuser streift und wie manisch fest entschlossen dem Verkehrsstrom in Richtung Arc de Triomphe folgt, wo es eine elegante Runde dreht und, ohne allerdings auf den Boden herunterzusinken, vor dem Haus an der Ecke Rue

Washington anhält. Der Anblick ist so überraschend, daß Madame kaum sprechen kann.
Um Gottes willen, was ist das?
Das da? Das ist das Luftschiff des Herrn, mit dem Mademoiselle Aída sich die ganze Nacht unterhalten hat.
Madame D'Acosta stammelt ein paar unverständliche Worte und sinkt feierlich bewußtlos in Hauptmann Ferbers Arme.

Und die Wahrheit, wie steht's damit? So kann es sich durchaus abgespielt haben, sagt Sem Jahre später im Rückblick, und wer sind wir schon, daß wir an der Aussage so illustrer Augenzeugen zweifeln, nicht wahr? Alberto hatte die Angewohnheit, solche Sachen zu machen. Er fuhr oft frühmorgens nach einer durchfeierten Nacht zum Hangar und kam zum Frühstück nach Hause, ohne gegen die Verkehrsregeln zu verstoßen.

Extravaganter Parvenü Die Nr. 9 schwankt leicht vor dem zweigeschossigen Haus an der Ecke der Rue Washington. Vom Butler dirigiert, greifen Albertos Hausangestellte nach dem Schlepptau und binden den Ballon an einem Laternenpfosten fest. Wie ein routinierter Seiltänzer steigt Alberto aus der kleinen Gondel auf den Erker eines Fensters, an dem ein Diener ihn erwartet, um Hut, Handschuhe und Spazierstock in Empfang zu nehmen.
Das Frühstück ist bereits ordentlich aufgetragen, am Tisch sitzt, noch übernächtigt, Goursat und erwartet seinen Freund.
Alles an diesem Frühstück wäre vollkommen normal, wäre nicht der Hausherr angeflogen gekommen, würde das Frühstück nicht auf einem fast drei Meter hohen Tisch mit entsprechend hohen Stühlen serviert und würde der Diener sich beim Servieren nicht auf Stelzen bewegen und gewandt wie ein Zirkusakrobat das Tablett mit dampfenden Kannen und Croissants auf Tellern balancieren.
König Edward kommt heute in Paris an. Willst du nicht zur Krönung der Begrüßung aufsteigen?
Ich?
Ja, du. Unser Luftfahrer.
Das würde sich nicht gut machen, und das weißt du.
Aber Paris führt zur Begrüßung des Gastes alles vor, was es an Neuigkeiten besitzt.
Davon bin ich überzeugt.

Und du bist unsere größte Neuigkeit.
In England würde man so etwas als Angeberei betrachten.
Ach, die Engländer. Wer nimmt die schon ernst?
Außerdem habt ihr Franzosen bei dem Empfang heute Vorrang.
Soll das etwa heißen, du betrachtest dich noch immer als Ausländer?
Ich bin Brasilianer.
Das vergesse ich immer.
Sei nicht böse.
Ich bin nicht böse… Vielleicht hast du recht, König Edward ist bestimmt mehr an den kleinen Neuigkeiten interessiert.
An kleinen Neuigkeiten?
Ja, den neuen Frauen, die zu Diensten stehen, seit er Königin Victoria keine Kopfschmerzen mehr bereitet. Edward war berühmt im Maxim's.
Deshalb ist er also hier so beliebt?
Alberto schweigt ein paar Sekunden, als wäre er tief in Gedanken versunken.
Darf ich fragen, woran du gerade denkst?
An das Volk.
An das Volk?
Ja, an das Volk von Paris. Dieses Volk weiß seine Zuneigung zu zeigen.
Aber nur, wenn es nicht gerade schlechter Laune ist und Köpfe abschlägt.

Die Prinzessin von Kleve Aída kann in dieser Nacht nicht mehr schlafen. Sobald es hell wird, legt sie sich, noch im weißen Satinnachthemd, auf ihr zerwühltes Bett und blättert in einer dikken Sammelmappe. Darin hat sie alles zusammengetragen, was die Presse der Vereinigten Staaten über den Mann veröffentlicht hat, den sie bewundert. Wie oft die amerikanische Presse über Alberto berichtet, ist an der Zahl der Zeitungsausschnitte abzulesen. Es sind fast 100 Seiten mit Nachrichten, und ihr Lieblingsausschnitt zeigt ein unglaubliches Photo, auf dem der Ballon Nr. 6 die klassische Großtat vollbringt, den Eiffelturm zu umrunden.
Als das Zimmermädchen ihr das Frühstück bringt, erkundigt Aída sich, ob ihre Mutter schon zu Hause ist. Zu ihrer Freude erfährt sie, daß Madame schläft und Anweisung gegeben hat, nicht vor vier Uhr nachmittags gestört zu werden. Sie springt aus dem Bett,

legt die Mappe weg und nimmt wahllos ein Kleid aus dem Schrank. Dann wäscht sie sich das Gesicht mit kaltem Wasser und zieht sich mit Hilfe des Mädchens an.
Sie wollen ausgehen, Mademoiselle?
Ich fahre nach Neuilly. Und Mama darf es nicht erfahren.
Und wenn sie fragt?
Das wird sie nicht. Ich bin zurück, bevor sie aufsteht.
Das Mädchen reagiert mit stummer Mißbilligung, sie weiß, daß Diskutieren zwecklos ist. Aída zieht sich zu Ende an, rollt ihr Haar auf, trinkt ein paar Schlücke Kaffee und verläßt in rasender Eile das Zimmer.

So geschah es Alberto war nicht nur der Mann der Überraschungstaten, erinnerte Sem sich gern. Mein brasilianischer Freund war von unglaublicher Unerschrockenheit. Wie oft geriet er nicht in gefährliche Situationen und trat, wenn sie überstanden waren, vollkommen gleichmütig auf, als hätte die Gefahr einen anderen Menschen bedroht.

Im besten Alter Der Flug an diesem Morgen verläuft nicht so, wie er soll. Der Wind frischt auf, und Alberto beschleunigt das Tempo, wodurch der Motor überhitzt wird. Die Maschine fängt an zu qualmen, Stichflammen schießen aus dem Getriebe. Der mit Wasserstoff gefüllte Ballon kann sich jeden Moment in eine todbringende Bombe verwandeln, falls das Feuer nicht unter Kontrolle gebracht wird. Gewandt und unerschrocken steigt Petitsantôs aus der kleinen Gondel und klettert über die Takelage aus Holzleisten und Klaviersaiten zu dem brennenden Motor. Der Ballon schwebt in 50 Meter Höhe, aber Petitsantôs ist nicht schwindlig, er muß verhindern, daß das Feuer sich ausbreitet oder ein Funke auf die Wasserstoffhülle überspringt. In einem heiklen Balanceakt auf der leichten Konstruktion wirft er aus den Ballastsäcken Sand auf den brennenden Motor. Die Flammen gehen zurück, aber bald ist der Sand verbraucht. Um das Feuer vollständig zu löschen, nimmt Petitsantôs seinen Panamahut und schlägt damit auf den Motor, bis von Flammen nichts mehr zu sehen ist. Erschöpft, mit angesengter Kleidung und einem völlig verbeulten Hut kehrt er in die Gondel zurück und setzt nach sanftem Abstieg in der Nähe des Rasens von Longchamp auf. Eine halbe Stunde später ist er im Hangar, wo die Mechaniker ihn aufgeregt umrin-

gen und ihm Unvorsichtigkeit vorwerfen.
Unvorsichtigkeit? Was an diesem Metier ist denn keine Unvorsichtigkeit?
Meine Mutter sagt immer, diese Fliegerei ist gegen die Natur. Wenn Gott gewollt hätte, daß der Mensch fliegen kann, hätte er ihm Flügel gegeben.
Dieses Argument habe ich schon unzählige Male gehört, Gasteau.
Dazon nutzt die Gelegenheit: So ein stupides Argument.
Dazon, meine Mutter ist eine einfache Frau.
Ja, bei dem Sohn...
Ein bißchen recht hat sie schon, Freunde.
Ach ja?
Tatsache ist, daß Gott uns keine Flügel gegeben hat, oder?
Nein, natürlich nicht.
Aber zum Glück hat er dem Menschen Intelligenz verliehen.
Ja, manchen... Gott war nicht ganz unparteiisch...
Richtig, Chapin. So wie auch nicht alle Vögel ihre Flügel zum Fliegen benutzen können...
Das stimmt, aber die Vögel, die nicht fliegen können, begnügen sich damit, am Boden herumzulaufen. Sie versuchen nie zu fliegen.
Wir hingegen gehen das Wagnis ein... und können fliegen. Denn die Menschen werden sich nie damit abfinden, an den Boden gefesselt zu sein.
Aber wozu will man fliegen?
Wozu? Um die Natur herauszufordern, weil es Spaß macht, Naturgesetze zu überwinden. Im Grunde spielt das Wozu keine große Rolle, sofern es dem Menschen irgendwann gelingt, genauso selbstverständlich wie ein Vogel zu fliegen.
Ich sehe darin keine Logik, stellt Chapin fest.
Logik? Die Logik liegt im Fliegen, antwortet Alberto, den Blick auf eine Silhouette gerichtet, die in der riesigen Schiebetür des Hangars Gestalt angenommen hat. Die Techniker lassen das Gespräch fallen und richten ihre Aufmerksamkeit auf denselben Punkt.
Alberto versucht, seine vom Feuer angesengte Kleidung abzuklopfen, und geht auf die weibliche Silhouette zu, die in dem Toreingang zu zögern scheint. Es ist Aída, die bei Albertos Anblick in diesem Zustand starr vor Schreck stehengeblieben ist.
Was ist passiert, ein Feuer? Unterwegs, beim Fliegen?

Ich habe die Flammen mit dem Hut erstickt... Sehen Sie, wie er jetzt aussieht.
Er zeigt seinen vollkommen verbeulten Hut.
Sie hätten explodieren können... der Wasserstoff...
Aber ich bin nicht explodiert.
Aída sieht sich um und merkt, daß alle Arbeit ruht.
Ich will nicht stören...
Aber ich bitte Sie, Mademoiselle Aída.
Warum sagen Sie nicht einfach Aída zu mir?
Darf ich das?
Ja... und ich möchte zu Ihnen gern...
Petitsantôs sagen?
Nein, Alberto!
Er lächelt und nickt zustimmend.
Ich wollte mich erkundigen, wann der Unterricht anfangen soll...
Eine autoritäre Frauenstimme ertönt.
Es gibt keinen Unterricht...
Mama!
Was denken Sie sich eigentlich, mein Herr? Warum wollen Sie unbedingt dieses unschuldige junge Mädchen in Gefahr bringen?
Alberto wird bei diesen Worten über und über rot.
Madame...
Und wagen Sie es nicht, mich zu unterbrechen...
Ich bitte dich, Mama, mach dich nicht lächerlich!
Wer sich hier lächerlich aufführt, bist du. Wie eine dahergelaufene... Stiehlt sich heimlich aus dem Haus, um sich mit weiß der Himmel wem zu treffen.
Sie sind sehr ungerecht, Madame.
Ich weiß sehr wohl, welchen Ruf Sie haben, Monsieur... äh... Santôs!
Ich verstehe nicht, was Sie damit sagen wollen.
Das würde ich Ihnen sagen, wenn hier nicht ein unschuldiges junges Mädchen stünde und ich nicht eine Dame wäre.
Mama!
Komm jetzt.
Sie packt das Mädchen am Arm und zieht es aus dem Hangar hinaus.
Draußen steht tief bekümmert Maurice, der Kutscher: Jetzt ist passiert, was ich befürchtet hatte.

Soll das heißen, daß...
Ich bin entlassen.
Aída wirft ihrer Mutter einen wütenden Blick zu.
Er kann nichts dafür. Das ist ungerecht...
Seien Sie nicht traurig, Miss D'Acosta... Ich übernehme ihn. Zwar brauche ich keinen Kutscher, aber wenn er will, kann er hier arbeiten.
Vielen Dank.
Los, Mädchen, du hast hier nichts mehr verloren.
Mit gesenktem Kopf und gedemütigt steigt das junge Mädchen in die Kutsche, in der ihre Mutter bereits Platz genommen hat. Das Fahrzeug setzt sich in Gang, und die von Maurice gelenkte Kalesche fährt hinterher.
Alberto steht noch genauso errötet und perplex wie seit Beginn der Szene da und sieht den Abfahrenden nach.
Chapin kommt mit solidarischer Miene zu ihm.
Sie wäre wahrscheinlich eine ausgezeichnete Schülerin.
Fliegen scheint noch immer auf große Vorurteile zu stoßen, Chapin.
Das ist was für Verrückte, aber nichts für eine Senhorita wie sie.
Da irrst du dich.
Alberto kehrt in den Hangar zurück und läßt den verwirrten Mechaniker stehen.

Die Geheimnisse von Paris Es ist noch früh, als Hauptmann Ferber vor Glück jubelnd beim Aéro Club de Paris vorfährt. Es ist sein erster Besuch im Klub, und sein Interesse an diesen Dingern, die da herumfliegen und mit ihren Piloten abstürzen, grenzt fast an Gleichgültigkeit. Die Armee hält sich mit ihrer Meinung vorsichtig zurück, aber die Offiziere des Generalstabs beobachten die Experimente mit gewissen Vorbehalten, wenn nicht gar mit totaler Verachtung, denn für sie sind die Ballonfahrer weltfremde Pazifisten.
Jetzt aber muß er sich diese Leute etwas näher ansehen, denn sein Rivale im Kampf um Mademoiselle Aídas Herz ist einer dieser Verrückten. Deshalb sucht er jetzt hier nach der richtigen Person, die ihm die Informationen geben kann, die er braucht, um seinen Feind ein für allemal auszuschalten. Da er ein gewitzter Mann ist, kann er sich nicht allein auf Madame D'Acostas entschiedenen Widerstand gegen die Freundschaft ihrer Tochter mit diesem schmächtigen Ausländer verlassen.

Der Mann, den Ferber sucht, ist der Präsident des Aéro Club.
Welchem Umstand habe ich die Ehre zu verdanken? Sie haben sich doch noch nie für Sport begeistert und erst recht nicht für Ballons.
Sie wissen, daß ich meinen Kopf schon immer lieber bei weniger gefährlichen Unternehmen riskiert habe, mein lieber Archdeacon.
Bei weniger gefährlichen Unternehmen? Und seit wann ist es ungefährlich, Ehemännern Hörner aufzusetzen?
Hören Sie, Frankreich ist doch ein zivilisiertes Land...
Ich wäre nie auf die Idee gekommen, daß der Begriff zivilisiert auch nachsichtige Ehemänner bedeutet.
So weit würde ich auch nicht gehen, aber doch sagen, daß Zivilisiertsein Ehemännern ein besseres Verständnis des sechsten Gebotes ermöglicht.
Aber Sie sind sicherlich nicht hergekommen, um über Zivilisiertsein und nachsichtige Ehemänner zu diskutieren.
Der Präsident betrachtet den Hauptmann mit ironischem Gesichtsausdruck.
Ferber, was führen Sie im Schilde?
Der Hauptmann sieht sich verschwörerisch um.
Es geht um einen Ihrer Kollegen!
Nach dieser Antwort führt Archdeacon den Hauptmann in seinen Hangar, in dem sich ein kleines, im englischen Stil eingerichtetes Büro befindet. Er setzt sich in einen Sessel und bietet den anderen dem Hauptmann an.
Möchten Sie etwas trinken?
Einen Portwein, es ist ja bald Zeit zum Mittagessen.
Archdeacon steht auf, öffnet einen Bücherschrank und entfernt eine Reihe falscher dicker Buckrücken, hinter denen eine Flaschenkollektion erscheint. Er nimmt eine Portweinflasche heraus und füllt zwei kleine Gläser.
Auf Ihr Wohl!
Auf das Ihre!
Es geht um Petitsantôs!
Archdeacon verschluckt sich am Portwein und prustet fast den ganzen Schluck heraus, den er gerade mit Genuß hinunterschlukken wollte.
Um Gottes willen, was ist? Ferber klopft erschrocken dem korpulenten Präsidenten des Aéro Club auf den Rücken. Er klopft

beharrlich und, bedingt durch seine Nervosität, sogar fast zu heftig.
Hören Sie auf, mich zu schlagen, sonst werde ich noch schwindsüchtig.
Pardon... aber meine Frage galt nur...
Ja, ich hab's gehört... Bitte sprechen Sie den Namen nicht noch einmal aus...
Aber... aber warum denn nicht?
Warum nicht? Ach, das ist unwichtig. Außerdem hat er hier keinen Hangar mehr.
Ach, wie schade! Sie sind wohl gar nicht gut auf ihn zu sprechen?
Ob ich auf diesen Herrn gut zu sprechen bin oder nicht, tut nichts zur Sache.
Woher kommt er?
Aus Brasilien, in Buenos Aires geboren, glaube ich.
Ist er reich?
Er finanziert seine Projekte aus eigenen Mitteln, das besagt genug.
Und der Name Dumont? Ist der nicht französisch?
Der kommt anscheinend von einer Juweliersfamilie.
Also Bürgerliche.
Ja. Aber sein Reichtum kommt vom Kaffee.
Aha! Kaffee. Argentiniens wichtigstes Produkt.
Und statt da bei den Kannibalen zu bleiben, ist er hergekommen, um sich hier aufzuplustern. Was hat er nicht alles unternommen, um nur aufzufallen. Dreiradrennen auf dem Velodrom organisiert, sich in sämtlichen Salons herumgetrieben und dann die Luftfahrt entdeckt.
Heute morgen hat er mich fast umgeworfen... mit einem Ballon.
Der Aéro Club übernimmt keine Verantwortung für Schäden, die durch Ungeschick seiner Mitglieder verursacht werden, falls Sie darauf hinauswollen.
Keine Sorge, ich will keine Entschädigung. Ihn auf irgendeine Weise zu Fall bringen, das möchte ich.
Wollen Sie einen Ballon mieten? Ein Aufstieg kostet 4000 Francs.
Ferber stößt einen Pfiff aus.
Mein Gott, so teuer ist das?
Dazu kommen noch die Versicherungsprämien für eventuell Dritten zugefügte Schäden.
Ferber erhebt sich.

Sie müssen mir helfen, Archdeacon. Ich muß diesen Mann vernichten.
Aber... aber warum denn?
Er verführt die Frau, die ich liebe.
Nicht möglich. Dann hat sich also der Zauber gegen den Zauberer gekehrt? Der Verführer Ferber ist auf einen Rivalen gestoßen, wer hätte das gedacht!
Scherzen Sie nur darüber, aber die Sache ist ernst. Wenn dieser Kerl sie heiratet, wird er noch mächtiger. Sie ist Millionärin, Archdeacon. Und Alleinerbin, verstehen Sie. Wenn er dieses Vermögen in die Hand bekommt, kann er die tollsten Sachen anstellen.
Und Sie bleiben weiter arm, Hauptmann Ferber.
Archdeacon denkt ein paar Sekunden nach und stellt sich vor, daß Petitsantôs noch mehr Geld hat, als er schon besitzt, und damit die waghalsigsten Projekte ohne jede finanzielle Begrenzung und wirtschaftliche Einschränkung finanziert. Er weiß, daß Petitsantôs gut ist, einer der besten, aber er sieht ihm nicht seine anmaßende Art im Umgang mit seinen Kollegen nach. Vielleicht kann man Petitsantôs' maßlosen Stolz etwas brechen, wenn man dem armen Hauptmann Ferber eine kleine Hilfe gibt. Ferber ist ein talentierter Intrigant, und so verletzt, wie er ist, kann er seinem Rivalen durchaus irreparable Schäden zufügen.
Nun, Archdeacon?
Das wird nicht einfach sein, Ferber. Petitsantôs ist kein leichter Fall. Er ist auf niemanden angewiesen. Er ist das beste und beliebteste Klubmitglied. Ich wüßte nicht, wie Sie seinem Ansehen auch nur einen Kratzer zufügen könnten.
Er hat das Mädchen fasziniert. Wenn ich nachweisen könnte, daß er ein Betrüger ist.
Petitsantôs ist kein Betrüger. Und ich muß zugeben, daß er immer allen voraus ist, ständig etwas macht, was wir nicht einmal für möglich halten. Er ist ein großer Techniker.
Sind Sie sicher, daß er immer allen voraus ist?
Archdeacon nickt bestätigend. Das ist die pure Wahrheit. Petitsantôs sorgt immer wieder für Überraschungen. Seine Luftschiffe sind die perfektesten und ausgereiftesten, die es gibt. Das werden sie auch noch 50 Jahre später sein.
Ferber geht nervös im Büro auf und ab und betrachtet die auf Pergamentpapier gezeichneten und mit Metallzwecken an den Wänden aufgehängten Entwürfe. Archdeacons Schweigen ärgert ihn

inzwischen. Er will nicht hinnehmen, daß dieser lächerliche Wicht so unangreifbar sein soll, und neigt allmählich dazu, der Meinung der Generalstabsoffiziere Glauben zu schenken. Archdeacon ist nur ein harmloser Irrer.
Dann zeigt er auf eine Zeichnung und fragt, was das ist.
Ein Schwerer-als-Luft.
Das sieht aber gar nicht nach einem Ballon aus.
Es ist auch keiner. Das ist ein Flugzeug...
Archdeacon springt bei diesen Worten von seinem Sessel auf.
Was Sie da sehen, Ferber, ist die Zukunft!
Der Hauptmann sieht den Präsidenten des Aéro Club verächtlich an.
Verstehen Sie das nicht?
Was soll ich verstehen, Archdeacon?
Die Luftschiffe sind in eine Sackgasse geraten, die Zukunft liegt in den Schwerer-als-Luft. Wir alle arbeiten daran, aber es gibt enorme Schwierigkeiten. Wem es als erstem gelingt, in einem Schwerer-als-Luft zu fliegen, der wird selbst Männer wie Petitsantôs in den Schatten stellen, verstehen Sie mich?
Sie denken doch wohl nicht, daß ich in so einem Ding fliegen würde, Archdeacon!

IM GESTRÜPP DER ERINNERUNG 30 Jahre später wird Aída D'Acosta in ihrem Apartment ans Fenster gehen, auf die üppige Vegetation des Central Park blicken, die sommerlich gekleideten Cricket-Spieler sehen, die sich nicht um die auf der Westseite eilenden Passanten kümmern, und sich an Alberto erinnern.
Er sprach nicht viel, er war ein stiller, schweigsamer Mann. Wir haben uns nur wenige Male richtig unterhalten. Anscheinend brauchten wir keine Worte, um uns zu verstehen. Manchmal verschwand er von der Bildfläche, tauchte einfach unter. Und ich konnte mich natürlich nicht beherrschen und suchte ihn. Wenn er mich dann sah, wirkte er überrascht, als habe er mein Interesse nicht verdient. Nur bei einer einzigen unserer vielen Begegnungen ist er ganz aus sich herausgekommen und hat sich sogar verletzlich gezeigt. Ich habe keine Ahnung, was dabei in ihm vorging, aber ich glaube, es war unser einziges Gespräch über wirklich intime, persönliche Dinge...
Manch einer mag vielleicht denken, daß ich damals nur ein dummes kleines Mädchen war, das sich von einer Berühmtheit faszi-

nieren und beeindrucken ließ. Und Alberto war zur damaligen Zeit eine Berühmtheit. Heute, nach dem Krieg, kann man sich das kaum vorstellen, aber 1903 war er mit Sicherheit der populärste Mensch von ganz Paris. Deshalb kann es schon sein, daß mein Interesse an Alberto anfangs nur der große Reiz der Berühmtheit gewesen ist. Aber später, als wir uns besser kennenlernten und ich regelmäßig zum Hangar nach Neuilly fuhr, wurde unsere Beziehung tiefer, ließ Verbindendes entstehen, bekam eine solche Intensität, daß meine Mutter in Panik geriet. Aber ich war sehr unreif, meine Sicherheit war nur äußerlich, und ich brachte nicht den Mut auf, mich gegen meine Familie zu stellen. Aber wie viele Frauen hätten 1903 diesen Mut gehabt?
Und ihm kann ich keinen einzigen Vorwurf machen. Ich weiß, er hat mir nie Gewißheit gegeben, mir nie klar und deutlich seine Liebe erklärt, aber das ist offensichtlich eine typisch weibliche Erwartung. Damals waren die Männer sehr vernünftig, ernst und von sich selbst überzeugt. In der Öffentlichkeit galten sehr strenge Anstandsregeln, und die Menschen benahmen sich, als wäre ihre Kleidung ein Eisengerüst. Und Alberto war genauso, ein Mann der Gesellschaft seiner Zeit, ein bißchen zerstreut, weil er immer an seine Erfindungen dachte, aber in seiner Herbheit keine Spur anders. Allerdings besaß er eine ganz besondere, typisch südländische Logik. Und wenn er wollte, wenn er seine Schüchternheit ablegte, war er ein geistreicher Mann.

ROTKÄPPCHEN Ein lauer Abend hat viele Fußgänger in die engen Gassen von Montmartre gelockt. In der fröhlichen Menge drängen sich Künstler, Zuhälter mit ihren Frauen, etliche unbegleitete Frauen, Studenten und Herren, gekleidet nach der »Petitsantôs«-Mode. Die Brasserien und Restaurants sind voll, Tische sind auf die schmalen Bürgersteige gestellt. Mitten zwischen diesen Menschen, die die seltene laue Sommerluft genießen, kommt Aída, ziemlich scheu, fast an die Häuserwände gedrückt, die Straße entlang und überhört die vielen Kommentare, die ihr auffälliger südländischer Typ hervorruft. Das junge Mädchen betritt schließlich ein kleines, dicht besetztes Restaurant und macht sofort Alberto ausfindig, der sich angeregt mit zwei Herren und einer Dame unterhält.
Aída geht auf den Tisch zu, ohne auf den Kellner zu achten, der sich um sie herum verbeugt.

Alberto, der sie noch nicht bemerkt hat, scheint etwas in der Atmosphäre zu spüren und wendet seinen Blick in ihre Richtung. Abrupt erhebt er sich, seine Freunde sehen leicht erschrocken auf.
Aída! Was ist passiert?
Ich war bei dir zu Hause, da hat man mir gesagt, daß du hierher gegangen seist.
Bist du allein?
Ja, Mama denkt, ich bin beim kubanischen Botschafter. Ich mußte dich sprechen.
Ich weiß, ich dich auch.
Beide lächeln und tauschen Blicke stillen Einvernehmens.
Komm, setz dich...
Nein, ein andermal. Ich hätte dir Bescheid geben sollen. Ich will nicht stören...
Das sind brasilianische Freunde... komm, ich mache euch bekannt... sie werden dir gefallen...
Brasilianer?
Komm, nur ganz kurz. Nachher bringe ich dich nach Hause.
Er zieht das Mädchen am Arm zum Tisch, die Herren erheben sich.
Das ist Senhorita Aída D'Acosta... Antônio Prado, ein sehr guter Freund von mir, Mademoiselle Maria Cristina Penteado, eine liebe Freundin, und Dr. Manoel Bonfim, Schriftsteller...
Alle begrüßen sich.
Meine lieben Freunde, es tut mir leid, unser Abendessen abzubrechen, aber ich muß gehen...
Du verläßt uns? fragt der Unternehmer bedauernd.
Ach, nun mach ihm keine Vorwürfe, bemerkt ironisch die junge Penteado.
Wenn der Grund das Fräulein D'Acosta ist, sei Ihnen verziehen, sagt der Schriftsteller.
Alberto antwortet nicht, beugt sich nur vor, um Cristina Penteado die Hand zu küssen, und klopft seinen Freunden überschwenglich zum Abschied auf den Rücken. Aída verbeugt sich schüchtern.

DAS ZEITALTER DER VERNUNFT Sie haben das Restaurant verlassen und sind einen halben Häuserblock bergab zu dem Roadster gegangen, der auf der Place du Tertre steht. Beim Anblick des Autos wundert Aída sich.

Auto? Ich dachte, du würdest dich nicht mehr dazu herablassen, in diesem überholten Ding ohne Zukunft zu fahren.
Wie automatisch erwidert er besorgt: Du irrst dich, das Automobil wird bleiben, aber das ist jetzt unwichtig... Deine Mutter wird erfahren, daß du nicht beim kubanischen Botschafter warst.
Mach dir deshalb keine Sorgen, das ist mein Problem.
Lügst du häufiger?
Ich lerne es gerade. Und schuld daran bist du, Alberto.
Zum ersten Mal ist es mir ein Vergnügen, einen Menschen zu verderben.
Schließlich haben sie den Platz erreicht, wo das elektrische Auto geparkt ist. Alberto hält Aída die Tür auf.
Bist du schon einmal Auto gefahren?
Ja.
Wo? Hier in Paris?
Aída steigt an, und Alberto setzt sich ans Steuer.
In Newport, Rhode Island, da haben wir ein Haus.
Und da hast du ein Auto?
Nein, ich nicht. Aber mein Vater. Drei.
Dann fährst du also mit dem alten Herrn spazieren?
Manchmal... Im allgemeinen fahre ich lieber mit einem Freund.
Das junge Mädchen beobachtet deutlich, wie Alberto reagiert. Er verzieht die Miene und setzt den kleinen Wagen brummend in Gang. Sie fahren die steile Straße zur Pigalle hinunter und wechseln kein Wort mehr. Endlich, als sie durch eine Seitenstraße der Pigalle fahren, bricht Alberto das Schweigen.
Ist dieser Freund vielleicht dein Freund?
Wer, Vanderbilt?
Vanderbilt?
Wir sind Nachbarn, aber er ist nicht *mein* Freund. Ich habe keinen Freund.
Ich glaube, du lernst sehr schnell.
Was lerne ich?
Zu lügen. Ich glaube nicht, daß du keinen Freund hast.
Es stimmt aber, ich habe keinen.
Na gut...
Wieder verfallen sie in bedeutungsvolles Schweigen und tauschen Blicke, während das Auto durch die belebten Straßen von Paris rollt.
Weißt du was? Es ist das erste Mal, daß ich abends allein ausgehe.

Wohnt ihr in Newport?
Nur einen Teil des Jahres, wenn wir den Sommer in den Vereinigten Staaten verbringen. Wir wohnen in New York, am Central Park East. Warum?
Ich kenne Newport, ich bin bei den Astors im Haus gewesen, sie waren Geschäftsfreunde meines Vaters. Als ich im letzten Jahr in den Vereinigten Staaten war, haben sie ein Fest für mich gegeben.
Und? Hat es dir in den Vereinigten Staaten gefallen?
Mir gefällt Frankreich.
Ich mag nur New York. Newport finde ich scheußlich, da ist alles falsch und überheblich. Deshalb hat meine Mutter meinen Vater gezwungen, da ein Haus zu bauen.
Ich bin nur kurz in New York gewesen, aber die Stadt war mir überhaupt nicht sympathisch. Ich fand sie sehr schmutzig, sie sah aus, als wäre sie noch im Bau.
Du hättest länger da bleiben müssen, ich finde, das ist die aufregendste Stadt von ganz Amerika.
Meinst du? Bist du schon in Rio de Janeiro gewesen?
Nein, in Rio war ich noch nie. Merkwürdig, Rio hätte ich nie als amerikanische Stadt angesehen.
Aber es liegt in Amerika, oder nicht?
Doch, natürlich. Aber es wäre das gleiche, als wollte man sagen, daß wir Kubaner Amerikaner sind.
Und seid ihr das vielleicht nicht?
Ich glaube doch. Kuba liegt in der Karibik, stimmt's?
Und die Karibik gehört zu Amerika.
Aber das Wort Amerikaner wird nur auf die angewendet, die in den Vereinigten Staaten geboren sind.
Das stimmt, aber es ist mir nie so richtig bewußt geworden. Ich habe mich auch immer als Amerikaner betrachtet.
Vielleicht, weil du in Brasilien geboren bist. Brasilien ist ein großes Land, nicht wahr?
Wie groß ein Land ist, spielt überhaupt keine Rolle. Manchmal habe ich den Eindruck, daß Brasilien eine Insel und noch kleiner als Kuba ist, wenn du verstehst, was ich meine.
Aber es ist ein reiches Land, nicht wahr?
Ja, sehr reich, so reich, daß wir uns angewöhnt haben, verschwenderisch zu sein.
Bist du nicht ein bißchen zu streng?

Nein, das ist die reine Wahrheit. Und es macht mich sehr traurig, weißt du.
Wenn ich an Kuba denke, werde ich auch traurig.
Fährst du oft nach Kuba?
Meine Eltern sind nach New York gezogen, als ich zwölf Jahre alt war. Danach bin ich oft zu Besuch da gewesen. Wir haben dort Landbesitz und ein Sommerhaus am Strand. In Varadero, hast du davon schon mal gehört?
Nein.
Das ist der exklusivste Strand von Havanna und wunderschön...
Du findest es gar nicht schön, reich zu sein, oder?
Und du, findest du das schön?
Ich? Darüber habe ich noch nie nachgedacht, ich meine, ich habe nie über das Geld nachgedacht, das ich besitze. Ich habe mich nie anstrengen müssen, um Geld zu verdienen.
Ich denke manchmal darüber nach, und dann revoltiert es in mir.
Unsinn, dagegen können wir nichts machen. Mein Geld, zum Beispiel, habe ich von meinem Vater geerbt. Er hat hart gearbeitet, Kaffee gepflanzt und verkauft und ist damit reich geworden. Aber eines Tages wurde er krank und saß dann gelähmt in einem Rollstuhl. Er ist traurig und verbittert gestorben...
Das tut mir sehr leid!
Bevor er starb, hat er alles, was er besaß, verkauft und das Geld unter meiner Mutter und uns Kindern aufgeteilt. Eines Tages rief er mich zu sich, ich war damals 16. Er erklärte mich für volljährig und sagte – das werde ich nie vergessen: »Hier ist dieses Kapital. Geh nach Paris, das ist ein gefährlicher Ort für einen Jungen. Und dann wollen wir sehen, wie du zu einem Mann wirst. Ich möchte nicht, daß du Lehrer wirst. Studier Physik, Chemie und Elektrizitätslehre. Studier diese Fächer, und denk immer daran, die Zukunft der Welt liegt in der Mechanik. Für deinen Lebensunterhalt brauchst du nicht zu sorgen, ich werde dir genug zum Leben hinterlassen.« Ich glaube, meine Mutter hat nie verstanden, warum er das getan hat.
Und du, hast du das verstanden?
Ich weiß nicht, ich bin mir nicht sicher. In dem Jahr vor seinem Anfall war ich sehr viel mit ihm zusammen. Ich wuchs heran, und er beobachtete meine Entwicklung mit Interesse. Die anderen waren älter, meine Schwestern waren schon junge Damen. Ich habe immer Spaß an Mechanik gehabt, mich immer mit den

Maschinen auf der Fazenda beschäftigt, sie repariert, und ihm gefiel das. Mein Vater war ein sehr praktischer Mann, aber nicht nur das. Hin und wieder schenkte er mir ein Buch von Jules Verne. Er hat mir die ganze Sammlung geschenkt, und ich habe sie alle verschlungen.
Jules Verne? Ich mag H. G. Wells.
Als mein Vater seinen Anfall bekam, muß ihm klar geworden sein, daß all sein Vermögen, das er angesammelt hatte, ihm nichts nützte. Geld wurde für ihn zu etwas Törichtem, Nutzlosem. Nicht einmal seine Gesundheit konnte es ihm zurückgeben. Und er versuchte alles Mögliche, bezahlte die teuersten Ärzte von Paris. Ich glaube, damals hat er beschlossen, seine Kinder von der Verantwortung zu befreien, sich ihr Leben lang dafür zu schinden, das zu mehren, was er im Landesinneren von São Paulo unter solchen Opfern zusammengetragen hatte.
Mir scheint, dein Vater war ein großartiger Mann.
Er hat Ingenieurwissenschaften in Paris studiert, unter großen Schwierigkeiten, denn er war arm. Ein Patenonkel bezahlte sein Studium, er durfte nicht versagen, er mußte all den Versuchungen dieser Stadt widerstehen.
Der Wagen fährt den Boulevard St. Michel hinauf in Richtung Montparnasse. Die Straßen sind noch immer belebt, überall flimmern Lichter. Aída ist in stummes Nachdenken versunken und blickt auf ihre schlanken Hände, die sie auf dem Schoß zusammenpreßt. Alberto hält den Wagen in der Nähe der römischen Thermen an, dort herrscht Halbdunkel, und es sind weniger Fußgänger und Autos unterwegs.
Ich glaube, ich rede zuviel.
Nein, ich bitte dich.
Normalerweise bin ich nicht so, aber...
Aber?
Ich weiß nicht... Hm, du weckst in mir Vertrauen... Entschuldige bitte, daß ich so albern bin und dir Privates erzähle...
Es geht mir nahe.
Die Geschichte meines Vaters?
O, nein! Es geht mir nahe, daß du Vertrauen zu mir hast...
Ich schäme mich zu Tode.
Aída löst ihre noch immer auf dem Schoß zusammengepreßten Hände, hebt eine Hand, zögert leicht und streichelt dann Alberto das Gesicht.

Ich wollte, ich könnte es eines Tages gutmachen...
Alberto reagiert mit beherrschter Begierde auf das Streicheln, ergreift aber keinerlei Initiative. Dann faßt er nach der Hand, die ihn liebkost, und küßt sie. Aída zieht ihre Hand ängstlich zurück.
Warum hast du mir das alles erzählt?
Warum? Ich weiß nicht... nur so... Vielleicht, weil du fliegen möchtest.
Fliegen ist für dich sehr wichtig, nicht wahr?
Ja, das ist es.
Aber, genau genommen ist es doch absurd.
Ja, es ist absurd... aber vielleicht weniger absurd, als Geld zusammenzutragen, ohne jedes Risiko...
Und ohne jedes Abenteuer.
Ja...
Deshalb ist mein Leben so traurig.
Traurig?
Weil Frauen nicht an Abenteuer denken dürfen.
Natürlich dürfen sie! Wer hat das gesagt?
Niemand, aber so war es bislang... Alberto, es ist schon spät...

STOLZ UND VORURTEIL Der Wagen steht vor dem Haus am Boulevard Edgar Quinet, in dem Aída wohnt. Die Straße ist wie immer menschenleer, die Straßenlaternen werfen ihr trübes Licht auf die breiten Bürgersteige, und die dicht belaubten Platanen tauchen einen großen Teil der Fassaden in Dunkelheit.
Alberto steigt aus und öffnet die Wagentür, um Aída herauszuhelfen. Sie geht auf das Haus zu, und Alberto steigt wieder in den Wagen, um abzuwarten, bis das Mädchen verschwunden ist. Aber sie kommt noch einmal hastig zurück.
Wir haben so viel geredet, daß ich beinah etwas vergessen hätte.
Ja?
Ich habe meine Mutter überredet, mich eine Kunstvorlesung an der Sorbonne besuchen zu lassen. Jeden Morgen von zehn bis zwölf. Aber ich habe vor, eine andere Art von Kunst zu studieren.
Großartig!
Aus einem Impuls heraus gibt Aída Alberto einen Kuß und läuft davon. Er bleibt wie in Ekstase zurück, mit dem gleichen Gesichtsausdruck wie bei seinen schönsten und waghalsigsten Flügen.

In den Augen der Freunde In meiner Gegenwart hat Alberto sich nie negativ über Brasilien geäußert, erinnerte Sem sich ein paar Monate vor seinem Tod. Er sprach wenig über sein Land, obwohl ich immer Interesse gezeigt habe, etwas über die Sitten und das Leben in Brasilien zu erfahren. Wenn man selbst heute, im Jahre 1932, hier so wenig über Brasilien hört, dann kann man sich vorstellen, wie es damals war. Alberto interessierte sich nur für die Fliegerei und hin und wieder mal für ein schönes nächtliches Vergnügen. Aber vielleicht war es bei Mademoiselle D'Acosta anders. Bei ihr als Lateinamerikanerin, mag sein, daß er sich da frei genug fühlte, Dinge zu äußern, die er mir, einem Franzosen, gegenüber nie geäußert hätte.

Immer noch Freunde Aber natürlich liebte er Brasilien, sagte Antônio Prado immer wieder. Wäre Alberto Politiker geworden, wäre er liberal-progressiv gewesen. Manchmal litt er unter den Nachrichten, die er aus Brasilien erhielt, und er hatte immer im Kopf, daß er Brasilianer war und freiwillig im Ausland lebte, nie machte er sich vor, er könnte auch Franzose sein, obwohl doch französisches Blut in seinen Adern floß...

Der Tourismus-Lehrling Die Nr. 9 fliegt von einer sanften Brise geschaukelt an diesem strahlend sonnigen Vormittag mit vereinzelten Wolken an einem leuchtendblauen Himmel. Während Alberto von oben auf die vielfältigen Grünnuancen des Bois de Boulogne hinunterschaut, nimmt er zwangsläufig auch die zahlreichen Luxuskutschen und extravaganten Wagen wahr, in denen schöne Frauen mit fast nacktem Dekolleté sitzen und ihm, halb von Spitzensonnenschirmen verdeckt, mit Batisttüchlein fröhlich zuwinken.

Ein Offizier mit grosser Zukunft Für eine der schönen Kutschen hat sich der stattliche Heeresoffizier, der dort zwischen zwei Damen sitzend spazierenfährt, in Unkosten gestürzt. Die Kutschenmiete und die Rechnung, die er im Restaurant wird bezahlen müssen, entsprechen einem beträchtlichen Teil seines Hauptmannssoldes. Die französische Armee bezahlt ihre Leute sehr schlecht. Trotzdem gibt der Offizier sich sorglos, der Bois de Boulogne ist rege besucht, der Tag ist klar, und es geht ein duftender, leichter Wind. Die jüngere Dame ist schlicht gekleidet und wunderschön in ihrem Spitzenhut. Die ältere Dame sieht aus wie ein wandelndes Schaufenster von Cartier, so viele Juwelen trägt sie. Allein der Solitär auf einem Finger ihrer rechten Hand könnte schon einige der Probleme lösen, die Hauptmann Ferber am meisten drücken.

Der Hauptmann jedoch hat nur Augen für das andere Juwel, das schweigend an seiner Seite sitzt, in auffälligem Gegensatz zur unaufhörlich schwatzenden Mutter. Madame ist nicht daran gewöhnt, so früh aufzustehen, und nicht einmal die Aussicht auf ein Mittagessen bei einem der besten Chefs de Paris scheint ihre gereizte Stimmung besänftigen zu können.

Das Schlimme ist, daß Madames Gemütszustand dem Hauptmann keinerlei Möglichkeit für ein angenehmes und intelligentes Gespräch mit der Person läßt, die er beeindrucken möchte. Aída hat ihn am Morgen sehr freundlich begrüßt, doch er wünscht sich weit mehr als das. Das Mädchen wirkt bedrückt, und er weiß, daß sie wohl noch immer unter dem Schock der Demütigung steht, die sie in Petitsantôs' Hangar erfahren hat. Madame ist brüsk und herrisch aufgetreten und hat ihre Tochter wie ein Kind ohne eigenen Willen behandelt. Ferber hat Madames Vorgehen mißbilligt, aber seine Bedenken für sich behalten. Madame ist explosiv, und wenigstens hat sie nicht verraten, daß er an der Sache beteiligt war, denn dann wäre alles verloren gewesen.

Ferber hat einen Mann aus dem Kabinett des Ministers dafür abgestellt, Petitsantôs zu beobachten. Auf diese Weise wollte er sich einen Überblick über das Vorleben seines Rivalen verschaffen und einen Weg finden, ihn loszuwerden, aber schon die erste Enthüllung ist schockierend gewesen: Aída besucht regelmäßig den Hangar seines Widersachers.

Die Krieger ruhen aus An den besonders begehrten Tischen auf der Terrasse vom Les Cascades sitzen fast nur Offiziere der Armee. Stadtbekannte Besucherinnen des Bois de Boulogne kreisen um die Offiziere, während draußen immer mehr Wagen vorfahren. Ein Streichertrio spielt leise Beethoven.

Was ist das denn? Ein Biwak? bemerkt Madame D'Acosta ironisch, als sie das Restaurant betreten.

Meine Kameraden wissen, daß man hier vorzüglich speist.

Der Maître kommt dem Hauptmann und seinen Gästen entgegen und weist ihnen einen Ecktisch im Schutz einer blühenden Kletter-

pflanzenlaube zu.
Sie durchqueren den Raum, und Ferber winkt zu fast allen Tischen hinüber.
Ich wußte gar nicht, daß Sie so bekannt sind, Hauptmann, bemerkt Aída.
Ferber schmilzt dahin: Das sind Kollegen aus dem Ministerium, Mademoiselle.
Des Hauptmanns Bescheidenheit nimmt Aída für ihn ein, und sie tauschen höfliche Plattheiten aus. Zwei Kellner kommen, um die Bestellung aufzunehmen, und Ferber hat Gelegenheit, seine Kenntnisse der französischen Küche unter Beweis zu stellen. Alles verläuft vollkommen friedlich, und Ferbers Zuversicht wächst, doch da fangen die Pferde draußen an zu wiehern und zu stampfen, und die Kutscher geraten in Aufregung. Des Hauptmanns Zuversicht ist in dem Augenblick dahin, als die Nr. 9 in gefährlicher Nähe der Baumwipfel über die Terrasse schwebt und aller Aufmerksamkeit auf sich zieht.
So aus der Nähe wirkt das bauchige Luftschiff wie eine furchterregende Erscheinung. Die Militärs blicken versteinert auf und überspielen ihre Angst, andere sind, wie Madame D'Acosta, umsichtiger und halten ihren Hut fest. Hauptmann Ferber verzieht nur verärgert das Gesicht und blickt entmutigt hinüber zu Aída, die blaß geworden ist, ihre Augen glänzen, und ihr Atem geht schnell. Da ist eine Stimme zu vernehmen:
Bitte, Monsieur.
Aída begreift, daß Alberto den Hauptmann meint, aber dieser sitzt mit so verkrampftem Gesicht da, als bekäme er gleich einen Herzanfall.
Hauptmann... Hauptmann!
Ferber faßt sich und sieht wieder Aída an.
Geht es Ihnen nicht gut?
Doch, doch, es geht mir ausgezeichnet. Ich hätte gern...
Monsieur!
Ich glaube, er möchte mit Ihnen sprechen, Hauptmann.
Mit mir? Ja, bitte?
Ich brauche Ihre Hilfe, Monsieur. Würden Sie bitte das Schlepptau festbinden?
Das Schlepptau?
Ja, das Tau, das vom Ballon herunterhängt.
Ach so! Aber sicher...

Er ergreift das Tau und bindet es an einem Eisengitterzaun fest.
Vielen Dank.
Petitsantôs steigt seelenruhig und mit einem behenden Sprung aus. Dann geht er an Hauptmann Ferbers Tisch vorbei, verneigt sich höflich vor den dreien und begibt sich zu dem Tisch, der für ihn reserviert ist. Der Maître nähert sich vorsichtig, den Blick ständig auf den Ballon gerichtet, der über der Terrasse schwebt.
Einen Calvados, bitte!
Sehr wohl, Petitsantôs.
Der Maître winkt einen Kellner und gibt die Bestellung weiter. Der Calvados wird im Handumdrehen serviert.
Alberto benimmt sich vollkommen ungezwungen und ignoriert die erschrockenen Blicke der Offiziere und Madame D'Acostas tadelnde Miene.
Während er an seinem Calvados nippt, weiß er, daß er genau die Wirkung erzielt, die in seinem Interesse liegt. Er hat nicht damit gerechnet, Aída hier zu treffen, aber fast hat er sich schon an die Gunst des Schicksals gewöhnt. Nachdem er seinen Calvados ausgetrunken hat, nimmt er ein paar Francs aus der Tasche, legt sie auf den Tisch und steht auf. Dann geht er zum Ballon, doch ehe er in die Gondel steigen kann, wird er von Militärs umringt.
Monsieur Santôs, entschuldigen Sie, wenn wir Sie belästigen.
Aber ich bitte Sie, meine Herren!
Meine Kameraden und ich sind tief beeindruckt davon, mit welcher Leichtigkeit Sie diesen Ballon offenbar lenken.
Er ist auch sehr einfach zu lenken. Er ist als Ausflugsballon konstruiert.
Der Offizier lächelt und beeilt sich, Esprit zu beweisen:
Deshalb wird er also allgemein »La Balladeuse« genannt, ja?
Petitsantôs amüsiert sich über die Anspielung:
Diesen Namen hat das Volk sich ausgedacht. Aber womit kann ich Ihnen dienen?
Nun, wie Sie wissen, haben wir am 14. Juli die große Parade.
Ja, natürlich...
Wir haben uns darüber unterhalten und... das heißt... würden Sie mit dem Ballon an der Parade teilnehmen?
Es wäre für uns eine Ehre.
Der Kriegsminister würde sich sehr freuen...
Und der Präsident auch.
Sie sollen sich aber nicht genötigt fühlen.

Nehmen Sie es als eine Anregung.
Die Idee ist großartig. Wenn die Winde am 14. Juli günstig stehen... Wie Sie wissen, meine Herren, sind wir Sklaven der Wetterlage...
Ja, die Wetterlage...
Aber ich werde Ihren Vorschlag bedenken.
Die Errungenschaften der französischen Wissenschaft sollen dem Volk vorgeführt werden. Außerdem werden einige hohe Persönlichkeiten aus dem Ausland anwesend sein...
Ich verstehe.
Er verabschiedet sich von den Offizieren und ist mit einem Satz wieder an Bord der Nr. 9. Sorgfältig überprüft er den Zustand des Ballons, während die Offiziere sich entfernen.
Monsieur!
Ferber, der sich bemüht hat, den ungewöhnlichen Auftritt zu übersehen, schaut nach oben.
Das Tau!
Wie?
Das Tau. Würden Sie es bitte losbinden?
Ferber erhebt sich widerwillig und bindet das Tau los. Alberto läßt den Motor an und hebt brummend ab.
Aída muß einfach ihre Bewunderung für das schöne Manöver zeigen, das die Nr. 9 gerade ausgeführt hat, und erhebt sich von ihrem Stuhl. In der kleinen Gondel steht Alberto am Ruder und schickt ihr einen Handkuß.
Dieser Mann ist verrückt, protestiert Ferber. Diese Dinger sind entsetzlich unsicher, der Wasserstoff ist höchst unzuverlässig. Er hätte eine Tragödie verursachen können. Ich werde dem Minister vorschlagen, daß er diese Flüge verbieten läßt...
Madame D'Acosta, die sich noch nicht recht von ihrem Schreck erholt hat, stimmt dem Hauptmann voll und ganz zu. Aída schüttelt den Kopf und sieht die beiden mitleidig an.
Bei der Gelegenheit sollten Sie dem Minister auch gleich vorschlagen, daß er das Auto, den elektrischen Strom und den drahtlosen Telegraphen verbietet, Hauptmann.

EINE PRISE TROPISCHES Im Hause von Antônio Prado hat sich eine kleine Gruppe von Freunden zusammengefunden. Die Frauen spielen Billard, während Antônio Prado, der Schriftsteller Manoel Bonfim und Alberto Wein trinken und sich unterhalten.

Die Militärs haben also nur angeregt...
Antônio, du als gut informierter Mensch dürftest sehr wohl wissen, was es bedeutet, von einem Militär eine Anregung zu erhalten...
Und, nimmst du sie an?
Das hängt von der Wetterlage ab... Komisch, militärische Anregungen sind immer von der Wetterlage abhängig...
Die Herren locken mit ihrem Lachen die Damen an. Cristina Penteado erkundigt sich nach dem Grund der guten Laune.
Worüber lacht ihr? Etwas, worüber auch eine Dame lachen kann?
Wir lachen über die Militärs.
Die Militärs?
Wie geschmacklos.
Könnt ihr eigentlich über gar nichts anderes lachen?
Ich muß mich über dich wundern, Bonfim. Ich dachte, du lachtest über Sílvio Romero.
Verlegenheit macht sich unter den Männern breit, aber Bonfim beeilt sich, sie zu zerstreuen.
Das Dumme ist, daß man über Sílvio Romero nicht lachen kann...
Warum nicht? Er hat dein Buch ja nicht mal gelesen.
Aber er wußte genau, was er verteidigte.
Alberto versucht, der Unterhaltung zu folgen, weiß aber nicht, worum es geht.
Unser Freund Alberto schwebt im Ungewissen.
Das tue ich immer.
Er ist schon fast Franzose, dieses Thema interessiert ihn bestimmt nicht.
Welches Thema?
Antônio Prado erhebt sich und zieht ein Buch aus dem Regal. Das Buch heißt: »América Latina: Males de Origem« (Lateinamerika: Die Wurzeln des Übels).
Unser Freund Manoel Bonfim hat dieses Buch gerade hier in Paris veröffentlicht.
Er reicht es Alberto, der darin blättert und die Rückseite liest.
Nur ein paar Gedanken, die ich da entwickelt habe.
Sehr harmlose Gedanken, im übrigen.
Unser Freund sagt, die Theorie, die Brasiliens Rückständigkeit mit dem Anteil von niederen Rassen wie den Schwarzen und den

Indianern erklärt, sei ein Sophismus.
Daß diese Theorie verlogen ist, daran besteht kein Zweifel.
Aber wie sonst läßt sich der Fortschritt einer weißen Gesellschaft in Ländern wie den Vereinigten Staaten und die Rückständigkeit Brasiliens mit einer dunkelhäutigen Mischbevölkerung erklären… Also, ich bin kein Rassist, ich finde sogar, daß die Neger durchaus ihre Berechtigung haben, aber…
Schuld an der brasilianischen Rückständigkeit sind wir und nicht die Neger. Wir, die weißen Herren, die die Interessen des Landes für einen Klacks verkaufen, aber den Negern Bildung verweigern…
Haben Sie das in diesem Buch geschrieben?
Ja, weil ich so denke…
Aber Sílvio Romero hat vor Wut geschäumt und das Buch in einem Zeitungsartikel verrissen.
Kritiker sind unwichtig.
Sílvio Romero ist unwichtig?
Ich würde das Buch gern lesen. Mir scheint, es ist für Brasilien wichtiger als meine Ballons.
Ich werde Ihnen ein Exemplar mit Widmung schenken.
Ich dachte, du hättest nichts fürs Lesen übrig, Alberto.
Ich lese, was wichtig ist.
Er schreibt sogar selbst an einem Buch.
Stimmt das, Alberto?
Ja… aber ich bin kein Schriftsteller…
Aber er schreibt auf französisch.
Ich glaube, das Französische hilft mir, das Thema besser darzulegen.
Haben Sie schon einen Titel?
Es wird »Dans l'Air« heißen…
Ein hübscher Titel, hat dich vielleicht die kubanische Schönheit dazu inspiriert?
Alberto reagiert gereizt auf die indiskrete Frage seiner Freundin.
Entschuldige, Alberto. Aber du weißt, daß ich vor Eifersucht sterbe.
Dazu besteht kein Grund.
Wieso nicht? Ich habe gehört, daß du das Mädchen allein in einem Ballon aufsteigen lassen willst. Wenn das kein Grund zur Eifersucht ist…
Und du, würdest du es denn wagen?

Ich, in »so was« aufsteigen? Nicht mal als Leiche! Vergiß nicht, ich bin in Piracicaba geboren, ich bin eine überzeugte Landratte. Ich gehöre auf die Erde.
Aber sie will aufsteigen, sie hat den Mut.
Ach, was du nicht sagst!
Hör mal, Cristina, merkst du nicht, daß unser Flieger endlich in festen Händen ist?
Dabei hatte ich die Hoffnung schon aufgegeben. Und das ausgerechnet bei unserem lieben, dickköpfigen Alberto, der durch Salons voller schöner Frauen flaniert ist, als befände er sich noch an Bord eines Ballons.
Ihr bringt unseren Freund mit eurem albernen Geschwätz in Verlegenheit.
Albern? Immerhin geht's hier um keine Kleinigkeit. Ein Dumont und die Erbin des Imperiums der D'Acostas.
Du hast dich also schon über das Mädchen informiert?
Ganz Paris redet darüber. Und die Mutter, eine Parvenü, fast eine Karikatur, ist gar nicht glücklich...
Um Gottes willen, Cristina! Was redest du da? Ich kenne Madame D'Acosta noch nicht einmal richtig. Wir sind uns einmal bei einer Abendgesellschaft im Haus des Grafen de Bouvard begegnet. Ich würde sie nicht mal auf der Straße wiedererkennen...
Diese Person würdest du ganz problemlos wiedererkennen. Die schleppt mehr Gold mit sich herum als eine alte spanische Galeone. Ihr kennt ja solche Lateinamerikanerinnen!
Das ist doch lächerlich...
Nein, du brauchst nicht gekränkt zu sein, mein Lieber, die Tochter hat überhaupt nichts von der Mutter.
Alberto, der nach jeder Bemerkung noch gereizter wird, erhebt sich.
Es wird allmählich spät...
Siehst du, was du damit erreicht hast, Cristina? Alberto geht.
Ich muß wirklich gehen. Aber keine Sorge, ich bin nicht böse. Cristina kann ich gar nicht böse sein, und das weiß sie auch. Sie ist schon immer so gewesen, so giftig.
Falls meine Rivalin tatsächlich aufsteigt, könnte es sein, daß ich es auch wage. Wer weiß, womöglich in Brasilien?
In Brasilien? Da weiß ich nun nicht, ob ich es wagen würde.
Warum denn nicht? Ist der Himmel in Brasilien nicht gut genug?
Der Himmel ist großartig. Das Problem liegt am Boden.

Am Boden?
In Brasilien gehört es nicht zum guten Ton, Dinge zu Ende zu führen. Man darf sie planen, verbreiten, darüber reden, sie aber niemals ausführen. Deshalb, meine liebe Cristina, kannst du eine echte brasilianische Fliegerin werden, du brauchst nur in der Zeitung anzukündigen, daß du die Absicht hast, in einem Ballon aufzusteigen...
Alberto verbeugt sich vor seinen Freunden und wird von Madame Antônio Prado zur Haustür begleitet.

FREUNDESWORT Als wir hörten, daß die junge Kubanerin in der Nr. 9 fliegen sollte, erinnerte Aimé sich Jahre später, verschlug uns diese Nachricht die Sprache. Petitsantôs war sehr eifersüchtig, er ließ nie jemanden mit seinen Apparaten fliegen. Nicht einmal den Leuten, die in seinem Hangar arbeiteten, gestand er dieses Privileg zu. Selbst Chapin hat, obwohl er sich ständig darum bemühte, nie eine Flugerlaubnis erhalten. Wir waren über diese für einen sonst so strengen Mann recht inkonsequente und unerwartete Haltung ziemlich verärgert, aber keiner wagte, auch nur ein Wort darüber zu verlieren.

DAS LIEBESELIXIER Ein Weibsbild in der Werkstatt. Es ist sehenswert, wie redselig Petitsantôs wird. Er will alles auf einmal erklären. Das Mädchen verheddert sich und verliert den Faden in der wirren Unterweisung des galanten Ballonfahrers. Eine Sechs für den Lehrer.

LIEBE UND TECHNOLOGIE Die Lehrzeit geht weiter. Die Gondel der Nr. 9 ist im Hangar aufgehängt worden. Mademoiselle an Bord. Die Lektion dieses Tages behandelt einige Grundhandgriffe beim Lenken eines Luftschiffes. Der Lehrer gibt sich mit seinem Unterricht die größte Mühe, aber die Schülerin kommt nicht gegen ihre Nervosität an. Petitsantôs läßt Kaffee aus Sorocaba servieren.

EIN MODERNES MÄDCHEN Petitsantôs' aufmerksamem Blick entgeht keine Geste von Mademoiselle. Sie soll lernen, wie man das Gas im Ballon reguliert, aber das Ventil der Wasserstoffpumpe scheint den weiblichen Befehl nicht zu akzeptieren. Der Ballon erschlafft.

Rameaus Nichte Am Lenkrad des Roadster sitzt unsicher und nervös Mademoiselle und soll einige Manöver mit dem Wagen durchführen. Sie muß sich mit Fahrzeugen vertraut machen. Petitsantôs amüsiert sich über die mangelnde Sachkenntnis der fleißigen Schülerin.

Die naive Amerikanerin Mademoiselle hat keinen Hang zur Mechanik. Beim Zerlegen und Zusammenbauen des Luftschiffmotors sind so viele Teile übrig geblieben, daß Chapin zwei Tage braucht, um den Motor wieder zusammenzusetzen. Mademoiselle hat ein bildschönes Taftkleid mit Schmiere verschmutzt.

Die Pionierin Mademoiselle kann inzwischen den Motor zünden und das Luftschiff aufsteigen lassen. Aber der Lehrer erlaubt noch nicht, daß die Mechaniker die Leinen loslassen.

Die Macht des Schicksals Mademoiselle beschmutzt sich wieder ein Kleid mit Schmieröl, aber sie bringt etwas am Motor in Ordnung, dessen Ursache Chapin nicht herausgefunden hat. Der stolze Lehrer geht mit seiner Schülerin in Paris Kleider kaufen.

Tief im Herzen Alberto und die Frauen, bemerkte Sem Jahre später. Wieviel Gerede hat es über dieses Thema gegeben... damals und noch lange danach. Was mag Alberto dazu bewogen haben, seinen geliebten Ballon Nr. 9 dem schönen jungen Mädchen anzuvertrauen? Das wird immer ein Geheimnis bleiben... mir hat er es nie gesagt... Er wachte so eifersüchtig über seine Apparate... Nun ja, eins weiß ich noch, Alberto war glücklich in jenem Sommer, und ich glaube, er ist nie wieder so glücklich gewesen wie in diesen wenigen Monaten des Jahres 1903...

Ballade für einen Zauberer ohne Zauberstab Das Glück verwandelt Alberto in einen ruhigen Mann, der die Nachmittage über seinem Zeichenbrett in seinem Atelier verbringt, immer in Gesellschaft von Aída, und neuartige aerodynamische Formen studiert. Obwohl er nichts über seine Studien verrät, weiß sie, daß Alberto dabei ist, neue Wege einzuschlagen.
Das Atelier ist ein fast leerer Raum, nur mit ein paar Sitzkissen und einem langen, hellen Samtsofa möbliert, das an einer Wand steht. Aída liegt auf den Sitzkissen und beobachtet stundenlang die

Experimente. Manchmal wirft er merkwürdig geformte Pfeile durch die Luft und notiert sich das Verhalten der mysteriösen Gebilde, die er eigenhändig gebaut hat.
Hin und wieder durchbricht er eine strenge Disziplin und nimmt ihre Anwesenheit zur Kenntnis.
Langweile ich dich nicht?
Dann nutzt Aída die Gelegenheit, ihm ein paar Worte zu entlocken.
Nein, mir geht es sehr gut…
Ich finde, du riskierst zuviel, Aída.
Mama ist nach Nizza gefahren, um sich da mit Papa zu treffen.
Dein Vater ist in Frankreich?
Er muß gestern mit dem Zug angekommen sein. Aus Holland, glaube ich.
Sie wird es herausbekommen, Aída. Sie wird erfahren, daß du den ganzen Tag hier verbracht hast.
Mama! Sie kann nur Geschrei machen, aber im Grunde nimmt sie niemand außer sich selbst wahr.
Aber wenn sie es erfährt…
Das wird sie nicht, ich habe gesagt, daß ich das Wochenende im Haus des kubanischen Botschafters verbringe.
Das… das… das Wochenende…
Ist das nicht wunderbar? Wir haben das ganze Wochenende nur für uns.
Dieser kubanische Botschafter ist dir offensichtlich sehr ergeben.
Er würde es nicht wagen, mich anzuschwärzen, er hat seinen jetzigen Posten meinem Vater zu verdanken. Und er weiß, daß mein Vater mir nichts abschlägt.
Bist du sicher, daß es nur das ist?
Natürlich, warum?
Alberto wirft einen Pfeil und sieht sie nicht an.
Ach! Solltest du etwa eifersüchtig sein?
Nein, das nicht unbedingt, aber…
Er ist fast 70.
Alberto nimmt einen Pfeil in die Hand, mustert ihn und dreht sich zu Aída um.
Du bist fast so weit, daß du fliegen kannst.
Das Mädchen reagiert auf diese Worte bewußt gleichgültig, denn sie weiß ja, daß es so ist.
Alberto, ich glaube, du hast es mir schon gesagt, aber ich möchte,

daß du mir noch einmal erzählst, welcher Flug für dich der aufregendste gewesen ist.
Das war der, bei dem ich dich im Boulevard Edgar Quinet gesehen habe und du mich nicht beachtet hast.
Ach, wie du lügst... komm, der war es nicht...
Alberto wirft den Pfeil und setzt sich vor das Sofa. Er hat die Hemdsärmel aufgekrempelt und ist barfuß.
Mein aufregendster Flug? Laß mich überlegen... Habe ich dir davon wirklich schon erzählt?
Sie bestätigt es, ihre Augen leuchten erwartungsvoll.
Ja, an dem ersten Abend, weißt du noch? Wir haben so viel geredet, daß wir nicht merkten, wie die Stunden vergingen.
Alberto sucht in der Erinnerung. Das ist nicht einfach. Alle Flüge sind aufregend, und er kann nicht besonders gut erzählen.
Ach, aufregende Flüge habe ich so viele erlebt. Habe ich dir davon erzählt, wie ich in Belgien gelandet bin? Ich fing gerade erst an, der Ballon war nicht mal von mir entworfen... Es war entsetzlich, der Wind riß mich mit, ich konnte nicht tiefer gehen... Es wurde dunkel... Das war es nicht, was ich dir erzählt habe? Ach, ja, dann weiß ich schon! Es war der Flug, bei dem ich mit der Nr. 5 auf dem Hotel Trocadero hängengeblieben bin. Ein Ende des Ballons war schlaff geworden, und der Propeller, der sich noch langsam drehte, geriet in die Klaviersaiten, die ich als Aufhängung benutzte, und dann war's passiert. Ich hörte, daß irgend etwas zerriß und dann das Zischen von entweichendem Gas. Der Ballon verlor schnell an Höhe. Ich drehte mich um und sah den Eiffelturm wie ein Schwert auf mich warten, falls ich versuchen sollte, nur durch Ablassen von Ballast und ansonsten dem Wind ausgeliefert herunterzukommen. Ich entschied, das Beste wäre, in den Fluß zu fallen, und ließ die Nr. 5 mit schlaff nach unten baumelnder Spitze und dem Heck in der Luft sinken. Ich befand mich ungefähr einen Kilometer von der Seine, also nicht sehr weit. So flog ich etwa 300 Meter, bis mein Kiel das Hoteldach streifte und die herunterhängende Seide sich am Schornstein verfing. Es gab einen fürchterlichen Ruck, und ich blieb, in die Reste des Ballons eingewickelt, zwölf Meter über der Erde hängen. Das war das Schlimmste, kopfüber zu hängen, auf Hilfe zu warten und zu hören, wie die Leinen nachgaben...
An den Unfall kann ich mich erinnern, ich glaube, ich habe irgendwo darüber gelesen.
Das Merkwürdigste war, daß ich überhaupt keine Angst hatte. Ich

hing mit dem Kopf nach unten und war fest davon überzeugt, daß ich mit dem Leben davonkommen würde. Meistens bekomme ich erst Angst, nachdem die Gefahr vorbei ist. War es dieser Unfall, von dem ich dir erzählt hatte?
Nein, eigentlich wollte ich nicht, daß du mir von Unfällen erzählst.
Nein? Aber Unfälle passieren nun mal...
Alberto packt die merkwürdigen Pfeile in einem Kasten zusammen. Neben ihm wartet das junge Mädchen, ihre braunen Augen glänzen vor Erregung. Diese jugendliche Vitalität weckt in ihm widersprüchliche Gefühle. Ihre große Neugier irritiert ihn manchmal, aber das Impulsive, Enthusiastische daran bewirkt in ihm ein angenehm anregendes, warmes Gefühl.

DER TAG, AN DEM DER EIFFELTURM KLEIN WURDE Die Nr. 6 ist eine undeutliche, graue Form, die über das Blaßblau des Herbsthimmels schwebt. Diesen Tag wird Alberto sein Leben lang nicht vergessen: Es ist der 19. Oktober 1901. Der Winter naht, und die klimatischen Verhältnisse sind erbärmlich, aber an diesem Nachmittag hat das Wetter sich ausnahmsweise gehalten, die Nr. 6 befindet sich in bestem Navigationszustand und er in ausgezeichneter körperlicher Verfassung. Die Nr. 6 ist ein längliches Luftschiff, wesentlich größer und primitiver als die elegante Nr. 9. Im Grunde ist es ein ungeschlachter, unförmiger Ballon. Um Überraschungen zu vermeiden, hat Alberto sich vorsichtshalber telefonisch beim Wetterdienst erkundigt. Man hat ihm gesagt, daß in der Höhe, die er anpeilt, der Wind aus Südost mit einer Geschwindigkeit von sechs Metern in der Sekunde bläst. Sobald er abgehoben hat, sieht er den Eiffelturm aus dem Dunst über dem Champs de Mars aufragen. Alberto hat in den letzten drei Jahren beachtliche Fortschritte gemacht und kann jetzt sein Glück versuchen. Offiziell hat der Start um 14.42 Uhr stattgefunden, und er fliegt ruhig weiter, wohl wissend, daß sich unten an den Seine-Ufern eine Menschenmenge ansammelt, die winkend und applaudierend zusieht, wie das Luftschiff auf das riesige Eisenbauwerk zusteuert.
Er steigt von zehn auf 150 Meter Höhe, der Motor macht gut mit. Merkwürdig, auf der ganzen Flugstrecke bis zum Eiffelturm macht er sich nicht ein einziges Mal die Mühe, einen Blick auf die Dächer von Paris zu werfen; er schwebt dort oben und sieht nichts

außer seinem Ziel: den Turm zu umrunden und innerhalb der gesetzten Frist zurückzukehren.
Den Steuerbefehlen entsprechend setzt die Nr. 6 zur Umkreisung des Eiffelturms an. Die Bögen und Verbindungsstreben des Turms bieten aus dieser privilegierten Perspektive einen eindrucksvollen Anblick. Er kann das komplizierte Spitzenwerk, das Schmiedeeisen, die von dem feuchten Pariser Klima schon Rost ansetzenden Nieten deutlich erkennen.
Die Jurymitglieder warten im Aéro Club auf ihn, und jetzt ist er mit voller Antriebskraft auf dem Rückweg, er fliegt über die Seine in Richtung Longchamp. Ein paar träge dahinziehende Wolken geben die Sonne frei, und ihre Strahlen breiten sich bleich über der goldenen Vegetation und den trockenen Ästen des Bois de Boulogne aus. Unter ihm schlängelt sich die Seine mit ihrem metallgrünen Wasser.
Alberto blickt zum erstenmal nach unten und sieht den herbstlichen Kahlschlag im Bois de Boulogne und das Leuchten der Blätter auf der Rennbahn von Longchamp in verschiedenen Gelbnuancen wie verrostete Eisenschrotteile.
Die Nr. 6 setzt zum Abstieg an, ringsum eine laufende, schreiende, applaudierende und Hüte schwenkende Menschenmenge.
Er sieht auf die Uhr und weiß, er hat gesiegt. Er ist um den Eiffelturm geflogen und hat soeben den Prix Deutsch gewonnen...
Menschen aus der Menge ergreifen das Schlepptau der Nr. 6, und die Mechaniker bringen das Luftschiff zum Stehen. Ehe Alberto aussteigt, ruft er:
Gewonnen?
Und die Menge antwortet schreiend:
Ja!

Liberal und mildtätig Aída spürt, daß Albertos Herz schneller schlägt. Über dieses Ereignis zu sprechen, ist für ihn erneut ein großes emotionales Erlebnis.
Ich war mir nicht sicher und fragte: Habe ich gewonnen? Und die Menge antwortete mir: Ja! Die Menge. Es war der 19. Oktober, mitten im Herbst, im Jahre 1901. Diesen Tag werde ich nie vergessen.
Es ist Abend geworden, sie sind jetzt von Dunkelheit umgeben und erleben eine vertrauliche Stille und Intimität wie nie wieder danach. Von der Decke hängt das Modell der Nr. 9 und schaukelt

in dem leichten Wind, der in die Atelierfenster hineinweht. Aída möchte für immer so sitzen bleiben, aber Alberto bricht den Zauber des Augenblicks, steht auf, schaltet die Lampe am Zeichenbrett ein, hantiert mit Papieren und kritzelt irgend etwas auf einen Notizblock. Wieder einmal hat er sich ihr entzogen.
Um ihre Enttäuschung zu verbergen, fragt sie nach dem Preis.
Er antwortet, es waren 100 000 Francs, und sieht Aída mit einem defensiven Lächeln an, das genauso gut eine subtile Bitte um Verzeihung sein kann. Und während er spricht, klingt seine Stimme falsch, wie nach aufgesetzter Fröhlichkeit.
Und weißt du, was ich gemacht habe? Ich habe den Polizeichef kommen lassen und ihn gebeten, das Geld an die arbeitslosen Pariser Arbeiter zu verteilen. Aber da, du kennst ja die Franzosen, wollte der Polizeichef Schwierigkeiten machen und sagte, er wüßte nicht, wie er bei der Verteilung vorgehen solle, es gäbe so viele Arbeitslose und noch allerhand andere Ausreden, nur um den Auftrag loszuwerden...
Und, wie ist es dann ausgegangen?
Ganz einfach. Ich habe ihm vorgeschlagen, zu den Leihhäusern zum gehen. Ich weiß nicht, ob du das weißt, aber wenn die Lage schwierig wird, dann verpfändet der Arbeitslose als allererstes sein Arbeitswerkzeug. Der Polizeichef brauchte also nur die verpfändeten Werkzeuge auszulösen und sie ihren Besitzern zurückzugeben.
Hattest du denn eine Vorstellung davon, wieviele Pfandhäuser es in der Stadt gab?
Nein, keine Ahnung, aber der Polizeichef hat es bestimmt bereut, daß er mich um Rat gefragt hat.
Und du meinst, er hat es wirklich gemacht?
Jetzt lacht Alberto auf.
Du bist und bleibst Lateinamerikanerin, meine liebe Aída. Die Jahre in New York haben nichts bewirkt.
Wieso?
Der Polizeichef war Franzose, vergiß das nicht. Er hat garantiert, wenn auch widerstrebend, genau das getan, was ich ihm gesagt habe. Was mit Sicherheit nicht geschehen wäre, wenn sich diese Geschichte in einem der sonnenverwöhnten Länder abgespielt hätte, die wir kennen...
Beide lachen, dann werden sie nachdenklich und verlegen.

Ökonomie eines Kindes seiner Zeit Ich gestehe, daß seine Geste für mich überraschend war, sollte Antônio Prado sich Jahre später erinnern. 100000 Francs zu verschenken, ohne mit der Wimper zu zucken, das war kein Pappenstiel. Die Presse feierte seine Großzügigkeit, und die Bedürftigen erhoben Alberto zu einem Halbgott. Aber Alberto war kein Magnat, er hielt seine Ausgaben in Grenzen... Später, bei näherem Nachdenken, konnte ich, wie ich meine, diese Geste verstehen. Indem er das Geld den Armen schenkte, gab er es sozusagen an Frankreich zurück. Er demonstrierte damit, daß er das Geld an das französische Volk zurückfließen lassen konnte. Und es war ein Akt der Großzügigkeit, der ihn nichts kostete. Alberto hatte kurz zuvor von der brasilianischen Regierung auf Initiative des unvergessenen Augusto Severo, der damals Abgeordneter und ein großer Liebhaber der Luftfahrt war, den gleichen Betrag als eine Art finanziellen Ansporn erhalten.

Glückloser Pionier Augusto Severo, Politiker und Flieger, träumte von einer Luftverbindung zwischen Rio de Janeiro und Paris. Eines Morgens im Jahre 1902 stieg er in einem Ballon auf und explodierte über dem Boulevard de Vaugirard. Da fast täglich irgend jemand über der Stadt explodierte, kam dazu als Kommentar von den Parisern: Heute regnet es Brasilianer.

Ganz oben Ich weiß noch, daß ich ungefähr 12000 Francs erhielt, erinnerte sich Aimé 20 Jahre später. Das war für die damalige Zeit ein kleines Vermögen, und ich kaufte mir davon eine Wohnung. Im Jahr darauf engagierte Petitsantôs Chapin und später dann Gasteau und Dazon. Chapin war sein Liebling, und sein Verhältnis zu mir war nach dem Unglück in Monaco sehr abgekühlt. Ich glaube, er gab mir die Schuld an dem Unfall. Aber er behandelte mich freundlich, er war glücklich, von Verehrerinnen umringt und immer in Gesellschaft von Mademoiselle Aída. Nur Chapin wollte sich manchmal nicht damit abfinden, daß all diese schönen Frauen nicht erhört wurden.

Im Zeichen von Feydeau Ein Tilbury zuckelt in einem Pariser Vorort durch eine Straße mit fast gleich aussehenden Häusern. Er bleibt vor einem Haus stehen, und heraus steigt Chapin, wie Petitsantôs gekleidet. Anschließend hilft er einer schönen Frau beim

Aussteigen.
Komisch, ich hätte schwören können, daß Sie kleiner sind.
Sind Sie sicher, daß Ihr Mann nicht zu Hause ist?
Er ist als Handlungsreisender geschäftlich in Dover.
Das trifft sich vorzüglich...
Ich habe mir schon immer so sehr gewünscht, Sie kennenzulernen.
Sie schließt die Tür auf und betritt das Haus. Chapin bezahlt den Kutscher und folgt der Frau, die die Tür nur angelehnt hat. Kaum haben sie das bescheidene Zimmer betreten, zieht sie schon ihr Kleid aus. Auch Chapin beginnt sich zu entkleiden, setzt aber nicht den weichkrempigen Hut ab.
Meine Ballons gefallen Ihnen also?
Ich verfolge mit Interesse Ihre Arbeit, Monsieur Santôs... Komisch, so aus der Nähe sind Sie viel größer.
In der Weite des Himmels werden wir unbedeutend.
Und Ihre Haut sah sonst gar nicht so weiß aus.
Nur mit Mieder und Strümpfen samt Strumpfbändern bekleidet, setzt sie sich provozierend und professionell auf die Bettkante. Chapin, inzwischen bereits mit heruntergelassener Hose und entblößtem Oberkörper, kämpft mit dem Schnürsenkel seines Stiefels. Er ist nur noch mit einer strahlendweißen langen Wollunterhose bekleidet. Die Frau will ihm helfen, doch schließlich gelingt es ihm, sich die Stiefel vom Fuß zu reißen, ohne die Schnürsenkel zu lösen.
Doch nicht so stürmisch! Sind die Mexikaner alle so?
Ich bin nicht Mexikaner, ich bin Brasilianer.
Ist das denn nicht dasselbe?
Der Mechaniker stürzt sich auf sie und wirft sie auf das Bett.
Den Unterschied wirst du gleich sehen...
Kaum ist der Mechaniker über ihr, wird die Zimmertür aufgerissen. Herein kommt Hauptmann Ferber, mit einem Florett bewaffnet.
Du Elende! Das treibst du also, wenn ich bei der Arbeit bin!
Himmel, mein Mann!
Chapin rollt starr vor Schreck zur Seite, bedeckt sich notdürftig mit den zerwühlten Laken und flüchtet sich ans Kopfende des Bettes. Aber der Hauptmann, der scheinbar rasend vor Wut hereingekommen ist, beruhigt sich.
Wer ist der Mann?
Wer das ist? Na, wer schon? Kennst du ihn nicht?

Ich wußte nicht, daß sie verheiratet ist.
Halten Sie den Mund, wer immer Sie sind...
Aber, aber... was geht hier eigentlich vor?
Wo hast du den Kerl aufgegabelt, in der Gosse?
Wo? Da, wo du mich hingeschickt hast, in Neuilly, in dem Ding...
Ich habe Geld, stöhnt Chapin.
Aber der ist es nicht... bist du etwa blind?
Ich hab's doch geahnt... der hier ist auch so groß...
Merci, Madame... Ich hab' mir nur einen Spaß erlaubt...
Chapin steht auf und will sich halbnackt, wie er ist, aus dem Staub machen.
Er hat mich getäuscht...
Wie kannst du so blöd sein, du Weibsbild.
Chapin begreift allmählich.
Aha, so ist das also! Sie wollten meinen Herrn in die Falle locken.
Ferber hindert Chapin mit drohendem Florett am Rückzug.
Das heißt also, daß Sie Ihrem Herrn jeden Dienst erweisen?
Na ja, also... jeden nicht...
Hübsch, was? Unvorsichtige Frauen zu täuschen.
Was ist denn schon dabei... Wenn mein Herr sich mit allen einließe, würde er das Gleiche machen.
Und wo ist er jetzt?
Ich weiß nicht. Wahrscheinlich fliegt er hier irgendwo herum.
Werfen Sie Ihre Kleider auf den Fußboden.
Auf den Fußboden? Aber...
Tun Sie, was ich Ihnen sage.
Chapin wirft seine Kleider auf den Fußboden.
Jetzt können Sie gehen.
Vergeblich bemüht, seine Blöße zu bedecken, drückt Chapin sich aus dem Haus. Die Frau liegt auf dem Bett und weint noch immer. Wütend vor Ärger packt Ferber sie an den Haaren und reißt brutal ihren Kopf hoch. Die Frau stöhnt vor Schmerzen auf und fleht schreiend um Erbarmen.
Wie konnte das passieren? Hast du nicht gesagt, daß du ihn bewunderst, dir keinen Flug von ihm entgehen läßt?
Ich habe mich geirrt... und außerdem habe ich ihn ja noch nie aus der Nähe gesehen...
Und dann hast du den erstbesten genommen, der so ähnlich aussieht.

Immer irre ich mich, das war jetzt schon das dritte Mal...
Der Kerl braucht also nur ein Zwerg zu sein, einen Schnurrbart zu haben und seinen Schlapphut ins Gesicht zu ziehen, und schon machst du ihm schöne Augen...
Gib mir die 50 Francs, die du mir versprochen hast.
Ach ja? Für einen Auftrag, den du nicht erledigt hast...
Er sah ihm so ähnlich, wie konnte ich das denn ahnen?
Er sieht ihm ähnlich, aber er fliegt nicht. Ich will den, der fliegt, hast du verstanden?

Don Juan im Gebüsch Was macht man, wenn man wie im Traum nackt auf der Straße steht und schwatzende Damen näherkommen? Chapin schlägt sich in ein Blumenbeet und brummelt vor sich hin: Chapin, laß die Finger von diesen verrückten Weibsbildern, die hinter Petitsantôs her sind. Aber Chapin ist zu sehr Franzose, er kann nicht mit ansehen, wenn Frauen verschmäht werden... Und was kommt dabei raus? Wie komme ich nach Hause, ohne daß die Polizei mich wegen Erregung öffentlichen Ärgernisses festnimmt? Was jetzt? Die Damen gehen vorüber und bemerken nicht den nackten Mann, der sich hinter dem Blumenbeet versteckt.

Das gebrannte Kind Es versteht sich von selbst, daß Chapins Rückkehr zum Hangar gefeiert wird. Unterwegs hat er sich an eine Wäscheleine herangeschlichen, doch zu seinem Pech hing dort nur Damenwäsche. Dazon und Gasteau überraschen die schnurrbärtige Demoiselle, die Chapins Schrank öffnen will. In der Annahme, es sei eine Diebin, stürzen sie sich auf sie. Den ganzen Vormittag lang bekommen die Mechaniker Lachanfälle, worauf Chapin wütend wird. Petitsantôs erkundigt sich schließlich nach dem Grund ihrer Heiterkeit.
Beschämt versucht Chapin, die Sache zu vertuschen, und behauptet, er sei überfallen worden.
Doch die Kollegen erzählen ohne Umschweife, wie er im Hangar angekommen ist.
Es war nämlich eigentlich kein richtiger Überfall.
Als es passiert ist, hatte er schon keine Kleider mehr an.
Du lernst aber auch nie aus, Chapin.
Letzten Monat war es die Tochter eines Generals...
Im Kugelhagel ist er aus dem Zimmer des Mädchens geflohen.

Ganz zu schweigen von der Frau, deren Mann Weinberge an der Mosel besitzt.
Bei der er sich in einem Champagnerfaß verstecken mußte.
Davon war unser Pechvogel eine Woche lang verkatert.
Es wäre höflicher, wenn ihr etwas diskreter wärt.
Und er zeigt auf Aída, die sich kaum das Lachen verkneifen kann, während sie an der Wasserstoffpumpe hantiert.

DIE VERSCHWÖRUNG Ehe er zu seinem täglichen Flug aufbricht, ruft Petitsantôs Chapin zu einem Gespräch unter vier Augen zu sich. Er kann so ein Verhalten in seinem Hangar nicht dulden. Diese Frauen, die zu allem bereit zu sein scheinen, erklärt er, seien haltlose Personen, die das Abenteuer Fliegen fasziniere. Man müsse sie mit aller Höflichkeit behandeln und dürfe auf keinen Fall ihre Gutgläubigkeit ausnutzen.
Chapin hört sich alles mit gesenktem Kopf an. Dann enthüllt er auch noch den Rest des Abenteuers. Die Frau habe Petitsantôs ködern sollen. Irgend jemand habe seinen Herrn in einen Skandal verwickeln wollen.
An diesem Tag macht Alberto sich Sorgen, als er zum Flug startet. Er weiß, daß sein Erfolg Mißgunst weckt, aber dieses Mal sind die Neider zu weit gegangen.

EINE VAGE AHNUNG Am Steuer des elektrischen Autos folgt Aída der Nr. 9, die sich in Richtung Bois de Boulogne bewegt. Die Sonne scheint kräftig, und der Wagen fährt durch den Wald, entlang den Alleen voller Gefährte mit duftig gekleideten Frauen unter Sonnenschirmen aus Spitze und Bändern. Auf den Rasenflächen sitzen Menschen in Gruppen beim Picknick. Nur wenige heben den Blick und sehen dem Wagen mit einer Frau am Steuer nach. Auf einer Allee befindet sich eine Schulklasse auf einem Ausflug. Fröhlich lärmend veranstalten die Kinder Wettspiele und laufen vergnügt über die Rasenflächen, von Lehrern und Eltern beaufsichtigt.
Aída hält den Wagen an, sieht den Kindern zu und vergißt darüber fast die Nr. 9, die am Himmel über dem Wald manövriert. Aber die Kinder bemerken das Luftschiff sofort und lassen von ihren Spielen ab. Winkend und schreiend machen sie Alberto auf sich aufmerksam. Zur Freude der Kinder läßt er sich auf einen Spaß ein und zieht über dem Rasen Schleifen, wobei er bei jeder Runde tie-

fer kommt. Seine Manöver machen natürlich Eindruck, und die kleinen Zuschauer halten den Atem an. Schließlich landet die Nr. 9 auf dem Rasen, nachdem die größeren Kinder das Schlepptau ergriffen haben. Lehrer und Eltern wollen die Kinder zurückhalten, aber das ist unmöglich, sie sind viel zu aufgeregt, um auf die Anweisungen und Tadel der Erwachsenen zu reagieren. Alberto in seiner kleinen Gondel drückt amüsiert den besonders kecken Kindern die Hände. Aída am Steuer des Roadster nimmt er überhaupt nicht wahr, so viele Kinder drängeln sich schreiend um den Ballon.

Traut sich einer mitzufliegen? fragt er herausfordernd.

Der Ballon wird fast gestürmt, denn sie wollen alle fliegen.

Nur einer... Du da, hast du keine Angst?

Ein siebenjähriger Junge antwortet: Ich? Nein!

Dann komm.

Die Mutter des Jungen läuft los, um es zu verhindern, aber die größeren Kinder helfen, obwohl sie vor Neid fast umkommen, dem Passagier an Bord des Ballons. Als Aída den Jungen neben Alberto sieht, kann sie sich einer leichten Verärgerung nicht erwehren.

Bitte, geben Sie mir mein Kind zurück.

Keine Angst, Madame, es ist nicht gefährlich.

Ich will mitfliegen, Mama.

Alberto setzt den Jungen in dem engen Korb hin.

Wie heißt du?

Clarkson Potter.

Du bist kein Franzose, oder?

Nein, ich bin Amerikaner.

Von wo?

Aus Amerika natürlich! Fliegen wir jetzt?

Du hast recht. Laßt das Tau los!

Unter dem Applaus der Kinder hebt die Nr. 9 ab und steigt auf. Die Mutter des Jungen scheint der Sicherheit des Ballons nicht zu trauen und sieht nervös zum Himmel hinauf. Aída geht unverhohlen irritiert zu der aufgeregten Mutter.

So ein Leichtsinn, ein Kind mitzunehmen...

Ich bin außer mir, was soll ich nur machen.

Jetzt können Sie nur abwarten. Sie hätten es verhindern müssen.

Clark ist ein schreckliches Kind. Als ich sah, daß Mister Santos eins von den Kindern mitnehmen wollte, wußte ich genau, daß er ihn aussuchen würde.

Clark wird jetzt berühmt.
Berühmt?
Er ist der erste Passagier von Mister Santos.
Die Nr. 9 kommt zurück, die Mutter läßt Aída stehen und winkt ihrem Sohn zu, der sich da oben richtig wohl zu fühlen scheint. Sobald die Kutscher das Schlepptau ergriffen haben und der Ballon tief genug heruntergekommen ist, wird der Junge in die Arme seiner Mutter übergeben. Die anderen Kinder drängen sich mit einem Heidenspektakel um den kleinen Helden.

GOURSAT UND SEINE MEMOIREN Die Tatsache, daß Alberto diesen amerikanischen Jungen mitgenommen hat, bestätigte Goursat Jahre später, beweist, wie aufgeschlossen er in jenem Sommer war... Die Presse stellte wie üblich tausend Spekulationen an. Am interessantesten war Mademoiselle D'Acostas Reaktion, ihr gefiel überhaupt nicht, daß Alberto den Jungen hatte mitfliegen lassen. Alberto war perplex über ihre Reaktion. Ich kann wohl sagen, daß Albertos rationales Denken durch Mademoiselle D'Acostas weibliche Logik ernsthaft verunsichert war.

MAX LINDER Die Stammgäste sind immer dieselben. Wenn die Kellner sich mit Aufmerksamkeiten überschlagen sollen, muß man Fröhlichkeit vortäuschen und darf keine Kosten scheuen. Aber Alberto, der Verschwendung haßt, ist immer gern gesehen, auch wenn er so brummig ist wie an diesem Abend. Und er befindet sich nur dort, weil Sem ihn in der Hoffnung, das Maxim's würde seine schlechte Laune vertreiben, mitgeschleppt hat.
Viel Neues in Aussicht?
Alberto knurrt irgend etwas Unverständliches und steckt schließlich Sem mit seiner schlechten Laune an.
Was ist denn los? Willst du den ganzen Abend so verbringen?
Entschuldige, mein lieber Sem, aber heute bin ich in sehr schlechter Verfassung.
Was ist passiert? Willst du es mir nicht sagen?
Nichts, es ist nichts passiert.
Aber natürlich ist etwas passiert.
Nichts Besonderes, glaub mir.
Deine spezielle Art von Diskretion macht mich ungemein gereizt.
Entschuldige.

Ich weiß schon, sie war's. Darauf könnte ich wetten. Sie war's, stimmt's?
Ja…
Habt ihr Streit?
Ich verstehe die Frauen nicht.
Wer will denn auch die Frauen verstehen können? So verrückt ist doch keiner!
Alberto lächelt, wird aber gleich wieder schweigsam.
Willst du es mir, deinem Freund, nicht erzählen?
Es ging nur um eine Lappalie.
Es geht immer nur um Lappalien, hast du das noch nicht gemerkt?
Heute morgen habe ich einen Jungen an Bord der Nr. 9 mitgenommen.
Das habe ich gehört. Archdeacon hat mich angerufen und sich erkundigt, ob du wahnsinnig geworden bist.
Das war alles. Der Junge fand es herrlich, er war sehr mutig. Vor der Presse, die sich anschließend auf ihn gestürzt hat, hatte er viel mehr Angst.
Morgen steht der Junge in allen Zeitungen.
Aber ihr hat das nicht gepaßt.
Ach nein?
Nein, sie war fürchterlich wütend auf mich.
Natürlich, sie muß vor Eifersucht umgekommen sein.
Wegen eines kleinen Jungen?
Nein, nicht wegen des Jungen, sondern weil nicht sie geflogen ist. Sie hat mich als Exhibitionisten beschimpft.
Aber verdammt noch mal, du hast dich immer gesträubt, jemand mitzunehmen, und dann nimmst du ausgerechnet jetzt, kurz vor ihrem ersten Flug, diesen Jungen mit. Warum das, Alberto?
Was weiß ich, warum? Ich habe die Kinder da gesehen… wie fröhlich sie waren…
Und wenn etwas passiert wäre?
Ich wußte, daß nichts passieren würde, die Nr. 9 ist sehr sicher.
War sie dabei?
Ja, sie hat alles gesehen. Sie war mit dem elektrischen Auto hinter mir hergefahren.

MORGENDLICHE KÜHLE Am nächsten Morgen stürmt Alberto in Sems Zimmer und zieht die Vorhänge auf. Sein Freund, der

unter der Bettdecke liegt, dreht protestierend die Augen von der Helligkeit weg.
Wie spät ist es? Noch nicht zehn Uhr, bist du verrückt geworden?
Ich brauche Hilfe. Sie ist heute nicht zum Hangar gekommen.
Wer, sie?
Mademoiselle Aída! Sie kommt jeden Morgen um acht Uhr zum Hangar.
Wahrscheinlich hat sie sich verspätet, antwortet Sem, schirmt die Augen gegen das scheußliche Morgenlicht ab und fleht seinen Freund an, ihn nicht weiter dieser Tortur auszusetzen. Wer um sechs schlafen gegangen ist, empfindet es als grausam, um zehn geweckt zu werden.
Alberto dagegen scheint die Dinge nicht unter diesem Blickwinkel zu sehen.
Nein, du begreifst nicht, sie will nicht mehr fliegen.
Wer hat dir auch gesagt, daß du einen siebenjährigen Jungen im Ballon mitnehmen sollst!
Sie will nicht mehr fliegen. Sie ist verschwunden.
Mir scheint, du bist wirklich geistesverwirrt.

Die Suche Der Roadster hat im Boulevard Edgard Quinet gehalten, zwei Männer sind ausgestiegen. Der kleinere ist nervös und zwirbelt unentwegt seinen Schnurrbart. Der größere bewegt sich, als wäre er noch nicht ganz wach. Sie betreten ein Gebäude, zwängen sich in einen engen Fahrstuhl und fahren nach oben. Gleich darauf drücken sie auf eine Türglocke. Die Tür geht auf, ein Dienstmädchen erscheint, antwortet mit trockener Gleichgültigkeit auf ihre Fragen und schlägt anschließend die Tür zu. Die beiden Männer sind sprachlos ob der Unfreundlichkeit des Dienstmädchens.
Bestimmt eine Deutsche, bemerkt der Schläfrige.
Das kann sie nicht mit mir machen, beschwert sich der Kleinere.
Und sie klingeln noch einmal. Das Mädchen erscheint wieder.
Wenn Sie nicht auf der Stelle gehen, rufe ich die Polizei.
Ich muß mit Mademoiselle Aída sprechen.
Ich habe doch gesagt, sie ist nicht da.
Das Mädchen schlägt den beiden wieder die Tür vor der Nase zu.
Du willst ja wohl nicht noch mal klingeln, oder?
Die beiden steigen wieder in den Fahrstuhl.

Die Tücken der Liebe Ohne sie ist es trist im Hangar, merkt Alberto. Er hat sich daran gewöhnt, schon in aller Frühe Aída um sich zu haben, und will es nicht einfach hinnehmen, daß sie aus einer puren Laune aus seinem Leben verschwindet.
Die Mechaniker schleichen um ihren Herrn herum und wissen nicht, was sie machen sollen. Petitsantôs ist immer so sehr Mittelpunkt der Arbeit gewesen, daß jede Gemütsveränderung bei ihm die Routine stört.
Eine weibliche Silhouette ist in der riesigen Hangartür erschienen. Alle drehen sich zum Eingang, aber es ist nicht diejenige, auf die sie warten.
Ist das hier, wo eine Näherin gesucht wird?
Eine Welle der Enttäuschung geht durch den Hangar.
Petitsantôs, die Näherin für die Seide von Nr. 7 ist da.
Die einfach gekleidete Frau wartet.
Nächste Woche. Kommen Sie nächste Woche wieder.
Oui, Monsieur.

Der unsichtbare Mann Allein im Halbdunkel des Ateliers liegt Alberto schlafend auf den Sitzkissen. Schritte sind zu hören, jemand betritt vorsichtig das Atelier, um den mit erschöpftem Gesichtsausdruck schlafenden Mann nicht zu wecken.
Alberto! flüstert eine Stimme nach ein paar Minuten.
Alberto schreckt hoch und steht auf.
Das kann nicht wahr sein! Ich denke, du bist in Nizza!
Ich bin unterwegs umgekehrt und von La Rochelle mit dem Zug gekommen.
Ich verstehe das nicht, ich verstehe das nicht.
Ich auch nicht, ich weiß nur, daß ich wütend war.
Und jetzt ist deine Wut vorbei?
Ja. Ich habe gemerkt, wie idiotisch ich mich benommen habe.
Ich wollte dich nicht verletzen, als ich den Jungen mitgenommen habe.
Ich weiß... denk nicht mehr dran... es ist vorbei.
Sie umarmen sich im dunklen Atelier.

Die Frau, die leichter als Luft ist Der große Tag ist da. Aída, ganz in Weiß, einen geblümten Hut auf dem Kopf, kann kaum ihre Aufregung verbergen, als sie in die Gondel der Nr. 9

steigt. Unten hält Alberto das Schlepptau fest, umringt von den Mechanikern, die auf den Check warten.
Ist der Ballon ordnungsgemäß gefüllt?
Ja.
Kann irgendwo Gas entweichen?
Nein.
Ist die Vertäuung in ordnungsgemäßem Zustand?
Ja.
Ist der Motor in einwandfreiem Zustand?
Ja.
Sind die Seilzüge des Ruders frei?
Ja.
Sind die Seilzüge des Motors frei?
Ja.
Sind die Seilzüge für den Ballast frei?
Ja.
Sind die Seilzüge für das Schlepptau frei?
Ja.
Ist das Luftschiff ordnungsgemäß mit Ballast versehen?
Ja.
Ist das Luftschiff ordnungsgemäß ausbalanciert?
Ja.
Leinen Los!
Alberto läßt das Schlepptau los, und die Nr. 9 hebt brummend ab. Das Startmanöver ist sanft, elegant und präzise. Nach und nach verschwindet das Luftschiff in Richtung Bois de Boulogne. Alberto läuft zu dem elektrischen Auto und fährt los. Die Mechaniker fahren in einem anderen Auto hinterher.
Aída sieht hinab auf die Häuser, die Eisenbahnschienen und die winzigen Bauern bei der Feldarbeit. Die kleinen Gestalten halten in ihrem Tun inne und schauen der Nr. 9 nach, die anmutig zwischen den Wolken vorüberzieht.
Die Nr. 9 nähert sich Paris, die ersten Dächer sind schon zu sehen. Aída beweist Sicherheit, sie hat alles unter Kontrolle und im Blick.
Alberto fährt eine Landstraße entlang, die Mechaniker hinter ihm her. Das Luftschiff über ihm fliegt ruhig, es führt sogar ein paar Manöver aus.
Als sie sich dem Stadtteil Passy nähert, zieht Aída eine Schleife. Vor ihr erhebt sich der Eiffelturm. Sie kalibriert das Luftschiff,

dreht eine Runde um den Turm und geht dann auf Kurs zum Aéro Club.
Alberto fährt im Aéro Club vor. Er stellt den Wagen ab und wird sofort von anderen Ballonfahrern umringt. Gleich nach ihm hält sein Team an und steigt aus dem Wagen.
Aber... aber Sie sind ja gar nicht da oben.
Nein, ich bin hier.
Das Luftschiff fliegt ja wohl nicht allein.
Und wer ist da oben?
Wer da oben ist? Eine Frau.
Eine Frau? Ausgeschlossen!
Frauen haben für so was keine Nerven.
Aber es ist so, meine Herren.
Die Nr. 9 ist jetzt deutlich zu sehen und steuert auf den Aéro Club zu. Immer mehr Menschen sammeln sich, Techniker und Mechaniker, Neugierige, andere Frauen. Aída setzt die Nr. 9 sanft im Aéro Club auf. Das Schlepptau wird von Dazon und Gasteau aufgegriffen. Ein Raunen geht durch die Menge.
Das ist ja eine Frau.
Ist die mutig!
Oder wahnsinnig.
Aída steigt aus dem Korb und wird von den Frauen umringt, Beifall bricht los. Sie ist glücklich und läuft zu Alberto, um ihn zu umarmen. Der Präsident Archdeacon gibt in besonders feierlichem Ton die Heldentat der jungen Kubanerin bekannt.
Dies ist ein historischer Augenblick, denn wir haben soeben zum ersten Mal erlebt, daß eine Frau allein ein Luftschiff gelenkt hat.
Champagner. Darauf müssen wir mit Champagner anstoßen.
Sie haben recht. Das müssen wir feiern.
Archdeacon kommt mit einer Flasche Champagner. Er läßt den Korken knallen, während ein Kellner Gläser verteilt, die gleich darauf geziemend gefüllt werden.
Auf das Wohl von Mademoiselle...
Aída D'Acosta, ergänzt Alberto stolz.
Auf Mademoiselle D'Acosta, wiederholt Archdeacon.
Nach dem ersten Schluck brandet herzlicher Beifall auf.
Wie mutig! Und wie ein Mann geflogen, sagt die Baronin de Noille.
Warum wie ein Mann? protestiert Aída.
Nun, damit wollte ich sagen, daß Sie perfekt geflogen sind.

Perfektion ist kein ausschließlich männliches Attribut, Madame.
Nein, natürlich nicht. Aber die Männer glauben, daß wir zu nichts zu gebrauchen sind.
Nun übertreiben Sie aber nicht, Baronin, greift Archdeacon vermittelnd ein.
Aída stellt ihr leeres Glas ab und möchte offenbar sehnlichst zu ihrem fliegenden Spielzeug zurück.
Meine Herren, ich muß meinen Flug fortsetzen.
Die Baronin umarmt das junge Mädchen und küßt sie auf die Wange.
Danke, Baronin, sagt Aída und küßt sie ebenfalls.
Mademoiselle, muß nicht vielleicht Gas in den Ballon nachgefüllt werden?
Das ist ein Santos Dumont-Ballon, Monsieur Archdeacon.
Ja, ich weiß. Aber er braucht doch wohl Gas, oder?
Sie alle haben beobachtet, wie ich von Neuilly hierhergekommen bin. Habe ich Ballast abgelassen?
Ich glaube nicht.
Also, warum sollte der Ballon dann neues Gas brauchen?
Aída klettert in das Gestänge und steigt in die Gondel der Nr. 9. Sie wirft den Motor an, und Alberto läßt das Schlepptau los. Das Luftschiff steigt auf und zieht eine lange Schleife über dem Aéro Club. Die Menschen reden und gestikulieren. Mittendrin Alberto, der ihr glücklich nachsieht. Fast wie vom Schlag gerührt, nimmt Archdeacon einen Ballonfahrer am Arm und flüstert ihm, Aída nachäffend, zu: Haben Sie das gehört? Diese Arroganz? Das ist ein Santos Dumont-Ballon, der muß nicht nachgefüllt werden.

Das Liederbuch der Königin Victoria Die Ereignisse überstürzen sich so sehr an diesem Tag, daß niemand zum Nachdenken kommt. Als alles vorbei ist, wandert Alberto fassungslos durch seine Wohnung und macht sich Vorwürfe, daß er nicht energischer aufgetreten ist, nicht tatkräftig Aída zur Seite gestanden und sie gegen das absurde Vorgehen ihrer Familie unterstützt hat, nicht verhindert hat, daß man sie auf diese Weise wegschleppt, wie eine Porzellanpuppe oder ein entlaufenes Haustier.
Irgend etwas hat ihn gelähmt. Etwas sehr Starkes, das ihn handlungsunfähig und machtlos gemacht hat gegenüber der rasenden Wut von Madame D'Acosta und der Arroganz von Aídas Vater. Aber was? Die Angst, sich zu binden, mit einem anderen Men-

schen sein Leben zu teilen, seine geheimsten Träume? Er will nicht darüber nachdenken. Noch nie hat er sich Gedanken über die Einsamkeit gemacht, und wenn er ehrlich sein soll, fürchtet er die Einsamkeit nicht und hat schon so manches Mal gedacht, daß allein leben das gleiche sei wie frei sein.

Er ist seit vielen Jahren, von Kind auf, einsam. Er hat die harte, undurchdringliche Schale aller Einzelgänger. Außerdem brauchen seine Obsessionen die Einsamkeit, sie nähren sich gierig von dem verschlossenen, abgeschiedenen, stillen Leben, das er führt. Seit er Aída kennengelernt hat, steht das alles auf dem Spiel, die Stille ist gewichen, seine Privatsphäre ist nicht mehr abgeschieden, und sein Leben droht, sich tausend Zugeständnissen zu öffnen, sich darauf vorzubereiten, einem anderen Willen Zugang zu dem vermeintlich geschlossenen Kreis zu gestatten.

Im Grunde ist er nicht reif dafür, das hinzunehmen. Er will seine Schwäche auf keinen Fall eingestehen, aber die Angst ist von Tag zu Tag größer geworden, und er, ein einsamer Wolf, hat auf die Stunde der Entscheidung gewartet und gespürt, wie sie einem Schmerz gleich immer stärker wurde. Der Schmerz ist unerträglich geworden und hat in ihm die Erinnerung an die schönen Zeiten geweckt, als er nur für seine Träume lebte und keinem Menschen Rechenschaft schuldig war.

Deshalb hat auch dieses Mal der Panzer des Einzelgängers am Ende gesiegt. Der Schmerz läßt allmählich nach, wird sogar erträglicher, denkt er, obwohl er sich dieser Feststellung zutiefst schämt.

Alles ist sehr schnell gegangen. Aída hat den Preis des Erfolges gezahlt und mit Journalisten über den Flug gesprochen, den sie gerade absolviert hat. Sie kann sich vor Glück kaum beherrschen. Das Haus ist voll von Presseleuten, Freunden aus dem Aéro Club und Neugierigen, die aus der Nähe einen Blick auf die erste Frau werfen wollen, die mit einem Luftschiff aufgestiegen ist.

Dann der Skandal. Mutter und Vater des jungen Mädchens stürmen wie eine Lawine herein. Die Tochter wird hinausgezerrt, sie wehrt sich, bittet, fleht, während der Vater die Journalisten anbrüllt, die sich an der Szene ergötzen.

Er hat wie versteinert dagestanden. Hat zugesehen, wie Aída in der Menge verschwand, und keinerlei Anstalten gemacht, irgend etwas zu tun, hat einfach nur regungslos dagestanden, denn vielleicht ist ihm zur Rechtfertigung seiner Feigheit sogar am liebsten,

daß sie auf diese drastische, skandalöse Art aus seinem Leben gerissen wird.
Der Skandal wird vertuscht und Aída noch am selben Tag auf den Weg nach New York gebracht.

PHANTOME Nur ein Mann ist nicht bereit, den Vorfall zu vergessen. Aídas überstürzte Abreise bereitet dem furchtbarsten Sommer seines Lebens auf groteske Weise ein Ende. Am Morgen nach dem Skandal ist Hauptmann Ferber der unglücklichste Mann von ganz Frankreich. Ein von tiefem Groll erfüllter Mann, der nur aus der Perspektive Kraft schöpft, sich vielleicht eines Tages für die ihm zugefügte Demütigung gründlich rächen zu können. Aídas endgültige Verachtung hatte auch den letzten Rest seines Stolzes mit Füßen getreten.
Inzwischen kann er aber, auch wenn er unverändert leidet, vor allen Nichteingeweihten verbergen, welchen Groll er in sich trägt. Aus seiner Kabine in der zweiten Klasse schaut er durch das Bullauge hinaus auf das bleigraue Wasser des Nordatlantiks. Er hat einen Monat zur Verfügung, um seine Angelegenheiten in den Vereinigten Staaten zu regeln und dann auf seinen Posten im Ministerium zurückzukehren. Es ist seine erste Reise ins Ausland, und er macht sich keine Illusionen, Aída wiederzusehen. Da er schon immer realistisch gedacht hat, sucht er jetzt nach Munition, um den Mann angreifen zu können, der ihn beleidigt hat.

DER EINSAME WOLF In der Woche nach dem Zwischenfall flüchtet Alberto sich in den Hangar. Den ganzen Tag ist er mit Schmiere verdreckt, montiert mit trägen Gesten und verlorenem Blick die Nr. 9 auseinander und wieder zusammen und treibt damit seine Mechaniker fast zur Verzweiflung.
Jeden Morgen, wenn er in den Hangar kommt, sieht er die Pariser Zeitschriften und Zeitungen sorgfältig durch. Das Schweigen der Presse ist beeindruckend. Keine einzige Zeitung hat irgendeine Meldung über Aídas Pionierflug gebracht und erst recht nichts über den anschließenden Skandal. Und genau das ist die Art von Skandal, die er in den unzähligen Klatschblättern der Stadt, die gerade von solchen Ereignissen leben, gedruckt sehen möchte. Aber allem Anschein nach haben die D'Acostas in den Redaktionen der Schandschriften reichlich Geld verteilt, und Petitsantôs bleibt als einzige Erinnerung ein signiertes Photo von Aída, das sie

ihm kurz vor ihrer Abreise in die Vereinigten Staaten geschickt hat.

Die Gleitflieger Eine Krankenschwester führt Hauptmann Ferber zu dem Zimmer, in dem ein Patient mit den Beinen in einem Streckapparat und den Armen in Gips im Bett liegt. Nicht zum ersten Mal ist der Patient mit schweren Brüchen in dieses Krankenhaus in Washington eingeliefert worden. Kein Mensch wundert sich mehr über die Spleenigkeit des Verunglückten, schließlich handelt es sich um den Professor Octave Chanute, einen verrückten Lebensmüden, der sich von hoch gelegenen Stellen in die Tiefe stürzt, um zu beweisen, daß der Mensch fliegen könne.
Ferber kann inzwischen als Mann gelten, der sich sehr gut in der Luftfahrt auskennt. Durch eine in der Zeitschrift »L'Aérophile« veröffentlichte Artikelserie hat er von den Experimenten des Professor Chanute mit Gleitfliegern Kenntnis erhalten. Er hat dem Professor geschrieben und erfahren, daß zwei weitere Männer Experimente mit dem Schwerer-als-Luft durchführen. Diese Männer muß er kennenlernen.

Dans l'air Zwei Monate sind vergangen, und da Alberto noch immer deprimiert ist, beschließt Goursat, unter dem Vorwand, Madame Prados Geburtstag zu feiern, ein Abendessen im Café Procope zu geben. Die Freunde haben die Einladung angenommen und sind erschienen. Das Café ist vollbesetzt mit Menschen in angeregter Stimmung, dann kommt Alberto mit einer Mappe voller Papiere. Er scheint in guter Verfassung zu sein und reicht Antônio Prado die Papiere zum Lesen.
Ich bin gerade mit dem Schreiben fertig geworden und würde gern deine Meinung als Freund dazu hören.
Warum hast du es auf Französisch geschrieben, Alberto?
Das liegt daran, daß ich, wenn ich über meine Ballons nachdenke, auf Französisch denke. Ich lebe hier, seit ich 18 bin...
Das ist auch gut so, auf Französisch klingt alles viel schöner.
Du bist schon fast Franzose, mein lieber Alberto.
Fast, sagt Sem. Aber mit seiner Angewohnheit, anderen auf die Schulter zu klopfen oder auf den Bauch, darin ist er sehr brasilianisch.
Und ich finde, daß du viel von den Leuten aus Minas hast, Alberto. So wortkarg, diskret, übertrieben sachlich und pünktlich...

Die Franzosen glauben, daran sei meine Ausbildung in England schuld...
Nein, das ist typisch für Minas. Du hast doch auch nicht mal ein Jahr in Bristol verbracht.
Ich weiß nicht, meine Mutter war eine ganz typische Mineira. Ich finde, daß ich meinem Vater ähnlicher bin, er stammte zwar aus Minas, war aber ein echter Paulista.
Aber was hast du da nun eigentlich geschrieben, ein Buch über Ballons?
Antônio Prado hält im Blättern inne und sieht Alberto an.
Mir sieht das nach Memoiren aus. Aber ich habe schon einen Einwand.
Welchen?
Sag bloß, du hast nur ganze sechs Zeilen über die schöne Kubanerin geschrieben! Und nicht mal ihren Namen erwähnt. Alberto!
Ich habe kein Recht dazu.
Was meinst du, Sem?
Alberto weiß, wie ich darüber denke. Ich finde, er ist krankhaft diskret.
Scher dich mit deiner Mineiro-Art zum... zur... ach, schon gut!

KOMÖDIE VON GEORGES MÉLIÈS Der 14. Juli gewinnt in jenem Jahr 1903 eine ganz besondere Bedeutung. Der Präsident Émile Loubet und sein Minister Théophile Delcassé sind gerade aus London zurückgekehrt, wo sie mit Joseph Chamberlain die ersten Gespräche über die Vereinbarung einer Entente Cordiale zwischen den beiden Mächten geführt haben. Das politische Klima ist von Unbeständigkeit und Unsicherheit geprägt, aber die Regierung will einen denkwürdigen 14. Juli begehen. Einer der Höhepunkte soll die Teilnahme von Petitsantôs' Luftschiff sein, einer technologischen Errungenschaft mit großen Einsatzmöglichkeiten im Kriegsfall.
Alberto, dem die Bedeutung seiner Teilnahme an den Feierlichkeiten gleichgültig ist, befindet sich schon seit dem frühen Morgen im Hangar und zeichnet an seinen Plänen. Die Mechaniker dagegen verzweifeln schon fast, wagen aber nicht einmal zu fragen, ob ihr Herr der Einladung des Kriegsministers Folge leisten wird oder nicht.
Oh, mein Gott! Will er etwa nicht fliegen?
Der Tag ist so schön.

Um diese Zeit defilieren die Truppen schon… Alle ausländischen Repräsentanten sind bestimmt schon da… Und er hier…

Jakobiner und Kaffeepflanzer Der Präsident Loubet lächelt unentwegt den diversen Würdenträgern zu, die sich auf der prächtig geschmückten, riesigen Tribüne drängen. Herren im Frack und Damen in den neuesten Modecreationen sitzen zwischen Würdenträgern – orientalischen Potentaten, arabischen Scheichs und afrikanischen Häuptlingen – in ihren Nationalgewändern, ein vollständiges Aufgebot des weiten Kreises, zu dem Frankreich Beziehungen pflegt. Nur der Kriegsminister läßt Unruhe erkennen und ordnet ständig Offiziere ab, die neuesten Nachrichten einzuholen. Er fürchtet, der Brasilianer könnte den Präsidenten enttäuschen und nicht mit seinem verdammten fliegenden Ding erscheinen.
Aber noch hat niemand die Teilnahme des Luftschiffs bestätigen können. Der brasilianische Botschafter hat sich mit der Feststellung, es sei eine Frage der Freiwilligkeit, aus der Affäre gezogen, der Journalist Sem hat versucht, das eventuelle Fernbleiben seines Freundes damit zu entschuldigen, daß er von einer unglücklich ausgegangenen Liebesgeschichte mitgenommen sei.
Und alle haben bestätigt, daß die Frau sehr schön sei, für den General Grund genug, das Schlimmste zu befürchten.
Die Nachrichten, mit denen seine Verbindungsoffiziere zurückkommen, werden immer vager, und er kann seine Besorgnis kaum mehr verhehlen. Insbesondere auch deshalb nicht, weil der Hauptmann Ferber ihn inzwischen vor diesem Brasilianer gewarnt und ihm sogar nahegelegt hat, die Einladung zurückzunehmen. Das Problem ist nur, daß der Präsident den Flug des Luftschiffs als einen der Höhepunkte der Veranstaltung betrachtet.

Die Jakobiner der Luft Während der Minister wegen seiner Befürchtung leidet, grenzt die Stimmung im Hangar in Neuilly schon an allgemeine Hysterie. Für die Mechaniker ist Petitsantôs' Mißmut die reinste Provokation. Ohne sich um die Aufregung zu kümmern, steht er über sein Reißbrett gebeugt und zeichnet.
Wir müssen etwas unternehmen.
Die Nr. 9 steht bereit und muß nur noch aus dem Hangar gefahren werden.
Aber wer wagt es, den Mann darauf anzusprechen?

Alles wegen einer Frau Als die erste Abteilung Zuaven vorbeimarschiert, beauftragt der Präsident Loubet seinen Sekretär, sich zu informieren, wann das Luftschiff des brasilianischen Erfinders seinen Demonstrationsflug machen wird. Er hat sich während eines guten Teils der Militärparade vor dem deutschen Botschafter mit den Fortschritten der französischen Wissenschaften gebrüstet und macht sich allmählich Sorgen. Dann bringt ihm der Kriegsminister persönlich die beunruhigende Nachricht.
Wir wissen noch nicht mit Sicherheit, ob er kommt, Herr Präsident.
Noch immer nicht! Wie ist das möglich? Was geht da vor?
Petitsantôs hat eine enttäuschte Liebe hinter sich. Und es war eine schöne Frau.
Schöne Frauen gibt es in Paris genug. Er findet eine andere.
Aber er ist launisch.
Oh! Dieses Latinoblut!
Den deutschen Botschafter amüsiert die Situation offensichtlich.

Der Sieg der Jakobiner Aimé gibt gedehnte Seufzer von sich. Dazon dreht nervös an seinem Schnurrbart. Gasteau und Chapin schleichen hartnäckig um das Reißbrett herum, auf dem Petitsantôs zeichnet. Dieser verrückte Mensch hebt nicht einmal den Kopf, um das Leiden seiner Mannschaft wahrzunehmen. Schließlich werden ihm Aimés Seufzer lästig.
Was zum Teufel ist hier eigentlich los?
Noch ist Zeit, Petitsantôs.
Zeit? Wofür ist noch Zeit? Sie ist schon außer Reichweite. Aber irgendwann, irgendwann werden meine Luftschiffe über das Meer fliegen…
Nein, wir sprechen nicht von ihr.
Nein?!
Wir sprechen von der großen Parade.
Heute ist der 14. Juli.
Alle erwarten Sie zur großen Parade.
Der Präsident Loubet…
Der General André…
Der Botschafter von Brasilien.
Alle werden enttäuscht sein.
Ach, darum geht's, antwortet er enttäuscht und zeichnet zum Entsetzen der Mechaniker auf dem Reißbrett weiter. Aber dann

geschieht das Wunder. Petitsantôs legt den Bleistift weg und sieht hinüber zur Nr. 9.
Ist alles bereit?
Die Mechaniker springen vor Freude in die Luft.
Sie fliegen also, Petitsantôs?
Petitsantôs nickt, greift nach seinem Rock und Hut und nimmt aus einer Schublade einen Revolver. Er überprüft, ob die Waffe geladen ist, und greift nach einer Schachtel Munition.
Was wollen Sie mit dem Revolver?
Laß gut sein. Diese Parade wird unvergeßlich.
Die Mechaniker werden still und sehen zu, wie Petitsantôs den Revolver in den Bund steckt, seinen Rock anzieht und den Hut aufsetzt.
Dann schieben sie die Nr. 9 aus dem Hangar.

Der Sturm auf die Bastille Der Kriegsminister sieht als erster die Nr. 9 am Horizont auftauchen. Er gibt dem Präsidenten ein Zeichen, und dieser lächelt sofort dem deutschen Botschafter zu. Droben vom Himmel sieht Petitsantôs auf die unzähligen Zylinder und die farbenprächtigen Militäruniformen herab. Er zieht eine sanfte Schleife über Longchamp und nimmt mit der Nr. 9 direkt Kurs auf die Köpfe der aufgestellten Truppen und die aufgereihten Artillerie-Kanonen. Das Luftschiff ist eine so beeindruckende Erscheinung, daß aller Blicke auf seine bauchige graue Form gerichtet sind, die jetzt ihren Kurs ändert und sich auf die Präsidententribüne hin bewegt.
Der Präsident Loubet verfolgt das Manöver, hebt den Arm und winkt. Die Nr. 9 kommt langsam tiefer, und Petitsantôs' schlanke Gestalt ist deutlich zu erkennen. Da merkt der Präsident Loubet, daß irgend etwas nicht stimmt. Seine Leibwache entsichert die Waffen und zielt auf das Luftschiff; Frauen fallen in Ohnmacht, die Männer werfen sich zu Boden und halten sich schützend die Arme über den Kopf. Mitten in dem Tumult fleht der brasilianische Botschafter laut schreiend, die Wache des Präsidenten möge nicht schießen. Mit einem Ruck stößt der Präsident Loubet einen Soldaten beiseite, der ihn hinter einen Sessel drücken wollte. Er hebt den Kopf und sieht, wie Petitsantôs mit einem Revolver zielt und schießt. Völlig erstarrt hört er die Schüsse fallen. 21 Schüsse, zählt er. Als kein Schuß mehr fällt, kommt ihm der Gedanke, den Unseligen in die schwüle Hölle der Teufelsinsel zu schicken.

Erinnerungen eines brasilianischen Diplomaten Mein Gott, was für ein Durcheinander. Ich bin fast verrückt geworden. Der französische Außenminister wollte mich aufs Schafott schikken. Stundenlang habe ich am Quai d'Orsay irgendwelche durchsichtigen Erklärungen abgegeben. Die einzige Solidaritätsbekundung, die ich erhielt, kam vom Geschäftsträger der Türkei. Die Türken meinten, das sei ein Protest gegen die kolonialistische Haltung Frankreichs gewesen. Ich denke höchst ungern daran zurück. Versuchen Sie nur, sich die Situation vorzustellen: Ein Jahr zuvor waren die Franzosen von einem Skandal erschüttert worden. Sie hatten die Geschichte noch frisch in Erinnerung. Félix Faure, Präsident der Republik, war in einer verfänglichen Situation gestorben, während er mit seiner jungen Geliebten im Bett lag. Als wäre die Sache noch nicht eindeutig genug, ging zusätzlich das Gerücht um, er sei vergiftet worden. Die Polizei ermittelte, was zu keinem Ergebnis führte, höchstens zu dem üblichen Verwischen von Spuren. In den Salons hieß es, Faure sei an einer Überdosis Aphrodisiaka gestorben. Der Skandal jedenfalls war nicht mehr zu vermeiden, und uns kam der Verdacht, das Ganze sei nur der Versuch eines Staatsstreichs von seiten der Rechten gewesen. Und tatsächlich kamen bei den nächsten Wahlen die Konservativen an die Macht. Nun gut, und jetzt überlegen Sie mal, wie ein solches Benehmen aufgefaßt werden konnte. Natürlich wurde der Tumult auf der Präsidententribüne absolut totgeschwiegen... Und Alberto, nun ja, der ließ sich noch nicht einmal zu einer Erklärung für sein Verhalten herab...

Die Nachricht in New York Ich wollte es nicht glauben, sagte Aída rückblickend. Ich erfuhr erst sehr viel später von dem Vorfall, aber ich glaube nicht, daß er das getan hat, weil man uns mit Gewalt getrennt hat. Trotzdem ist es für eine Frau schmeichelhaft zu wissen, daß ihr Liebster einer solch extravaganten Tat fähig ist.

Internationales Echo Yasher Akbar, Ex-Botschafter der Türkei in Frankreich, wird sich noch jahrelang an den antikolonialistischen Akt des brasilianischen Erfinders erinnern. Gern erzählt er seinen Freunden, auf bunten Kissen sitzend, von jenem ganz besonderen 14. Juli. Petitsantôs ist in Istanbul ein Held. Mutig Brasilianer, Edelmann. Schießt direkt auf treuloser Präsident. Akbar nie vergessen. Allah ist allmächtig und hat Mann vor

Franzosenkugeln geschützt. Allah ist groß, und Akbar wollte großzügig sein. Hat kleine Brasilianer fünf Frauen geschenkt, aber kleine Brasilianer hat zurückgegeben. Hat wohl Angst gehabt vor Großzügigkeit.

INTERNATIONALE KRISE Antônio Prado hatte nicht mit solch einem haarsträubenden Schauspiel gerechnet. Später, zu Hause, mit einer Wärmflasche auf dem Kopf im Bett liegend, beklagt er sich in Gegenwart eines gleichgültigen Alberto und unter Goursats ironischen Blicken bei seiner Frau. Er fühlte sich durch diese beflügelte Wahnsinnstat persönlich getroffen.
Aber warum, warum, Alberto?
Das konnte ich doch nicht ahnen!
Wieso konntest du das nicht ahnen? Wo die Anarchisten gerade in ganz Paris Bomben werfen? Bei dieser Krise und Arbeitslosigkeit?
Ach, jetzt übertreib nicht, es war nur eine Salve von 21 Schüssen.
Nur 21 Schüsse? Mein Gott! Die Leibwache des Präsidenten hätte dich zerfetzen können.
Das Schlimmste war, wie sich gewisse Helden aufgeführt haben.
Das Schlimmste war, als ich Erklärungen abgeben mußte. Jetzt denken die Franzosen, daß wir alle verrückt sind.
Nein, das werden sie jetzt nicht denken, mein lieber Prado.
Wieso nicht, Goursat?
Natürlich nicht, die Franzosen werden nur bestätigt finden, was sie schon immer wußten.
Da siehst du's, Alberto.
Alberto zuckt die Achseln und blickt aus dem Fenster.
Und jetzt, was hast du jetzt jetzt vor?
Ich? Ich gehe nach Brasilien.
Wie bitte?
Antônio Prado richtet sich im Bett auf und schüttelt den Kopf, als erlebe er einen Alptraum.
Du hast ganz richtig gehört... Ich reise morgen von Cherbourg ab.

GLEITFLIEGER ÜBER DER SEINE Nur wenige Menschen wissen von den Aktivitäten des Hauptmann Ferber am Ende dieses Jahres. Nach der Rückkehr aus Amerika wirkt er wie verwandelt. Er hat abgenommen, schwadroniert weniger und ist zu einem grenzenlosen Bewunderer der durch die US-amerikanische Demokra-

tie erreichten Fortschritte geworden.
Chanute wird zwar noch Monate brauchen, bis er wiederhergestellt ist, hat ihm aber nicht seine Unterstützung versagt. Der Professor ist ein umtriebiger Mann, ein echter Wissenschaftler, eine außergewöhnlich anregende Persönlichkeit und vollkommen den mechanischen Flugexperimenten verschrieben. Aber was er an gelehrten Kenntnissen zu viel hat, hat er an Glück zu wenig. Er ist ein tollkühner Mensch. Seine Experimente mit Gleitfliegern tragen zwar entscheidend zur Entwicklung des Schwerer-als-Luft bei, aber er hat so viele schwere Unfälle erlitten, daß er einen guten Teil seiner Forschungsgelder für Krankenhausrechnungen ausgeben muß. Bei ihrer ersten Begegnung hat der ans Krankenlager gefesselte unerschrockene Professor Ferber mit einer Prognose herzlich begrüßt.
Bald wird ein Mensch fliegen, hat er gesagt. Wenn nicht hier in den Vereinigten Staaten, dann in Europa. Demnächst wird ein Mensch aus eigener Kraft zum Flug abheben.
In derselben Woche findet in New York eine Begegnung zwischen Ferber und den Männern statt, die laut Chanute die Avantgarde bilden. Die Männer sind mißtrauisch, sprechen wenig und scheinen sich in der luxuriösen Umgebung des Hotel Algoquin, in dem der Hauptmann abgestiegen ist, nicht wohl zu fühlen. Der mit dem breiten Schnurrbart heißt Orville, der andere spricht sanft und heißt Wilbur. In Dayton, wo sie wohnen, sind sie als die Gebrüder Wright bekannt, die Fahrräder verkaufen und reparieren.
Orville erzählt dem Hauptmann, daß sie nicht mehr mit Gleitfliegern flögen. Jetzt experimentierten sie in Kill Devil Hill mit einem motorisierten Fluggerät, wollten aber keinerlei Publizität.
Ferber schlägt den beiden vor, mit ihrem Gerät nach Frankreich zu kommen.
Wilbur sagt, sie nähmen das Angebot an, wenn sie im Gegenzug eine Unterstützung von 250000 Dollar erhielten. Ferber kehrt mit dem festen Entschluß, das Geld aufzutreiben, nach Frankreich zurück.
Diese beiden Käuze werden eines Tages dem Ruhm seines Feindes ein Ende bereiten.

Teil III

Die Mißgeschicke des Quincas Borba oder Dumont-Daidalos im Labyrinth

1903 bis 1906

»Weisse Reichtümer
Schwarze Neurasthenien.« *Cruz e Souza*

Biotonikum Fontoura Die Stadt schläft nicht, und wenn sie den Kopf verliert, dichtet sie Sonette. Oder verfällt darauf, Chorinhos zu singen. Die Hitze bringt Fieber mit sich oder fremde Wahnvorstellungen. Boote voller Kadetten der Militärakademie dümpeln im trägen Wind. Auf offener See wartet die Kriegsflotte. Dort liegen die Jutahy, die Piauhy, Kriegstender und der Kreuzer Barroso. Aber die Schüsse sind Festböller. Selbst die Salven, die von den Festungen an der Guanabara-Bucht abgefeuert werden, kaum daß die elegante »Atlantique« am 7. September um fünf Uhr morgens am Horizont erscheint.
Petitsantôs ist jetzt Santos Dumont, der geliebte Sohn der üppig grünen Heimat, der Mann, der fliegen kann, aber auf dem Seeweg ankommt. Für ihn haben sie den Zuckerhut wie ein Geschenk verpackt, mit einem Spruchband, das nun dort zur Begrüßung hängt.
Und dieses ist das einzige Thema im Café do Rio. Der Dandy wird gleich im offenen Wagen vorüberfahren, »à la Renaissance«, wie Madame Rui Barbosa es liebt. Zwischen Bärte und Schnäuzer hat sich dunkle Haut gemischt. Wenigstens heute ist die Rua do Ouvidor eine demokratische Straße: Das vornehme Laranjeiras wartet neben dem armen Cachambi. 40 Grad im Schatten, aber auf Gehrock und Palmstrohhut wird nicht verzichtet.

Bromil-Sirup Menschen aus dem Volk, fast alle schwarz, kommen tanzend und singend eine enge Straße mit Kopfsteinpflaster und offenen Abwasserrinnen entlang. Das Lied stammt von Eduardo das Neves.

Europa hat sich vor Brasilien verneigt
und ihm gratuliert mit sanftem Ton.
Am Himmel erstrahlte ein neuer Stern,
und es kam Santos Dumont.
Heil dir, Brasilien,
du geliebtes Land,
weltweit bekannt
wie kein anderes.
Schütze deine Söhne

dort in der Höhe,
zeige die Bravour
eines Brasilianers!
Das zwanzigste Jahrhundert verkündete unser Held
und versetzte in Staunen die ganze Welt.
Höher noch als die Wolken, fast ein Gott
ist Santos Dumont, ein Brasilianer.

Das Volk tanzt fröhlich zu den Klängen des Liedes, das die Musiker unaufhörlich spielen. Ein geschmückter Wagen mit einem Luftschiff aus Papier, das die Phantasie des Volkes nachgebaut hat, wird durch die Straße geschoben. Ein paar Leute sind fehl am Platz in dieser fröhlichen Menge, denn sie sind prächtig gekleidet und sehr viel hellhäutiger als die Mehrheit. Durch all das Gedränge schaukelt wie einer seiner Ballons der kleine Alberto auf den Schultern des einfachen Volkes.
Der Karnevalszug, in dem es auch nicht an Papierschlangen, Konfetti und Schnüffelzitronen fehlt, drängt sich durch die engen, aus der Kolonialzeit stammenden Straßen von Rio de Janeiro. Von den Erkern werfen Frauen Rosenblütenblätter herab.
Alberto ist glücklich, auch wenn er Mühe hat, auf den Schultern seiner muskulösen Träger das Gleichgewicht zu wahren. Er winkt, lächelt, zeigt seine Rührung und läßt sich die Zuwendung dieser einfachen Leute gefallen, die bestimmt nicht genau wissen, was er eigentlich vollbracht hat.

SCOTTSCHER LEBERTRAN Alle scheinen um das Wort zu bitten.
Schweiß, Redekünste.
Und Sonette.
Die Metapher hat bei den Metallinstrumenten des 1. Kavallerie-Regiments jede Scham verloren.
Zwischen der Rua Primeiro de Março und der Rua do Ouvidor zehn Reden.
Der Wagen, für ein Vermögen mit Orchideen geschmückt, kommt kaum voran.
Aber Alberto bewegt sich auf den Schultern des Volkes vorwärts.
Hoch lebe der König der Lüfte!
Auf sein Wohl! Sohn des Staates Minas, dieses stolzen Minas, dessen gemeißelte Kraft der machtvoll aufragenden Gebirge...

Stärkungssirup von Dr. Churchill So war seine Rückkehr. Die Geheimnisse des Landes, ob süß oder bitter, in der Ferne Anlaß zum Grübeln, hier schwinden sie. Die Perspektiven rücken dichter zusammen, die Straßen, in seiner Vorstellung breit, sind beengt. Die Häuser niedrig und trist. Bleiben die Freunde, Spuren des Schicksals, Schlüssel zu den versprengten Geheimnissen des Landes, Quellen der Wärme und Anlaufstelle für diese Enttäuschungen.

Laroze-Sirup Zwar hätte er Hotels vorgezogen, doch das lassen die Freunde nicht zu.
Sämtliche Impfungen erledigt.
Und er nimmt den Terror der Gästezimmer, der festen Essenszeiten, des strengen Ernstes der Gastfreundschaft auf sich.
Was tun, wenn man nur zu Besuch ist.
Ein abstrakter Tourist, der in seiner eigenen Heimat zum konkreten wird. Der seine Anonymität für immer verloren hat und nicht mehr unerkannt auf der Promenade des Passeio Público flanieren kann, ohne daß Schulkinder ihn umzingeln.
Was verspricht er sich eigentlich von dieser Rückkehr?

Die Zauberseife aus der Drogerie Pizarro Ich bin nach Brasilien gekommen; in Rio de Janeiro, in São Paulo, in Minas und im Norden, wohin ich auch kam, überall empfingen meine Landsleute mich mit den großartigsten Festen, die ich nie vergessen werde und die mich zu tiefstem Dank verpflichten.

Kaffiaspirin Jedesmal, wenn er nach Rio kommt, quartiert Alberto sich bei Carlos Rodrigues, einem alten Freund, ein. Dort erholt er sich, wechselt die Wäsche, trinkt einen eiskalten Tamarindensaft und sieht alte Freunde wieder.
Zum Glück hast du das Volk lebend überstanden.
Das Volk zu überstehen, ist kein Problem, wohl aber, bei offiziellen Feierlichkeiten mit dem Leben davonzukommen. Wie sie es lieben, Reden zu halten!
Und wieviele hast du heute gehört?
Ich kann sie nicht mehr zählen. Die ersten Reden habe ich schon gehört, ehe ich die Füße an Land gesetzt hatte. Das Schlimme dabei ist, daß ich mich nicht revanchieren kann, ich bin keiner, der gern in der Öffentlichkeit redet.

Das Schlimme dabei ist nicht, sich zu revanchieren, sondern das anhören zu müssen.
Wahrscheinlich ist das der Grund, warum sich in diesem Land so viele Leute taub stellen.
Die beiden Freunde lachen, und eine Schwarze kommt Alberto Luft zufächeln.
Am nächsten Tag, gleich nach dem Aufstehen, liest Alberto sämtliche Zeitungen der Stadt. Seine Ankunft steht auf der ersten Seite. Aufmerksam liest er jeden einzelnen Artikel und ist betroffen von den übertriebenen Metaphern und der Häufung von Adjektiven in den Texten. Sein Land ist wirklich unglaublich. »Santos Dumont ist der Fulton der Luftfahrt«, heißt es in einer Zeitung. »Witwe beim Umzug tot umgefallen«, verkündet eine andere in zwei Zoll großen Lettern.
Ist wirklich eine Frau gestorben? erkundigt er sich später.
Hier steht, die Senhora Maria Torres, Witwe des Generals Braga Torres, sei tot umgefallen, als sie Rosenblütenblätter auf den Wagen warf.
Das habe ich gar nicht mitbekommen. Wie schrecklich.
Du kannst nichts dafür. Der Umzug wurde zu einem Tumult.
Als ich in der Rua do Ouvidor war, versuchten die Studenten, die Pferde vom Wagen abzuspannen. Der Kutscher zog an den Zügeln, und die Pferde bäumten sich auf. Ein paar Studenten stürzten, und ich bekam Angst, sie könnten ernsthaft verletzt werden. Ganz zu schweigen davon, daß du da mitten in dem Getümmel warst. Warum muß in dieser Stadt alles in Karneval ausarten?
Und diese Rednerin, mein Gott, du mußt eine eiserne Gesundheit haben, daß du so eine Folter erträgst, Alberto.
Sieh mal einer an, eine Gegenstimme hier im »Correio da Manhã«.
Von wem?
Einem Leôncio Correia.
Nie gehört.
Und was sagt er?
Er ist wütend, weil Alberto nicht seine Ballons mitgebracht hat.
Oh! Das bin ich auch, Alberto. Du hättest sie mitbringen müssen.
Ich bin nie auf die Idee gekommen, hier in Brasilien zu fliegen. Die Leute meinen wohl, Fliegen sei so etwas wie eine Zirkusnummer...
Das gilt nicht für mich, Alberto. Aber ich fände es schön, wenn du

den Brasilianern die Fortschritte deiner Arbeit vorführen würdest.
Das Glück haben bislang nur die Franzosen gehabt.
Und genau darüber beschwert sich der Verfasser des Artikels. Er sagt, du, Alberto, habest, ich zitiere, »diesem Frankreich, das uns klein und lächerlich macht, diesem republikanischen Frankreich, das uns nicht das Verbrechen verzeiht, dem Grafen D'Eu den Thron vorenthalten zu haben, mehr als nur das Schauspiel glorreicher Aufstiege geschenkt: Er hat ihm mit seiner Erfindung eine grandiose Kriegswaffe der Zukunft geschenkt.«
Also, das ist eine Verleumdung. Ich habe Frankreich nicht meine Erfindungen geschenkt. Ich habe sie nur für den Kriegsfall angeboten, vorausgesetzt, daß der Krieg sich nicht gegen Brasilien oder ein anderes amerikanisches Land richtet...

ERINNERUNGEN AN DEN VORÜBERGEHENDEN AUFENTHALT EINES DANDY Während seines Besuches wird Carlos Rodrigues sich Jahre später erinnern, hat Alberto sehr viel mehr gelitten als sich vergnügt. Die Empfänge nahmen überhand, er erregte sich über die Oberflächlichkeit der Menschen, die Dummheit der Schmarotzer. Besonders entsetzt war er nach dem Besuch beim Präsidenten Rodrigues Alves im Palácio do Catete. Eine Katastrophe, nach meinem Dafürhalten.

HANG ZUM LANDLEBEN ...und dieses ist für Sie die letzte Gelegenheit, unser Rio de Janeiro als eine stinkende Kolonialsiedlung mit elendigen Behausungen, in denen Cholera und Gelbfieber wüten, zu erleben. So kann es nicht weitergehen, daß Schiffe aus dem Ausland sich weigern, hier einzulaufen, und die Stadt als verpestet in Verruf gerät... Rio de Janeiro muß nun wirklich zu einer modernen Stadt und Hauptstadt einer fortschrittlichen Republik werden.
Das ist die allgemeine Auffassung, Exzellenz.
Aber nicht alle begreifen, was Fortschritt bedeutet. Sie müßten einmal erleben, wie die Opposition die Regierung behandelt.
Ich habe mich noch nie für Politik interessiert, Exzellenz.
Sie glücklicher Mensch. Sie können sich das erlauben. Aber was soll ich machen? Ich bin Politiker aus Überzeugung, aber hier, in diesem Land, ist die Politik keine keusche Dame, sondern eine Kurtisane. Eine Kurtisane!

Eine Kurtisane? Wieso?
Rodrigues Alves merkt, daß es keinen Sinn hat, diesen ungewöhnlichen Gast beeindrucken zu wollen.
Keine Bela Otero, o nein, Senhor Dumont! Die triste Politik dieses Landes voller Mulatten. Eine Dirne!
Ach so!

Theater Recreio Hauptbahnhof in Rio, Menschen drängeln, um Alberto abfahren zu sehen. Ein Redner fängt an zu salbadern, mit dröhnender Stimme und irrwitzigen Metaphern. Es ist entsetzlich heiß, die Frauen fächeln sich Luft zu, und Alberto steht still da, distanziert, wie nicht anwesend. Aus einem Abteilfenster winkt sein Bruder Henrique. Alberto scheint lebendig zu werden, geht an den Zug heran, schiebt den lästigen Redner beiseite und steigt in den Waggon.

Das ganze Dorf feierte mit Im Abteil schließt Alberto als erstes das Fenster. Dann umarmt er seinen älteren Bruder.
Ich dachte schon, du kämst nicht mehr.
Ich bin vorhin gekommen, aber da fand gerade eine Ehrung für dich statt...
Mein Gott, ja, diese Ehrungen...
Die Brüder verstummen und sehen sich an. Dann bricht Alberto das Schweigen.
Du siehst Papa sehr ähnlich.
Ja, das sagen alle... aber du, mein lieber Bruder, bist am meisten von unserem Vater geprägt.
Und unsere Schwestern, hast du etwas von ihnen gehört?
Es geht ihnen gut, Gott sei Dank.
Ich kann es kaum erwarten, nach São Paulo zu kommen und unser Haus wiederzusehen.
In zehn Stunden, sofern der Zug nach Fahrplan fährt.
Das heißt, die Züge sind nach wie vor unpünktlich?
Ja, mehr oder weniger, du kennst das doch!
Die Brüder setzen sich, der Zug fährt ab und rattert durch die dicht besiedelten, weit abgelegenen Vororte.

Die Mädchen mit langen Bordüren Der Tag geht zur Neige, der Bahnhof von Barra do Piraí nähert sich. Alberto und sein Bruder nicken im Abteil ein. Der Zug hält auf dem überfüllten Bahnhof, eine Musikkapelle spielt auf, Reden werden gehalten.

Wen wird man als Schönste küren Frühmorgens, Alberto schreckt aus dem Schlaf. Der Zug steht auf dem Bahnhof von Taubaté. Musikkapelle, Reden und Feuerwerk. Offensichtlich ist die gesamte Einwohnerschaft da, obwohl es regnet.

Wer ist am meisten von Sinnen Neuerlicher Halt in São José dos Campos, Reden und Musikkapelle. Alberto wird immer matter.

Sie zogen die Strasse entlang Wieder ein Halt in Mogi das Cruzes mit den üblichen Reden. Alberto schafft es kaum bis zum Fenster und sackt gleich darauf vor Müdigkeit und Erschöpfung auf den Sitz.

Warten auf eine Kompanie Schließlich São Paulo. Auf dem Bahnhof Mooca erwarten Honoratioren, Volk und zwei unablässig spielende Kapellen den Helden. Er steigt in zerknitterter Kleidung und verschlafen mit seinem Bruder aus. Sofort werden ihm drei Reden verpaßt, aber der Held ist gewitzt und tut nur so, als höre er zu. Dann steigt er, flankiert von Studenten des Instituts Caetano de Campos, in einen Landauer, vor den zwei weiße Pferde gespannt sind.

Und schon kommt des Weges sie Der Geleitzug fährt durch die Rua Direita und verbreitet nicht die Karnevalsstimmung des Empfangs in Rio. Die Straße ist voller nüchterner Menschen, die gemessen applaudieren, als Alberto im Landauer vorbeifährt. Damen werfen Blütenblätter von den Erkern, und zwei Kapellen spielen feierliche Musik. Nur die landesweite Plage, die Fahrt durch die fahnengeschmückte Straße ständig mit Reden zu unterbrechen, herrscht auch hier.

Ratata, ta, ta, ta, ta Später am Abend erstrahlt der Jardim da Luz mit seinen elektrischen Laternen und den Metallbläsern der Kapelle, die im Pavillon spielt. Das Volk wartet auf den Helden und vergnügt sich so lange bei den Klängen der Musik. Die Kapelle bricht ab, ein zerzauster Mann steigt auf die Bühne und verkündet die Ankunft der Berühmtheit.

Hoch lebe Santos Dumont!
Alle lassen ihn hochleben, und sofort ist der Pavillon voller Rednerkandidaten, die zu Wort kommen wollen. Unter den ungeduldigen und temperamentvollen Tribunen kommt ernsthafter Streit auf, aber der zerzauste Mann ruft sie zur Ordnung.
Ruhig, meine Herren. Ganz ruhig. Bitte in einer Reihe aufstellen!
Sie stellen sich in einer Reihe auf, und einer der Kandidaten beginnt zu reden. Als Alberto die aufgeregte Schlange von Möchtegernrednern erblickt, nimmt er Reißaus, sein Bruder folgt ihm. Die Menge sieht ihn weglaufen und läuft, Hochrufe schreiend, hinterher. Behende springt Alberto über Blumenbeete und Bänke, wobei er beweist, wie gut trainiert er ist, bis er schließlich den Wagen erreicht. Gleich darauf holt sein Bruder Henrique ihn keuchend ein.
Weg… weg…
Aber… aber…
Ich kann keine Reden mehr ertragen…
Die Menge umringt den Wagen, aber Alberto nimmt die Zügel selbst in die Hand, treibt die Pferde an und fährt durch die Menge davon.
Der Wagen entkommt in eine unbelebte Straße, und Alberto wird ruhiger.
Ich fahre nach Rio zurück.

THEATERALMANACH Stadtpalais des Baron Ataliba Nogueira. Der Tisch ist auf der Terrasse gedeckt, mit Blick auf die Bucht von Botafogo. Draußen singt und tanzt eine volkstümliche Truppe. Alberto sitzt zwischen zwei Damen mit Schnurrbart und sieht sich den ganzen Trubel an, als leide er an Katatonie. Schon bald bildet sich eine lange Reihe von Damen, die ein Autogramm auf der Menukarte haben wollen. Henrique beobachtet besorgt seinen Bruder. Die endlosen Reden beginnen. Bei der ersten Gelegenheit geht Henrique zu ihm.
Alles in Ordnung? flüstert er.
Ja… ich glaube, ich fahre nach Cabangu, antwortet Alberto.
Wohin? fragt der Bruder.
Ja, schmeckt Ihnen das *angu*? erkundigt sich die Gastgeberin, die sich verhört hat.
Nach Cabangu, wo wir geboren sind, weißt du das nicht mehr? wiederholt Alberto.

Ach so, Cabangu! fällt es dem Bruder ein.

MONDSCHEIN IM SERTÃO Das schmucklose Landhaus scheint noch in seiner von Minas' Bergen geschützten grünen Wiege zu schlafen. Auf der geräumigen Terrasse steht Alberto in einer Bekleidung, die ihm das Aussehen eines friedlichen Fazendeiro verleiht, und schaut auf die leuchtende Helligkeit im Tal. Neben ihm Henrique und zwei ehemalige Freunde aus ihrer Kindheit, einfache Arbeiter aus der Nachbarschaft. Alles ist ruhig und friedlich in der Stille, die nur von krähenden Hähnen, Vogelgesang und dem Rascheln des leisen Windes im Laub der Bäume unterbrochen wird.
Eine Frau bringt ein Tablett mit Kaffee und Maisbrot.
Oh, Maisbrot, wie lange habe ich das nicht mehr gegessen!
Die Frau serviert den Kaffee auf einem gedeckten Tisch.
Ich wette, du hast Maisbrot nie vermißt, Alberto.
Ja, du hast dir nie viel daraus gemacht.
Ich habe es gegessen, ihr wißt doch, wie unsere Mutter war. Kinder durften beim Essen nicht wählerisch sein, sie hatten zu essen, was auf dem Tisch stand.
Alle vier setzen sich fröhlich an den Tisch.
Ich esse es gern.
Aber du bist bestimmt was Feineres gewöhnt.
Croissants!
Was?
Eine Art Brot, das die Franzosen lieben.
Wenn ich ehrlich sein soll, mag ich morgens nach dem Aufstehen gar nichts essen. Am liebsten trinke ich nur eine gute Tasse Kaffee...
Dann frühstücken die Freunde und schweigen gemeinsam, so wie Freunde immer gemeinsam schweigen, wenn sie ein paar Momente des Lebens zusammen verbringen.
Ein Pferdewagen fährt vor und hält neben der Terrasse.
Alberto trinkt den letzten Schluck Kaffee und steht auf. Die anderen drei folgen ihm, noch auf dem letzten Stück Maisbrot kauend. Sie steigen alle in den Wagen.

EISENHERZ Der Wagen steht an einem grasbewachsenen Hang. Nur der Kutscher ist in der Nähe, denn die vier Freunde sind zum Ufer eines kristallklaren Baches hinuntergestiegen, der drunten

vorüberfließt. Sie unterhalten sich lachend und tauschen Erinnerungen aus.
Ja, hier war es... Das hatte ich schon vergessen. Wie lange ist das auch her?
Oh! Ganz schön lange. 25 Jahre.
Damals habe ich Alberto immer für leicht verrückt gehalten.
Bist du jetzt anderer Meinung?
Na ja...
Wir sind immer ganz früh morgens hergekommen.
Wer hat sich das Spiel damals doch ausgedacht?
Henrique natürlich, der war der Schlaueste von uns.
Ich mußte immer sehr aufpassen.
Können Steine fliegen?
Nein.
Können Tauben fliegen?
Ja.
Können Krokodile fliegen?
Nein.
Können Menschen fliegen?
Äh... ja...
Die drei lachen los.
Wenn du Alberto diese Frage stelltest, antwortete er immer ohne zu stottern ja.
Irgendwie wußtest du es schon damals, stimmt's, Alberto?
So fest daran geglaubt habe ich zwar nicht, aber ich war schon immer sehr hartnäckig.
Und am Ende hast du bewiesen, daß Menschen tatsächlich fliegen können.
Was hier in Brasilien nichts Besonderes ist.
Wieso nicht? Aber natürlich!
Nein, nein, liebe Freunde. In diesem Land fliegt doch alles auf und davon.
Wieso?
Die Lebenshaltungskosten, fliegen die nicht davon?
Oh doch, und wie.
Unsere Auslandsverschuldung, fliegt die nicht davon?
Mein Gott, ja.
Wahlversprechen der Politiker, fliegen die nicht davon?
Doch.
Sie hören mehrere Pferdewagen kommen.

Wer mag das sein?
Sie schauen den Hang hinauf und sehen eine Menschenkarawane kommen. Ein kleiner Mann mit Überrock und Schärpe, der Bürgermeister von Barbacena, dirigiert die aus Kaufleuten, Damen, angehenden Lehrerinnen und Jungen aus dem Gymnasium bestehende Delegation. Ein Priester läuft keuchend hinter der Abordnung den Hang hinunter.
Wir sind entdeckt.
Hoch lebe Santos Dumont!
Er lebe hoch.
Hoch lebe Brasilien!
Es lebe hoch.
Ich glaube, ich fahre nach Paris.

DER UNSICHTBARE TOURIST Zu Hause bei Carlos Rodrigues ist Alberto gereizt. Verständnisvoll versucht Henrique, ihn zu beruhigen.
Es hilft nichts, so zu reagieren. Die Leute wollen dich sehen.
Nein, nein und noch mal nein. Ich bleibe bis zur Abfahrt hier.
Es sind noch zehn Stunden bis zur Abfahrt, Alberto.
Ausgezeichnet, dann habe ich wenigstens zehn Stunden Ruhe in diesem Land.
Ist gut, wie du meinst...
Es klopft.
Herein.
Herein kommen Carlos Rodrigues und ein sehr gut gekleideter junger Neger.
Alberto, entschuldige die Störung, aber...
Keine Ursache.
Das hier ist José do Patrocínio junior.
Angenehm, Senhor Santos Dumont.
Wie geht es Ihrem Vater?
Danke, gut.
Alberto, der junge Mann hier hat den Auftrag, dir das Luftschiff zu zeigen, das José do Patrocínio konstruiert hat.
Alberto sieht seinen Bruder an und explodiert fast. Aber der junge Patrocínio strahlt unwiderstehliche Freundlichkeit aus.
Ist gut, dann habe ich wenigstens das Vergnügen, einen großen Brasilianer zu umarmen.

Luftfahrt-Samba Die Straßenbahn fährt wie von einer begeisterten Menge geschoben, die steile Straße hinauf. Von ihren Sitzen winken Alberto, Patrocínio junior, Henrique Dumont und Carlos Rodrigues dem Volk zu. Der Fahrer und der Schaffner verhindern, daß besonders kecke Zuschauer in die Bahn klettern und die Passagiere belästigen.
Und Sie, interessieren Sie sich auch für Ballons?
Leider muß ich sagen, daß ich Höhenangst habe.
Das heißt, Sie würden niemals in einem Ballon aufsteigen?
Wer weiß, wenn es einmal nötig sein sollte…
Na schön, das beweist, daß Sie Ihren Stammbaum nicht leugnen.
Ich bin Künstler, Senhor Santos Dumont…
Lassen wir die Förmlichkeit, sagen Sie Alberto zu mir.
Dann sagen Sie bitte auch Zeca zu mir.
Sie sind also Künstler, Zeca?
Ja, Alberto. Ich arbeite beim Theater. Und wer hier in Brasilien Theater macht, der steigt sogar in einen brennenden Ballon.
Hier ist alles schwieriger, was?
Oh, ja, lieber Freund, antwortet der junge Mann und schickt ein arglistiges, welterfahrenes Lächeln hinterher. Hier muß ein Künstler sogar in Wassertropfen Knoten machen können.
Alberto hat zwar gemerkt, daß dem jungen Mann etwas Windiges anhaftet, aber er kann nicht umhin, über den geistreichen Nonsens-Satz zu lachen. Im übrigen bereitet ihm die angeregte Unterhaltung mit dem jungen Patrocínio Vergnügen. Er besitzt eine zwar wenig kultivierte, aber instinktsichere und lebhafte Intelligenz, eine Seltenheit in diesem Land der Schwätzer, die mit der größten Feierlichkeit törichtes Zeug reden, statt lieber den Mund zu halten. Der junge Neger vermittelt ihm das Gefühl, zum ersten Mal in Rio mit einem lebendigen Menschen zu sprechen.
Tja, mein Lieber, is' nich so einfach mit die Moneten!
Was? Wie?
Beide lachen los, während die Straßenbahn mit ihrem fröhlichen Volksgeleit die steile Straße hinauffährt.

Der göttliche Schwarze Das Luftschiff »Santa Cruz« wird in einem armseligen Schuppen gebaut. Sämtliche Arbeiter sind Neger, und das Ambiente erinnert an eine jener Hallen, in denen die Karnevalswagen der Sambaschulen gebaut werden. Der

schwerkranke und alt gewordene José do Patrocínio sitzt in einem breiten Korbsessel und hat seinen besten Gehrock angezogen. Als er Alberto hereinkommen sieht, steht er mühselig auf. Alberto nimmt ihn bewegt in die Arme.
In seinem Sessel sitzend, rechts und links von ihm Henrique und Carlos Rodrigues, sieht José do Patrocínio stolz zu, wie Alberto minuziös das im Bau befindliche Luftschiff inspiziert. Mit seiner ihm eigenen Genauigkeit läßt er kein Detail aus.
Hervorragende Näharbeit, perfekt, die Stiche sind widerstandsfähig und fast unsichtbar...
Das hat Rosa genäht... Rosa, wo ist Rosa?
Eine winzige, schüchterne, bescheiden gekleidete Negerin erscheint.
Sie haben mich gerufen.
Rosa, dieser Herr hier ist Santos Dumont...
Die junge Frau sieht Alberto fasziniert an.
Wo hast du diese Nähtechnik gelernt?
Das Mädchen antwortet nicht, ihr Blick klebt an Alberto.
Antworte, Mädchen. Was ist denn?
Rosa lächelt und verbirgt ihr Gesicht halb in den Händen.
Sie hilft in der Küche in einem Restaurant in der Rua do Ouvidor.
Sie ist sehr hübsch.
Patrocínio junior merkt, daß Alberto das schöne Mädchen nicht aus den Augen läßt.
Alberto, Sie sollten mal die anderen sehen, die für den alten Herrn arbeiten.
Was ist das für eine Vertraulichkeit, Junge? Wer hat dir das Recht gegeben, so respektlos mit Senhor Santos Dumont zu sprechen. Diese Jugend von heute!
Ach, Papa...
Keine Sorge, Senhor, Zeca spricht mit mir nur so, wie man von Freund zu Freund spricht.
Es ist sehr großzügig von Ihnen, meinen Sohn als Freund zu akzeptieren.
Großzügig? Nein, keineswegs...
O doch, Senhor Santos Dumont... Sie wissen, was ich damit sagen will...
Nein, das weiß ich nicht.
Bitte, Papa.
Wir müssen doch zugeben, mein Sohn, daß nur ein Mann wie Sen-

hor Santos Dumont es wagt, sich als Freund von einem von uns zu bezeichnen.
Warum?
Warum? Sieh ihn an, und sieh uns an. Leider ist das die Wahrheit, hier in Brasilien bezeichnen sich Männer wie wir, wenn die Intoleranz mal wegfällt, höchstens als Bekannte. Aber nie als Freunde.
Ich verstehe...
Verlegenes Schweigen breitet sich in der Halle aus. Alberto sieht sich wieder das Luftschiff an. Ein anderes Mädchen von atemberaubender schwarzer Schönheit kommt mit eisgekühltem Champagner und Gläsern herein. Patrocínio junior übernimmt es, den Champagner zu öffnen. Als der Korken geknallt hat und die Gläser gefüllt sind, erhebt sich José do Patrocínio aus seinem Sessel und greift nach einem Glas.
Papa, denk daran, was der Arzt gesagt hat!
Ach, Ärzte! Ärzte!
José do Patrocínio hebt das Glas und bringt einen Toast aus.
Auf den Traum, auf die Wolken...
Er trinkt und bekommt einen Hustenanfall mit leichtem Blutauswurf, der das Taschentuch, mit dem eines der schwarzen Mädchen ihm liebevoll den Mund abwischt, rot färbt.
Ist schon wieder gut... Möge Gott mir nur noch ein Jahr geben... nur ein Jahr noch... und dann leb wohl, Erde! Dann ist er weg, der Zé do Pato... weit, weit weg, wo er Gottes Luft atmet...
Alle sehen bewegt zu. Alberto geht zu José do Patrocínio und umarmt ihn lange. Dann gehen beide zusammen zu dem Ballongerüst.
Wie schwierig alles in diesem Land ist, Senhor Santos Dumont.
Träume kosten überall viel.
Aber hier muß man doppelt bezahlen.
Mag sein, aber ich weiß, daß Sie nicht aufgeben werden.
Nein, das tue ich nicht, aber vielleicht besiegt mein alter Widersacher mich vorher.
Fliegen bedeutet Ihnen sehr viel, nicht wahr?
Wenn ich ehrlich sein soll, ist es nicht so sehr das Fliegen, sondern was es bedeutet. Überlegen Sie doch, Senhor Santos Dumont, ein Schwarzer fliegt am Himmel des Landes, das als letztes die Sklaverei abgeschafft hat! Ein Schwarzer, der den blauen Himmel von Rio de Janeiro besudelt!

Vielleicht ist deshalb dieses Ruder so perfekt, Senhor José do Patrocínio, so perfekt...

Ja, das Ruder...
Und José do Patrocínio lächelt glücklich. Aber kurz darauf wird die Ruhe durch Stimmengewirr am Halleneingang gestört. Eine Gruppe herausgeputzter Bürger drängt herein, von dem Anblick so vieler Neger im Raum sichtlich angeekelt.
Eine Kaufmannsvereinigung...
Alberto sucht bei seinem Bruder Zuflucht.
Zeit für die Abreise nach Paris.

Die Fesseln der Rhetorik Ein Mann im Frack mit schmalem Oberlippenbärtchen hält eine Rede. Dem Blätterstapel nach zu urteilen, der vor ihm liegt, wird es eine lange Rede. Schläfrig, mühsam Interesse vortäuschend, das er nicht hat, und ebenfalls mit einem Frack mit steifer Hemdsbrust bekleidet, rutscht Alberto auf einem vergoldeten Stuhl hin und her. Rings um den Luftfahrer sitzt, gleichfalls auf vergoldeten Stühlen, ein erlesenes Publikum in einem fast bis auf den letzten Platz gefüllten, üppig geschmückten Saal. An der Wand hinter dem langatmigen Redner hängen die Fahnen von Frankreich und Brasilien. In der Reihe, deren Mittelpunkt Alberto bildet, sitzen Sem, Antônio Prado, dessen Gemahlin, Cristina Penteado und ein älteres Paar, der Graf D'Eu und die Gräfin D'Eu. Der Redner mit den theatralischen Gesten ist der französische Staatspräsident. Wir befinden uns im Jahr 1905.
Als der Präsident endlich seine Rede beendet, erheben sich alle und klatschen Beifall, dann betritt den Raum ein steifer Diener mit einem roten Kissen, auf dem die Schärpe und die Medaille der französischen Ehrenlegion liegen.
Alberto tritt ein paar Schritte vor und bleibt genau vor dem französischen Präsidenten abwartend stehen. Dieser ergreift vorsichtig die Schärpe und legt sie Alberto um. Dann nimmt er die Medaille, befestigt sie an Albertos Frack und küßt ihn auf die Wangen. Tosender Beifall brandet im Saal auf, bis Alberto beschließt, sich für die Ehrung zu bedanken. Er spricht ein halbes Dutzend förmliche Worte.

Ehrungen und Herausforderungen Chapin kann den französischen Staatspräsidenten perfekt imitieren. Wenn er mit seiner Parodie auf die feierliche Ordensverleihung der Ehrenlegion an Petitsantôs beginnt, hören alle zu arbeiten auf und lachen über die Pantomime. Am meisten amüsieren sich die Mechaniker, wenn

Petitsantôs persönlich den von Chapins endloser Schwafelrede Gelangweilten spielt und ihm den Mund zuhält. Während einer solchen Juxvorführung erscheint ein blonder, athletisch gebauter junger Mann von 26 Jahren mit einer Aktentasche voller Papiere unter dem Arm in Neuilly. Er ist bescheiden, doch in seiner Weise nach der Petitsantôs-Mode gekleidet.

Oh, wir haben Besuch. Was führt Sie her, junger Mann?

Entschuldigen Sie… vielleicht hätte ich…

Machen Sie sich deshalb keine Gedanken, wir sind wirklich alle durchgedreht.

Ich suche Senhor Santos Dumont.

Falls es um Arbeit geht, hier ist keine Stelle frei.

Das bin ich, was wünschen Sie?

Mein Name ist Gabriel Voisin… Ich möchte Ihnen ein paar Pläne zeigen.

Voisin, Voisin… der Name kommt mir bekannt vor…

Ich habe mit Freynet und Godefroy gearbeitet. Ich führe mit meinem Bruder zusammen eine Autowerkstatt in Paris.

Voisin, ja, natürlich… Sie haben einen Gleitflieger konstruiert, richtig?

Sie sind wirklich so gut informiert, wie man mir gesagt hat.

Ich bin nur ein Fanatiker…

Die anderen Techniker beobachten das Gespräch mit einer gewissen Feindseligkeit, was Alberto nicht entgeht.

Was ist, wollt ihr nicht mehr arbeiten?

Arbeiten? Woran?

Ist gut… dann sehen wir uns mal die Pläne an…

Voisin öffnet seine Tasche und breitet die Papiere auf einem Tisch aus. Alle beugen sich über die Zeichnungen, und Chapin, der Eingebildetste von allen, nimmt schließlich Stellung.

Aber das, also, das sind ja Drachen, Spielzeug für Kinder…

Alberto bringt Chapin mit einem strafenden Blick zum Schweigen.

Zwischenkriegszeit Ich war noch sehr jung, sollte sich Gabriel Voisin erinnern, aber ich wußte, wie bedeutend Alberto war. Eines Tages nahm ich all meinen Mut zusammen und bewarb mich in Neuilly um Arbeit. Ich brauchte seine Hilfe, meine Kenntnisse waren theoretischer Art, und er war das Vorbild in der Praxis… Natürlich war ich kein ausgesprochener Laie. Aber Petitsantôs hatte ein sehr schwieriges Naturell, er war stolz und akzeptierte nie eine andere Meinung. Ich habe viel von ihm gelernt, und ich trage ihm nichts nach.

NEUE VERSUCHE Ein bizarrer Drachen mit eckigen Formen tanzt wild am bewölkten Himmel über dem Bois de Boulogne. Voisin lenkt seinen Drachen mit großem Geschick, er vollführt im Flug, beim Steigen und Sinken überraschende Bewegungen. Alberto beobachtet aufmerksam die Flugfiguren des Drachens, während Antônio Prado, seine Frau und Cristina Penteado gleichgültig zusehen.
Ist das nicht wunderbar?
Wunderbar? Wirst du jetzt etwa wieder ein kleiner Junge, Alberto?
Du meinst, das ist ein Spielzeug für Kinder?
Natürlich...
Madame Prado flüstert Cristina anzüglich ins Ohr: Mag ja sein, daß dieses Ding ein Spielzeug für Kinder ist, aber den jungen Voisin würde ich nicht verachten.
Cristina Penteado lächelt und geht zu Voisin. Darf ich mal probieren?
Aber sicher. Hier, halten Sie die Schnur...
Cristina ergreift die Schnur und spürt, mit welcher Kraft der Wind ihr den Drachen aus der Hand zu reißen versucht.
Jesses, wie der Wind zieht...
Der Drachen setzt zu einem Sturzflug an.
Vorsicht.
Voisin eilt Cristina zu Hilfe und tut dies in absichtlich maliziöser Weise. Er umfaßt ihren ganzen Körper, wie ein Tennislehrer bei einer Anfängerin, hält ihre Hand fest und zeigt ihr, wie sie den Drachen lenken kann. Nur scheint der Lehrer in diesem Fall mehr daran interessiert zu sein, seine Schülerin festzuhalten, als tatsächlich den Drachen am Himmel zu manövrieren. Das Ergebnis ist, daß der Drachen sich schließlich in einem Baum verfängt.
Mein Gott, ich hätte nie gedacht, daß das so schwierig ist.
Alberto, der Voisin beobachtet hat, reagiert gereizt.
Aufregend, was?
Was ist das denn, Alberto? Eifersüchtig?
Bilden Sie sich das nicht ein, Cristina, er ist nur wütend, weil der Drachen kaputtgegangen ist.

Voisin flüchtet vor Albertos Ärger zu dem Baum, in dem der Drachen hängengeblieben ist, und versucht, ihn zu befreien.

Drachen am Himmel Alberto baut allein einen komplizierter konstruierten Drachen und läßt ihn, über das feuchte Gras im Bois de Boulogne laufend, aufsteigen. Da noch sehr strenger Winter herrscht, befinden sich nur wenige Menschen im Wald. Der Drachen steigt problemlos auf und tanzt genau Albertos Bewegungen entsprechend am Himmel. Aber dann scheint der Wind plötzlich aufzufrischen, und der Drachen zerrt unkontrolliert an der Schnur, bis sie reißt. Der Drachen sinkt, wird aber vom heftigen Wind weitergetrieben. Alberto läuft unwillkürlich los, um ihn aufzufangen. Blindlings läuft er zwischen Gebüsch und über Hindernisse hinweg. Er scheint nichts zu sehen, ist vollkommen auf den Drachen konzentriert, der am Himmel weitertreibt. Während er so durch das feuchte Gelände läuft, schreckt Alberto die wenigen Menschen auf, Liebespaare und ein paar Betrunkene, bis er, ohne es zu merken, in eine Laube stürmt, in der einem älteren Paar von livrierten Dienern ein Imbiß serviert wird.
Alberto dringt also in die Laube ein, weicht einem Diener aus, springt über einen großen Korb mit Wein und Speisen, stößt den kleinen Klapptisch um, an dem das Paar gerade Tee mit Kuchen zu sich nimmt. Der alte Herr erhebt sich, und die Dame schreit erschrocken auf, aber der kopflose Eindringling ist schon auf und davon, ohne sich darum zu kümmern, welchen Schaden er angerichtet hat. Die Dame hat sich heißen Tee auf ihr Taftkleid gegossen, und der Herr hat das Tablett mit den Kuchen hochgeworfen. Er setzt die Brille auf und versucht, den unbedachten Menschen zu erkennen.
Was war das denn?
Hast du gesehen, wer es war?
Nein, ich hatte meine Brille nicht auf.
Das war ja wie ein Wirbelwind!
Nicht mehr eine Sekunde Ruhe hat man hier.
Ich habe das Gefühl, ich weiß, wer es war...
Und wer?
Das war ganz bestimmt Santos Dumont.
Da der Herr nichts machen kann, wird er nur rot vor Wut.
Dieser Mann ist am Boden gemeingefährlich.
Der Diener räuspert sich diskret.

Ja, Victor?
Auf Ihrem Kopf liegt ein Stück Kuchen, Monsieur.
Wütend schüttelt der Herr den unbotmäßigen Kuchen von seinem Kopf. Die vorhersehbare Geste ihres Mannes bewirkt bei der Frau einen Lachanfall.

So war er nun mal, was sollte man machen Goursat amüsierte sich immer wieder über solche Geschichten. Albertos Zerstreutheit war sprichwörtlich, erinnerte er sich. Unser Erfinder lebte ganz und gar in seiner eigenen Welt und kümmerte sich nicht viel um die Alltagssorgen normaler Menschen. Die Opfer im Bois de Boulogne waren der Graf und die Gräfin D'Eu gewesen. Die Gräfin, die ja auch Prinzessin von Brasilien war, fand alles, was Alberto tat, spaßig. Der Graf betrachtete Alberto natürlich als einen ungehobelten Kerl. Manchmal konnte Alberto in der Tat ungehobelt sein...

Wie man das Tier aus der Höhle lockt Petitsantôs ist so mit seinen Forschungen beschäftigt, daß er praktisch aus den Klatschspalten verschwunden ist. Eines Abends schleppt Sem ihn ins Maxim's. Alberto überreicht gerade höchst ungehalten der Garderobiere Hut und Mantel, da erscheint eine junge Frau von ungewöhnlicher Schönheit, begleitet von einem jungen Mann.
Die Frau scheint ihn zu erkennen: ...Sind Sie nicht?
Nein, das bin ich nicht, antwortet er brüsk und dreht ihr den Rükken zu. Die junge Frau lächelt verständnisvoll und reicht ihrem Begleiter den Arm.
Sem ist so tief betrübt über Albertos Unhöflichkeit, daß er sich nicht zurückhalten kann.
Um Gottes willen, Alberto, was für ein schlechtes Benehmen.
Daran bist du schuld, wer zwingt dich auch, mich hierher zu schleppen.
Zum Glück ist mir das wenigstens gelungen, sonst würdest du noch ganz verwildern. Tagelang verkriechst du dich in deinem Haus... redest mit keinem Menschen...
Ich kann die Menschen kaum ertragen... Ständig wollen sie etwas von mir: Wann fliegen Sie wieder? Sie lassen sich ja gar nicht mehr sehen, was ist los? Das ertrage ich nicht...

Sem reagiert auf Albertos Klagen mit Achselzucken. Der Maître kommt zu ihnen.

Würden Sie mir bitte folgen, meine Herren.
Sie gehen hinter dem Maître her und setzen sich an einen Tisch in der Nähe des Orchesters. Eine schwungvolle Polkamelodie tönt durch den ganzen Raum. Alberto muß laut sprechen, um sich verständlich zu machen.
Das hier ist der schlechteste Tisch im ganzen Lokal. Ich bin wirklich auf dem Abstieg...
Sem sieht seinen Freund mit einem Anflug von Unmut an. Fast bereut er schon, daß er Alberto zum Ausgehen überredet hat. Nervös hebt er die Hand, und schon eilt der Maître dienstbeflissen heran.
Ja bitte? schreit der Maître zwischen den Akkorden des Orchesters.
An diesem Tisch wird man ja taub, protestiert Alberto lautstark.
Aber... aber das ist Ihr Lieblingstisch, Petitsantôs.
Nie und nimmer, der steht viel zu dicht am Orchester.
Sem zieht mißbilligend die Augenbrauen hoch.
Wie wär's mit dem dort, der steht weit weg vom Orchester.
Nein, das ist zu weit...
Und der dort?
Sehr weit hinten.
Gut... mein Herr... was meinen Sie zu dem dort?
Da laufen die Kellner dran vorbei, wie entsetzlich.
Nachdem die junge Frau den endlosen Wortwechsel beobachtet hat, denkt sie nicht mehr an die unhöfliche Behandlung und sagt ihrem Begleiter etwas ins Ohr. Der Herr steht auf und geht zu den dreien, die dort in der Nähe des Orchesters schreien und gestikulieren.
Entschuldigen Sie, daß ich unterbreche.
Wie bitte?
Entschuldigen Sie, daß ich unterbreche...
Was ist?
Mademoiselle Lantelme bittet die Herren an ihren Tisch.
An welchen Tisch?
Dort drüben...
Das ist sehr liebenswürdig von Mademoiselle.
Wir sind ihr sehr dankbar.
Wie bitte?
Ich sagte, wir sind ihr sehr dankbar.
Mit dem Maître im Gefolge begibt sich die Gruppe an den Tisch

von Mademoiselle Lantelme. Die junge Dame begrüßt den reizbaren Gast mit unverhohlener Genugtuung.
Ich wußte doch, Sie sind Senhor…
Alberto küßt ihr die Hand und entschuldigt sich: Ich bitte tausendmal um Verzeihung!
Einem Genie verzeiht man alles.
Ich war sehr unhöflich.
Sie brauchen sich keine Vorwürfe zu machen, ich habe das sehr gut verstanden. Als Schauspielerin weiß ich, wie lästig es ist, ständig von Unbekannten angesprochen zu werden.
Unser Freund wird in letzter Zeit sehr leicht nervös.
Das deutet darauf hin, daß er demnächst Großes vollbringen wird.
Sie sind sehr scharfsichtig, Mademoiselle.
Petitsantôs strahlt jetzt nur noch. Lantelme übernimmt die Vorstellung.
Dies hier ist Marcel, ein Freund von mir. Und Sie, mein Herr, vermute ich, sind der nicht weniger berühmte Sem. Aber bitte nehmen Sie doch Platz. Die Männer reichen sich gegenseitig die Hand und setzen sich. Alberto setzt sich spontan auf den Platz neben der Schauspielerin, zur Enttäuschung des jungen Mannes, der bis dahin ihre Aufmerksamkeit für sich allein hatte.
Wenn ich mich nicht täusche, haben Sie demnächst eine Premiere, Mademoiselle?
Reden wir lieber nicht vom Theater… die Proben sind sehr anstrengend…
Möchten Sie vielleicht tanzen, Mademoiselle?
Eine ausgezeichnete Idee, lieber Petitsantôs.
Sie gehen zur Tanzfläche und fangen an zu tanzen. Das Orchester hat die Polka beendet und setzt zu einem Tango an. Mademoiselle Lantelme zögert.
Ich glaube, diesen Rhythmus kann ich nicht tanzen.
Sie brauchen sich nur führen zu lassen.
Da der Tango noch nicht lange in Mode ist, haben sich nur wenige Paare auf die Tanzfläche gewagt. Alberto tanzt mit außerordentlicher Gewandtheit, so daß alle anderen Paare neben ihnen verblassen.
Sie sind wahnsinnig, Senhor!
Senhor? Wollen Sie sich jetzt rächen?
Mich rächen?

Für mein beleidigendes Verhalten am Eingang... Jetzt sprechen Sie mich mit Senhor an!
Wie soll ich Sie denn ansprechen?
Mit Alberto.
Einverstanden, aber nur, wenn es gegenseitig gilt.
Ich weiß nur, daß Sie Lantelme heißen.
Ganz speziellen Freunden erlaube ich, mich Nana zu nennen.
So wie die bei Zola?
Ich hoffe, daß ich nicht das gleiche Schicksal habe.
Nana, Sie sind wunderschön.
Und sie gleiten im synkopischen Rhythmus des Tangos über die Tanzfläche, während die Anwesenden neidische Blicke auf sie werfen. Doch der Tanz währt nicht lange. Ein Mann hat den Raum betreten und bleibt unauffällig im Halbdunkel am Eingang stehen. Ohne das Ende des Musikstückes abzuwarten, läßt Mademoiselle Lantelme Alberto im Raum stehen und eilt zu ihrem Tisch. Alberto folgt ihr verwirrt. Ich muß gehen, flüstert sie, ergreift ihre Sachen und begibt sich eilig zu dem Mann, der sich die ganze Zeit im Halbdunkel verborgen gehalten hat. Alberto kann nur die Frage unterdrücken, die sich ihm auf die Lippen drängt.
Vermutlich ist er sehr anspruchsvoll, bemerkt Sem amüsiert.
Aber sie hat sich wie eine Sklavin aufgeführt, protestiert Alberto.
Sie ist die Sklavin dieses Mannes, erklärt der junge Mann, der sie begleitet hat.
Petitsantôs wird ernst und läßt wieder seine schlechte Laune aufkommen.

Unbedarfte Rätsel Im Hangar in Neuilly arbeitet Alberto zusammen mit Voisin. Sie stehen über Konstruktionszeichnungen auf Pergamentpapier gebeugt und nehmen gar nicht wahr, was die anderen Mechaniker tun.
Ich weiß, daß Sie es sehr häßlich finden, Voisin.
Ja, es ist wirklich häßlich...
Aber es wird fliegen.
Sie dürfen nicht vergessen, daß es sich nicht um einen Ballon handelt.
Ich weiß, das brauchen Sie mir nicht alle Augenblicke zu sagen.
Ein Schwerer-als-Luft hat aerodynamische Schwierigkeiten...
Ich weiß... ich weiß...
Ich weiß nicht, ob Sie das wirklich wissen.

Was wollen Sie damit sagen?
Das hier, zum Beispiel... die Symmetrie der Flügel... Ich habe das mal durchgerechnet, und nach dem, was ich daraus schließen kann, ist der Winkel, den Sie hier vorgesehen haben, zu spitz... Das kann das Gleichgewicht stören...
Meine Berechnungen besagen etwas anderes...
Darf ich die mal sehen?
Alberto reicht ihm einen Block voller Kalkulationen, Voisin prüft sie mit einem Bleistift und unterstreicht ein paar Berechnungen.
Sein Sie nicht böse, Petitsantôs, aber hier sind ein paar Fehler.
Alberto schleudert einen Bleistift, den er in der Hand hatte, auf die Zeichnungen und verläßt den Hangar. Voisin kratzt sich am Kopf und schaut zu den anderen Mechanikern hinüber, merkt aber, daß von Albertos alten Mitarbeitern kein Mitgefühl für seine Enttäuschung kommen wird. Im Gegenteil, die alten Mechaniker töten ihn fast mit ihren mißbilligenden Blicken.
Als er merkt, daß die Stimmung im Hangar gegen ihn steht, zieht Voisin sein Jackett an, dann den Mantel, wickelt sich den Schal um den Hals und geht hinaus. Vielleicht bekommt ihm die spätwinterliche Kälte besser als das bedrückende Klima im Hangar.
Beim Hinauskommen sieht Voisin sehr wohl Alberto, der halb geistesabwesend in seinem elektrischen Auto sitzt. Die leuchtend grüne Rasenfläche, zu der das Grundstück im Sommer geworden war, ist jetzt eine traurige Mischung aus Schneeresten, Matsch und trockenen Bäumen unter bleigrauem Himmel. Hungrige Krähen fliegen im Schwarm am Horizont, die Nachbarhäuser sind dunkel, ihre Steinwände von Feuchtigkeit und grünlichem Schimmel befleckt. Die Luft indes ist klar, sie dringt eisig schneidend in die Nase ein, weckt das Gehirn und fordert die Körpermuskeln zur Tat heraus, so wie die kalte Dusche am Morgen durch den Temperaturschock den Kreislauf in Gang bringt und den Verstand mobilisiert. Fast instinktiv zieht Voisin die Winterluft tief ein und geht zu dem Auto, in das Alberto sich geflüchtet hat. Seine Achtung vor Alberto, vor dem Wagemut und der Furchtlosigkeit dieses Brasilianers gewinnt immer wieder die Oberhand über alle Zwistigkeiten in ihrer stürmischen, an Reibungen reichen Partnerschaft. Alberto ist launisch, Voisin ist geduldig und beharrlich. Der Brasilianer steht unter Druck, alles drängt ihn, seine eigenen Rekorde zu überbieten, aber da ist noch etwas jenseits dieses Drucks, den die Umwelt ausübt. Und Voisin will wissen, was das ist, denn sein

Fliegerschicksal hängt von dem Erfolg seiner Zusammenarbeit mit Alberto ab. Aber der Brasilianer ist nicht einfach im Umgang. Vorsichtig geht Voisin auf das Auto zu. Aber als Alberto merkt, daß er näherkommt, fährt er an und verschwindet zwischen den kahlen Pappeln, die die Straße nach Paris säumen.

Das Tier im Menschen Albertos elektrisches Auto hat in einer engen Straße im Viertel Pantin gehalten, er ist ausgestiegen und anschließend in ein heruntergekommenes Mietshaus mit Einzelzimmern gegangen. Den einfachen Hauseingang versperrt fast ganz eine Barriere von Abfalltonnen, und die Treppe ist so alt und wurmstichig, daß sie jeden Augenblick einzustürzen droht. Alberto ist vor einer Tür stehengeblieben, hat auf einem Umschlag nachgesehen, den er aus der Jackentasche gezogen hat, die Nummer verglichen und geklopft. Eine alte, ärmlich gekleidete Frau öffnet die Tür und läßt ihn mit zweideutigem Lächeln, das sowohl Unterwürfigkeit als auch Verschlagenheit bedeuten kann, herein. Aber Alberto scheint es nicht zu bemerken.
Wo ist sie?
Die Alte deutet auf eine mit verschmutzten und geflickten Laken abgetrennte Ecke des ärmlich möblierten Raumes. Er zieht den Lakenvorhang zurück und erblickt auf einem von Grünspan dunkel gewordenen Messingbett die schlafende Nana Lantelme. Sie wird zunächst nicht wach, und er wendet sich wieder leise an die Alte.
Wer sind Sie?
Ich bin ihre Mutter.
Ihre Mutter? Sie hat mir nichts davon erzählt, daß sie mit ihrer Mutter zusammenlebt.
Wir sind arm, Monsieur... Sie schämt sich meiner...
Was ist hier los?
Lieben Sie sie, Monsieur?
Wie bitte?
Ich habe gefragt, ob Sie meine Tochter lieben.
Wenn ich ehrlich sein soll, Madame, wir kennen uns kaum.
Die Alte verzieht böse das Gesicht und fängt an zu zetern.
Sie kennen meine Tochter kaum. Immer dasselbe. Die Männer sind alle gleich...
Bitte, Madame...
Wenn Sie meine Tochter nicht lieben, sie kaum kennen, was wollen Sie dann hier? Was für eine Erklärung haben Sie dafür?

Ich habe diese Karte erhalten...
Nana Lantelme kommt dazu, sie ist zerzaust und wirkt kraftlos, als wäre sie krank.
Bitte, Mama. Laß uns bitte allein, ja?
Die Frau zieht einen verwaschenen Mantel an, setzt einen Hut auf und knallt beim Gehen die Tür zu.
Sie müssen meine Mutter entschuldigen, sie hat es sehr schwer gehabt.
Aber... aber was ist denn los?
Das erkläre ich gleich, wenn Sie so viel Geduld haben. Setzen Sie sich...
Alberto setzt sich auf einen alten Holzstuhl, und sie läßt sich in einem ausgeblichenen, überall aufgerissenen Sessel nieder.
Ich bin so schnell wie möglich gekommen... Ihre Nachricht hat mich beunruhigt.
Beunruhigt oder neugierig gemacht?
Alberto reagiert mit gereiztem Gesichtsausdruck.
Pardon, ich wollte Sie nicht kränken. Wenn man einen Menschen um Hilfe bitten will, darf man ihn nicht kränken.
Wenn Sie sich etwas deutlicher ausdrücken würden, Mademoiselle...
Ich bin krank, Alberto. Und ich habe niemanden, an den ich mich wenden kann.
Sie sind krank. Ist es schlimm?
Das weiß ich nicht, der Arzt hat noch nichts feststellen können.
Aber Sie sind doch eine berühmte Schauspielerin. Warum wenden Sie sich an mich?
Ich bin noch nicht berühmt, ich fange erst an. Meine Mutter und ich sind vor zwei Jahren nach Paris gekommen. Wir hatten eine Lavendelplantage in der Gascogne, aber mein Vater hinterließ bei seinem Tod einen Schuldenberg, man hat uns alles weggenommen. So sind wir in Not geraten...
Sie arbeiten doch in einem Theaterstück?
Aber nicht mehr, wenn man erfährt, daß ich krank bin.
Alberto sieht sich um, er ist sprachlos, hilflos, zum ersten Mal erlebt er eine solche Situation.
An dem Abend im Maxim's kam ein Mann. Sie haben mich ohne jede Erklärung stehenlassen. Warum?
Ich wußte, daß Sie das ansprechen würden. Ach! Die Männer sind doch alle so berechenbar... Das war mein Bruder...

Ihr Bruder?
Er kann sich nicht damit abfinden, daß ich Schauspielerin bin. Für ihn sind Schauspielerinnen das gleiche wie... wie diese Frauen...
Und sie macht eine vage Handbewegung.
Und Ihr Bruder, was macht der?
Er arbeitet bei einem Schlachter in der Rue Dauphine.
Ein Schlachter.
Ein einfacher Mann, er hätte nie in die Stadt kommen dürfen. Er verfolgt mich... Wenn er trinkt, nimmt er mir mein Geld weg...
Nana fängt an zu weinen, was Alberto noch verlegener macht.
Nein, nicht weinen... Was kann ich für Sie tun?
Der Arzt hat gesagt, daß mein Zustand sich vielleicht bessern würde, wenn ich in eine Klinik nach Vichy ginge. Aber sie ist sehr teuer, und ich habe nicht das Geld dafür. Ich bin verzweifelt... Sie werden es nicht bereuen, ich bezahle auch...
Wieder weint sie, jetzt noch heftiger.
Wieviel brauchen Sie?
Ich weiß, daß Sie reich sind. Was ich brauche, ist für Sie fast nichts.
Wieviel?
20000 Francs...
Alberto wird blaß, seine Hände streichen nervös über sein Jackenrevers.
Ich bin nicht so reich, wie Sie meinen.
Aber ich brauche es... Wenn Sie mir nicht helfen, bin ich verloren... Womöglich tue ich noch etwas Unbedachtes...
Ich will sehen, was ich tun kann...
Alberto erhebt sich vom Stuhl, die Luft im Raum scheint ihm auf einmal unerträglich stickig zu sein und nach diversen Körperausdünstungen zu riechen.
Wann bekomme ich Bescheid?
Morgen.
Ich melde mich bei Ihnen.
Wozu? Ich kann herkommen.
Nein, vielleicht bleibe ich nicht hier... Meine Mutter ist sehr alt, es belastet sie zu sehr, wenn ich hier bin.
Ist gut, antwortet Alberto mißtrauisch.
Ein paar Sekunden lang zögert er, dann hat er sich wieder in der Gewalt, ergreift Nanas Hand und beugt sich, um sie zu küssen. Aber sie steht auf, wirft sich auf ihn und küßt ihn auf den Mund.

Verblüfft weicht Alberto zurück, verliert fast das Gleichgewicht. Sie gibt ihn mit fieberndem Gesichtsausdruck frei und läßt ihn gehen. Alberto nimmt jeweils zwei Treppenstufen auf einmal und verläßt das Haus.

KOMPLIZIERTE BUCHHALTUNG Der besorgte Gesichtsausdruck, mit dem Antônio Prado nach Hause kommt, entgeht seiner Frau nicht. Sie sitzt bequem am Kamin und liest Zeitungen aus São Paulo, als ihr Mann von der Arbeit kommt.
Mein Gott, was machst du für ein Gesicht! Was ist passiert, haben wir die Beziehungen zu Frankreich abgebrochen? Ist unsere Regierung gestürzt?
Nein, es ist nichts passiert, ich bin nur müde.
Es ist nichts passiert, und dann siehst du so aus?
Antônio Prado wirft seine Ledermappe auf einen Schreibtisch, ein Hausdiener hilft ihm aus dem Überzieher, nimmt Schal und Jakkett entgegen und reicht ihm den Hausrock. So lange bewahrt Antônio Prado Schweigen und achtet nicht auf die Fragen seiner Frau, was nur dazu führt, daß sie vollends neugierig wird. Sie legt die Zeitungen weg und geht zu ihrem Mann. Ein Kuß auf die Wange genügt noch nicht, um seine Stimmung zu verändern, also zieht sie ihn an der Hand zu einem Sessel am warmen Kamin.
Geht's dir besser?
Antônio Prado nickt bejahend mit dem Kopf und schaut in die Flammen, die flackernd die Holzscheite im Kamin verzehren.
Willst du es mir wirklich nicht erzählen? Ist es ein Staatsgeheimnis?
Schließlich lächelt ihr Mann, entspannt sich aber nicht ganz. Er hat sich etwas zu trinken eingegossen und schaut auf die Tagespost, die auf dem Tisch liegt.
Es geht um Alberto, stöhnt er und verrät damit, wie ratlos er ist.
Um Alberto? Was ist mit ihm?
Er hat mich heute nachmittag angerufen... mir irgend etwas Mysteriöses erzählt und gesagt, er brauche 20000 Francs.
20000 Francs! Dieses neue Projekt scheint eine Menge Geld zu verschlingen. Wieviel hat er schon in diesem Monat abgehoben?
80000...
Und? Was hast du gemacht?
Du weißt, mich geht das nichts an, er kann sein Geld nach Belieben ausgeben, ich mische mich da nicht ein. Meine Rolle ist nur die des

Freundes, der seine Einkünfte verwaltet, die hier eingehen... Das Problem ist, daß er nicht so viel Geld hat...

Ist er ruiniert?

Ruiniert? Nein, Alberto geht es noch immer sehr gut, aber die Überweisungen aus Brasilien kommen nach einer bestimmten Regel... Ich habe ihm das erklärt...

Warum machst du dir dann Sorgen?

Ich hoffe, daß er meine Erklärung richtig aufgenommen hat. Aber allein, daß er es haben wollte, hat mich alarmiert, Alberto ist sonst immer sehr gut organisiert gewesen, er hält sich streng an seinen monatlichen Etat... ein Mann, der sein Geld sehr maßvoll ausgibt.

Das war er schon immer, in Geldangelegenheiten ist er ein echter Mineiro.

Und deshalb mache ich mir Sorgen. Da muß irgend etwas Unvorhergesehenes passiert sein. Ich hoffe, daß er nichts tut, ohne mich um Rat zu fragen.

NICHTS GUTES AHNEND Albertos Butler öffnet die Tür, herein kommt Sem mit einer Flasche Champagner in der Hand. Er reicht dem Diener die Flasche und sieht sich um.

Was ist mit Alberto, noch nicht da?

Doch, er war hier und ist schon ausgegangen, Monsieur.

Ausgegangen... so früh. Es ist noch nicht mal sieben Uhr...

Er hat sich sehr merkwürdig benommen, Monsieur Sem... Nicht daß ich dem Herrn hinterherspioniere, aber er ist hereingekommen, ins Atelier gegangen und hat aus dem Safe eine Schachtel mit Louisdors genommen, die er da immer in Verwahrung hatte...

Ich weiß, er sammelt diese Münzen... Das heißt also, er hat die Schachtel geholt und ist wieder gegangen?

Ganz richtig, Monsieur.

Auf Wiedersehen, ich glaube, ich weiß, wo ich ihn finde.

MADAME KABALES TOCHTER Die enge Straße in Pantin ist menschenleer und schlecht beleuchtet. Alberto parkt seinen Wagen und betritt das Mietshaus. Er bewegt sich nicht verstohlen, aber einigermaßen hastig. Und als er hineingeht, merkt er, daß jemand aus dem Zimmer kommt, in dem er Nana am Nachmittag zurückgelassen hat. Es ist eine männliche Gestalt, und Alberto drückt sich hinter die Treppe, so daß der Unbekannte vorbeigeht, ohne ihn zu

bemerken. Vielleicht ist es derselbe wie an dem Abend im Maxim's, denn der Unbekannte, der die Treppe herunterkommt, ist in einen großen Schal gewickelt, der sein Gesicht verbirgt.
Als der Mann weg ist, steigt Alberto die Treppe hinauf und klopft an die Zimmertür. Dieses Mal öffnet eine Frau in einem Morgenrock, den sie sich offensichtlich in Eile übergezogen hat.
Sie wünschen?
Mademoiselle Lantelme, bitte?
Hier wohnt niemand mit diesem Namen.
Nein?
Die Frau, noch jung, aber mit ihrer ganzen Erscheinung ihren Beruf verratend, schlägt Alberto die Tür vor der Nase zu. Er bleibt draußen ratlos stehen, sein Gesicht stößt fast an die Tür. Schüchtern klopft er noch einmal an. Die Frau, inzwischen etwas weniger zerzaust, macht auf.
Noch immer da? Worum geht es denn eigentlich?
Darf ich reinkommen?
Warum?
Weil… weil… Ich war heute nachmittag hier bei jemand…
Ach! Ganz was Neues… was Sie nicht sagen… Und Sie meinen, sie wär' noch hier…
Ist Mademoiselle Lantelme denn nicht hier?
Hier gibt es keine Mademoiselle. Und ich nehm' heute niemand mehr an, ich bin kaputt… Guten Abend…
Einen Moment…
Alberto hält die Tür fest und bietet ihr mit der anderen Hand eine Fünf-Francs-Münze an. Die Frau mustert Alberto, dann nimmt sie die Münze.
Ich warte.
Hier wohnte ihre Mutter, eine schon betagte Frau.
Hier wohne ich… aber ich war den ganzen Nachmittag nicht da…
Die Frau überlegt einen Augenblick, steckt die Münze in die Tasche ihres Morgenrocks und faßt einen Entschluß.
Wahrscheinlich benutzt die verfluchte Concierge wieder mein Zimmer, wenn ich weggehe. Kommen Sie mit…
Sie steigen die Treppe hinunter und gehen zum Zimmer der Concierge. Die Frau klopft kräftig und brüllt aus voller Lunge.
Mach auf, du widerliche Hexe. Mach auf…
Die Tür öffnet sich, und vor ihm steht die Alte, die ihn am Nach-

mittag hereingelassen hat. Als sie ihn sieht, will sie die Tür zumachen, aber die Frau stößt sie beiseite, und sie gehen beide ins Zimmer hinein.
Wer hat gesagt, daß du mein Zimmer benutzen sollst? Was denkst du dir eigentlich?
Die Alte steht unschlüssig da, sieht sie bleich an und fürchtet sich viel mehr vor einer gewalttätigen Reaktion von Alberto als vor den Beleidigungen der Frau.
Wo ist sie?
Ich kenn sie nicht... ich schwör's Ihnen...
Antworten Sie!
Sie hat mir zwei Francs gegeben... Ich kenne sie nicht, sie ist gleich gegangen, nachdem Sie weg waren, Monsieur...
Die Alte geht zu einem Tisch, schlägt ein speckiges Notizbuch auf, nimmt ein paar Münzen heraus und gibt sie der Mieterin.
Hier, das ist die Hälfte...
Die Frau nimmt die Münzen und schießt wütende Blicke auf die Alte ab. Alberto läßt die beiden in dem stinkenden Zimmer stehen und geht.

HERZFLATTERN Alberto schläft die ganze Nacht nicht und ist voller widersprüchlicher Gefühle. Ärger, weil er sich reingelegt fühlt, wechselt mit euphorischen Augenblicken, weil er sich für schlauer als Nana Lantelme hält. Niedergeschlagen und mit geröteten Augen kommt er zum Hangar und fängt an zu arbeiten, ohne sich viel um die Mechaniker zu kümmern. Um die Mittagszeit scheint er sich wieder gefangen zu haben und beschäftigt sich mit dem Bau seiner neuesten Erfindung, der Nr. 14, einem Schwerer-als-Luft vom Typ Canard mit zehn Meter Spannweite und zwölf Meter Länge. Es ist noch nicht ganz fertig, und sein Gerüst besteht aus einer Reihe von Kästen aus Kiefernholzstreben mit dünner Stoffbespannung und Versteifung durch Klaviersaiten. Ein Motor vom Typ Levavasseur-Antoinette mit 24 PS ist am Heck eingebaut.
Gleich nach dem Mittagessen läßt er den Apparat hochziehen, bis er mitten im Hangar hängt, und beschließt, den Motor zur Probe laufen zu lassen. Die Mechaniker reagieren gereizt und fragen, ob der Probelauf wirklich nötig sei. Alberto überhört die Frage und bindet eines der sechs Taue fest, mit denen der Apparat gehalten werden soll, wenn der Motor läuft. Die Mechaniker machen sich

daran, die anderen Taue festzubinden. Als der Apparat gut befestigt ist, steigt Alberto hinauf und zündet den Motor. Es ertönt ein ohrenbetäubendes Knattern, der Apparat erzittert und will sich von den vielen Tauen befreien, die ihn festhalten. Unzufrieden stellt Alberto den Motor gleich wieder ab und steigt hinunter. Voisin hat es eilig, mit ihm zu sprechen.
Ich hab's ja gesagt, das bringt nichts...
Woher wissen Sie, daß es nichts gebracht hat?
Ganz einfach! Wir müssen die Steuerung des Apparates testen, aber nicht die Motorkraft. Und wenn der Apparat so angebunden ist, erfahren wir nichts über seine Stabilität.
Sie glauben, daß Sie viel wissen, Voisin. Aber auf diesem Gebiet weiß keiner etwas, ehe es in der Praxis erprobt ist.
Aber genau das will ich doch damit sagen...
Dann sagen Sie es nicht, tun Sie es...
Die beiden gehen zum Tisch und vertiefen sich in die Baupläne. Die anderen Mechaniker blicken skeptisch auf den Apparat, der wie ein riesiger, unförmiger Drachen von der Decke hängt. Plötzlich explodiert Alberto und widerspricht heftig den Argumenten seines jungen Assistenten.
Aber so läßt sich der Apparat nicht mehr lenken, das ist Selbstmord, warnt Voisin.
Selbstmord... Angst haben Sie, Angst... etwas, was ich noch nie gehabt habe, Angst. Und so wollen Sie zum Erfolg kommen?
Aber, Chef!
Und sagen Sie nicht Chef zu mir.
Ist gut... wir sind müde... ich habe kaum geschlafen, es gibt so viel zu berechnen...
Wenn Sie müde sind... dann können Sie nach Hause gehen und schlafen...
Voisin akzeptiert und geht.
Alberto stellt sich unter den hängenden Apparat und bleibt dort in seine widerstreitenden Gefühle versunken stehen. Die anderen Mechaniker gehen schweigend hinaus.

VERLORENE ILLUSIONEN Alberto ist erschöpft über dem Reißbrett bei sich zu Hause eingeschlafen. Durch das Fenster fällt mattes Tageslicht in das unaufgeräumte Atelier. Auf dem Reißbrett ein bizarrer Prototyp: der neue Apparat, verbunden mit einem konventionellen Ballon, ein monströser Zwitter.

Nana Lantelme kommt herein, unauffällig gekleidet, einen Schleier über dem Gesicht. Als sie merkt, daß Alberto schläft, stockt sie. Aber er schlägt die Augen auf und springt bei ihrem Anblick fast vom Reißbrett auf.
Sie hier?
Ich wollte Ihnen für Ihre Hilfe danken...
Wozu die ganze Komödie?
Ich bin Ihnen keine Erklärungen schuldig, gar nichts bin ich Ihnen schuldig...
Sie macht auf dem Absatz kehrt und verläßt den Raum.
An der Ateliertür begegnet sie Sem, der gerade hereinkommt.
Sie erwidert nicht einmal seinen Gruß.
Mein Gott, was für ein Temperament...
Alberto, übernächtigt, mit rotunterlaufenen Augen und unrasiert, starrt ausdruckslos seinen Freund an, der gerade hereingekommen ist.
Was war denn hier los?
Ich bin müde, Sem... ich habe die ganze Nacht gearbeitet...
Was wollte sie hier?
Wer?
Mademoiselle Lantelme! Sie hat mich fast über den Haufen gerannt...
Ich bin müde, ich muß etwas schlafen...
Ich will ja nicht indiskret sein, mein Lieber, aber was wollte Nana Lantelme hier?
Sie war hier, ja?
Sem starrt seinen Freund erschrocken an.
Aber natürlich, was ist mit dir, Alberto?
Ich dachte, ich hätte phantasiert... Plötzlich stand sie hier vor mir und sagte Sachen, die ich nicht begriff... und dann, wie durch einen Zaubertrick... Komisch, dann verwandelte sie sich in dich, Sem... und du... du standst hier vor mir...
Schade, daß meine Metamorphosen nicht so faszinierend sind.
Ist sie wirklich hier gewesen, Sem?
Ja, sie war hier, als ich kam... und lief wütend raus... Was ist los, Alberto?
Ich weiß nicht, ich bin mir nicht sicher... Diese Frau... kennst du sie?
Sie macht sich gerade beim Theater einen Namen. Sie ist jung, hübsch...

Aber sie verwechselt anscheinend das Theater mit dem Leben.
Alberto steht vom Reißbrett auf, streckt seinen Körper und klopft Sem freundschaftlich auf den Rücken. Der Franzose zuckt zusammen.
Diese Manie von euch Brasilianern, den Leuten auf den Rücken zu schlagen! Hier macht man das, wenn sich einer verschluckt hat, aber wenn in diesem Haus einer etwas in der Kehle stecken hat, dann nicht ich...
Alberto lacht und klopft ihm noch einmal auf den Rücken.
Wir in Brasilien fassen unsere Freunde gern an. Wir finden, Freundschaft ist etwas so Schönes, daß wir uns immer vergewissern wollen, ob unsere Freunde auch wirklich existieren.
Eine merkwürdig mystische Form des Materialismus.
Alberto hört Sems Kommentar und scheint einem Gedanken nachzuhängen.
Sem, irgend etwas passiert mit mir...
Ja? Und was?
Das kann ich nicht erklären... Etwas sehr Merkwürdiges, es schmerzt...
Es schmerzt? Was willst du damit sagen?
Es ist kein richtiger Schmerz, weißt du. Etwas, wie ich es noch nie gefühlt habe... so als ob etwas zerbrochen wäre...
Was immer da zerbrochen ist, wahrscheinlich ist es geschehen, nachdem Mademoiselle Aída abgereist ist?
Ich weiß nicht, vielleicht hast du recht. Aber es macht mir zu schaffen, die Dinge bedeuten mir nicht mehr dasselbe. Ich bin zum ersten Mal unsicher.
Das ist normal, Alberto. Kein Grund, in so eine Stimmung zu verfallen. Du stehst kurz davor, etwas vollkommen Neues zu machen, und du bist kein junger Draufgänger mehr... Wir werden reifer, mein Freund.
Bedeutet Reife das? Ich dachte, Reife wäre eine Art von Gelassenheit, von ruhiger Sicherheit...
Sem zündet sich eine Zigarette an und bläst ein paar Rauchwolken aus.
Ruhige Sicherheit! Gelassenheit! Du bist und bleibst naiv, Alberto! Reif werden ist entsetzlich... Das ist so, als ob man aus einem Alptraum erwacht und feststellt, daß der Alptraum weitergeht. Der Schock ist fast immer brutal, und am Ende sind wir zerrissen, aber da das Erwachen langsam geschieht, zieht der Schmerz sich hin,

wird immer heftiger...
Dann geht dieser Schmerz also nie vorüber, richtig?
Ja, leider. Aber du hast Glück, du hast von Geburt an das beste Linderungsmittel, das es dagegen gibt: deine Naivität. Laß nie deine Naivität in Skepsis untergehen. Niemals...
Jetzt sag mir eins, Sem. Aber ich will die Wahrheit hören.
Sem sieht seinen Freund mit einer Mischung aus Ironie und Zärtlichkeit an.
Hältst du mich für naiv, weil ich etwas erfinden will, mit dem der Mensch sicher fliegen kann? Ist es das?
Nein, nicht deshalb.
Dann vielleicht, weil ich so beharrlich an Dingen festhalte, an die ich glaube?
Du bist naiv, Alberto, weil du glaubst, daß die Menschen diese Maschinen allein wegen der Freude am Fliegen lieben werden.
Alberto zuckt bei den Worten seines Freundes zusammen.
Ich bin kein Idiot, Sem. Hin und wieder sehe ich mir auch meine Umwelt an, und was ich da sehe, gefällt mir gar nicht. Wenn du glaubst, daß ich die Absicht habe, der Menschheit etwas zu schenken, um ihren Ruhm zu mehren, irrst du dich glattweg. Das wäre töricht von mir. Und wenn mein Vermächtnis noch so gut und noch so harmlos wäre, die Menschheit würde einen Weg finden, um es zu pervertieren. Hast du schon vergessen, welche Verwendungsmöglichkeiten die Presse für meine Ballons vorgeschlagen hat? Um Bomben auf die Buren zu werfen?
Wozu dann diese ganze Anstrengung? Wozu? Das ist doch absurd!
Ja, es ist absurd, alles ist absurd, wenn man es hier von der Erde aus betrachtet. Aber von dort oben. Ach, von dort oben, Sem, sieht alles ganz anders aus: die Magnaten, die Generäle, die Könige, lauter Ameisen. Ameisen! Und in meiner Heimat, Sem, sagt man, wenn eine Ameise ins Verderben gehen will, schafft sie sich Flügel an...

DIE ANSPRUCHSVOLLE MASCHINE Die Nr. 14 bringt neue Herausforderungen mit sich. Ein Fluggerät, das schwerer als Luft ist, braucht neben leistungsfähigen Motoren eine Konstruktion, die ihm größtmögliche Stabilität verleiht. Die Entscheidung für den Typ Canard mit Flügel, Motor am Heck und Stabilisator am Bug trägt dazu bei, daß der Apparat leichter abheben kann, birgt aber

immer noch viele Stabilitätsprobleme. Aus diesem Grund bemüht Alberto sich, in der Praxis zu erkunden, wie der Apparat sich am besten steuern läßt.
Jeden Tag läßt er ein Drahtseil über das Hangargelände spannen und die Nr. 14 daran aufhängen. Er steigt in den Apparat, zündet den Motor und kämpft stundenlang mit der störrischen Maschine. Manchmal dreht sie sich, dann wieder zeigt sie die Tendenz zu gefährlichen Schwankungen. Nach und nach entwickelt er eine ungewöhnliche Methode, mit seinen Körperbewegungen den instabilen Apparat unter Kontrolle zu halten. Jetzt muß er nur noch richtig fliegen.

Ein begehrlicher Erfinder Alberto forscht weiter. Er nimmt kaum die geschmückten Fenster und den vorweihnachtlichen Betrieb in den Straßen wahr. Wenn er das Haus verläßt, sieht man ihn häufig etwas auf einem Block in der Hand notieren oder in Gedanken vertieft. Eines Nachmittags, als er in Montmartre unterwegs ist und einen Jungen beobachtet, der seinen Papierdrachen steigen läßt, tippt ihm jemand auf die Schulter. Es ist Nana.
Sie? Und wie man sieht, bei bester Gesundheit, ist seine Reaktion.
Ich fühle mich so gut wie noch nie. Aber Sie sehen erschreckend aus. Als ob sie seit einem Monat nicht geschlafen hätten…
Alberto streicht sich über das Gesicht, als wolle er sein erschöpftes, übernächtigtes Aussehen wegwischen.
Kommen Sie, wir trinken einen Grog… Es ist kalt…
Eine gute Idee… Da drüben ist ein Bistro.
Nein, in meiner Wohnung. Ich wohne hier in der Nähe…
Geht das denn? Und was ist mit Ihrem lieben Bruder, dem Schlachter?
Nana Lantelme lacht los.
Sie meinen, der existiert gar nicht?
Ich weiß nicht, aber ich möchte nicht das unangenehme Erlebnis haben, die Wahrheit zu erfahren…
Sie nimmt Alberto am Arm und führt ihn zu einem Haus in der Rue Lepic.

Das Kuckucksnest Die Wohnung ist nur ein kleines Apartment, fast ein Studio, aber viel zu üppig möbliert und voller Teppiche. Nana hat beim Öffnen der Tür einige Mühe und bewegt sich, als wäre ihr die Umgebung wenig vertraut.

So, jetzt mache ich den Grog, mal sehen...
Alberto geht auf und ab und erkundet die Wohnung. Die Lantelme ist in der Küche verschwunden, deshalb wagt er sich ins Schlafzimmer vor. Die Wohnung ist perfekt aufgeräumt, nichts scheint herumzuliegen, so als wäre sie nicht bewohnt. Im Schlafzimmer befingert Alberto die Gegenstände auf einer schmucklosen Frisierkommode, sein Blick fällt auf einen Kleiderschrank. Die Tür ist nicht verschlossen, er öffnet sie. Wie er vermutet hat, befindet sich keine Damenkleidung darin, nur ein paar Herrenkleidungsstücke, sicherlich von dem Eigentümer der Wohnung, der sie aus irgendeinem Grunde selten benutzt. Mit zwei Gläsern in der Hand überrascht Nana Alberto beim Inspizieren des Kleiderschranks.
Diese Kleidung gehört sicherlich dem jungen Schlachter, ja?
Die Lantelme wirft mit einem Glas nach Alberto. Er weicht behende aus, das Glas zerschlägt an der Wand.
Ehe sie das zweite Glas werfen kann, geht Alberto auf sie zu und packt sie energisch an den Handgelenken. Sie wehrt sich, schreit laut und deutlich, daß sie ihn hasse, und tritt ihn schließlich ans Schienbein. Vor Schmerzen hüpfend, versucht Alberto, dem mißhandelten Bein mit Massagen Linderung zu verschaffen, und bringt kein Wort heraus. Die Lantelme öffnet die Tür und wirft einen humpelnden, sprachlosen Alberto hinaus.

WINTERRITUAL Draußen hinkt Alberto davon. Er überquert die Straße und wirft noch einmal vom gegenüberliegenden Bürgersteig einen Blick auf die Fenster der Wohnung. Er bleibt nur ein paar Sekunden stehen, dann geht er in das Bistro, das fast direkt gegenüber der Wohnung liegt. Er setzt sich, stößt einen Seufzer aus und reibt sich das schmerzende Bein. Er bestellt ein Getränk und trinkt es in kleinen Schlücken, läßt aber das Fenster nicht aus den Augen. Stunden vergehen, dann erscheint ein Mann. Er ist kräftig und trägt einen dichten Kinnbart und Schnäuzer. Ohne im geringsten zu zögern, betritt er das Haus, und Albertos Neugier wächst. Gleich darauf kann er sehen, wie die beiden am Fenster miteinander sprechen, ihre Silhouetten sind durch die Tüllgardine deutlich zu erkennen. Albertos Frustration wird noch größer, als die beiden sich küssen, das Licht ausgeht und sie im Dunkel verschwinden. Er trinkt den Rest seines Getränkes mit einem Schluck aus, wirft eine Münze auf den Tisch und verläßt hinkend das Lokal.

Gute Vorsätze für das neue Jahr Um seine Frustration zu verdrängen, lädt Alberto seine Freunde zur Silvesterfeier ein. Das Jahr 1906 steht vor der Tür. In dem von Madame Prado dekorierten Hangar in Neuilly ist ganz Paris zu Gast. Die maskierte Cristina Penteado macht Jagd auf Voisin. Sem erscheint, für einen ordentlichen Skandal gerüstet, in Begleitung einer spärlich bekleideten Zwergin.

Der Champagner fließt in Strömen. Alberto jedoch sondert sich ab, nippt an einem Glas Champagner und entzieht sich der Belagerung durch seine Verehrerinnen. Da sie nicht aufgeben, flieht er in den Planungsraum. Beim Wühlen zwischen Gegenständen und Papieren fällt sein Blick auf einen Holzkasten unter Voisins persönlichen Sachen. Er öffnet den Kasten und findet darin künstliche Bartteile. Genau so einen Kinnbart und Schnäuzer, wie er sie im Gesicht des Mannes gesehen hat, der in das Haus in der Rue Lepic gegangen ist. Sofort legt er seinen Fund wieder weg und kehrt gerade in dem Augenblick zum Fest zurück, als Archdeacon und eine Gruppe von Luftfahrern ankommen. Alberto begrüßt sie herzlich.

Es ist mir eine große Ehre, lieber Archdeacon.

Wir sind hergekommen, um Ihnen ein glückliches Neues Jahr zu wünschen, Alberto.

Vielen Dank, mein lieber Freund. Kommen Sie, wir stoßen auf unsere zukünftigen Fortschritte an.

Gläser werden erhoben und Prognosen verkündet.

Wir haben gehört, daß Sie sich auf einen Flug mit einem Flugzeug vorbereiten.

Unter Mithilfe von Gabriel Voisin.

Eine unbedeutende Hilfe meinerseits.

Er ist von rührender Bescheidenheit.

Das ist keine Bescheidenheit, ich kenne nur meine Grenzen.

Was für ein kultivierter junger Mann!

Ich tue, was ich kann.

Manchmal auch etwas mehr, nicht wahr, Voisin?

Ich verstehe nicht, was Sie damit sagen wollen.

Archdeacon greift leicht verwirrt ein.

Mein lieber Alberto, wir haben eine große Neuigkeit für Sie. Wir meinen, daß Sie als erster davon erfahren sollen, ehe die Presse es morgen verbreitet.

Ich fühle mich sehr geehrt.

Ihr bescheidener Freund, der vor Ihnen steht, hat beschlossen, einen Preis von 3000 Francs für denjenigen Luftfahrer auszusetzen, dem es gelingt, mit einem Schwerer-als-Luft 25 Meter zu fliegen.
25 Meter?
Vergessen Sie nicht, daß der Aéro Club bereits einen Preis von 1500 Francs für denjenigen ausgesetzt hat, der 100 Meter fliegt.
Antônio Prado hat aufmerksam zugehört und bringt einen Toast aus.
Auf den Sieger!
Ein Hoch auf Archdeacon!
Ein Hoch auf Petitsantôs.
Alle trinken gut gelaunt, mit Ausnahme von Alberto, der nur vorgibt, seinen Champagner zu trinken, und seinen Gedanken nachhängt. Der neue Preis ist eine neuerliche Herausforderung, aber in einem Schwerer-als-Luft aufzusteigen, wird nicht einfach sein. Die umstrittene Konzeption der Nr. 14 bereitet zusätzliche Probleme. Aber Alberto macht keinen Rückzieher, er weiß, daß er auf dem richtigen Weg ist, seine Intuition hat ihn noch nie getäuscht. Eines Tages werden sie noch die Nr. 14 fliegen sehen.

Die kubistische Maschine Ein ganzes Gefolge von Fußgängern, Radfahrern und Autos drängt sich über den breiten Boulevard de la Saussaye zum Flugfeld von Bagatelle als Geleit für die Nr. 14, die auf einem vorsichtig vom Roadster gezogenen Karren transportiert wird. Zwischen den vielen Köpfen sitzt Petitsantôs am Steuer und gibt unermüdlich Autogramme.

Die kubistische Maschine auf der Piste Auf dem Flugfeld von Bagatelle drängen sich die Neugierigen. Eine lärmende Menschenmenge umringt die am Ende der Graspiste aufgestellte Nr. 14, während die Mechaniker noch letzte Hand anlegen. Petitsantôs hat bereits seine illustren Freunde verlassen und mit demonstrativer Ruhe seinen Platz eingenommen. Die Mechaniker beenden ihre Arbeit, dann drängen einige Männer auf Anweisung von Archdeacon die besonders Neugierigen, die nicht nur aus der Ferne zusehen wollten, zurück.
Die Mechaniker werfen den Motor an, und die Nr. 14 rollt mit einem Ruck zum Südende der Grasfläche los. Kontrolleure des Aéro Club laufen in sicherem Abstand neben dem Fluggerät her.

Die Nr. 14 wird schneller und scheint vom Boden abheben zu wollen. Die Kontrolleure des Aéro Club werfen sich auf das Gras, um zu sehen, ob die Räder abgehoben haben. Aber Alberto stellt den Motor ab. Die Mechaniker laufen mit der Menge im Gefolge zu ihm und erkundigen sich, was passiert ist.
Der Motor, ich kann ihn nicht richtig auf Touren bringen.
Und die Balance? Ist die in Ordnung?
Nein, sehr instabil, falls ich abhebe, dürfte es mit dem Steuern nicht so einfach werden.
Wollen Sie für heute aufhören?
Nein, wir machen weiter, sagt Alberto und steigt aus der Nr. 14 aus.
Unter Albertos wachsamen Blicken überprüfen die Mechaniker den Motor und den gesamten Flugapparat. Nach einiger Zeit erklären sie, die Maschine sei fertig.
Wir schleppen sie an den Start zurück.
Alle zusammen schieben die Nr. 14 zum Start.
Scheinbar ruhig, doch ziemlich blaß nimmt Alberto wieder seinen Platz ein. Der Motor wird gezündet, und die Nr. 14 kommt in Fahrt. Die Männer vom Aéro Club laufen los. Mit sicherem Griff dreht Alberto am Höhenruder, und das Flugzeug erhebt sich ein paar Zentimeter. Alberto erschrickt, reißt Augen und Mund auf, es kribbelt ihm im Magen, und er weiß, daß er die Erde unter sich gelassen hat. Die Männer vom Aéro Club werfen sich zu Boden und stellen fest, daß die Räder tatsächlich abgehoben haben. Aber das nächste Kommando wird nicht so schnell wie erforderlich umgesetzt, und das Flugzeug fängt an zu zittern, sackt durch und schlägt auf den Rasen auf. Das Fahrgestell zerbricht, und die Nr. 14 rutscht bäuchlings in einem Regen von Propellerteilen weiter. Alberto stellt den Motor ab und springt heraus. Als der Flugapparat endlich zum Stehen kommt, sind alle stumm, bis die Männer vom Aéro Club aufstehen, ihre Hüte in die Luft werfen und vor Begeisterung losschreien.
Voisin läuft Alberto entgegen.
Phantastisch, es hat abgehoben, Alberto.
Nicht ganz, das war nur ein Hüpfer, sagt Alberto sichtlich enttäuscht.
Es funktioniert, ruft Voisin. Es ist häßlich, aber es funktioniert.
Wir müssen die Reaktion des Höhenruders besser einstellen, damit es die Kommandos des Piloten schneller umsetzt.

Und die vertikale Steuerung?
In der Längsachse reagiert es sehr empfindlich.
Und was machen wir jetzt?
Jetzt entwickeln wir die Nr. 14 weiter. Heute hat sie nur einen Hüpfer gemacht, aber ich habe bei diesem Hüpfer viel gelernt. Jetzt bauen wir die 14-Bis, und damit schaffen wir es.

Kulissen und Vorbühne Nana Lantelme kommt spät nach Hause. Erschöpft, fast schon im Stehen schlafend öffnet sie ihre Wohnungstür. Ehe sie hineingehen kann, tritt ihr ein bärtiger Mann in den Weg. Erschrocken versucht sie, ihm zu entkommen, aber er verhindert es. Sekundenlang steht sie stumm und starr da; dann, als sie den Mann zu erkennen scheint, bricht sie in lautes Gelächter aus.
Ach, Alberto, halten Sie das für eine gute Verkleidung?
Enttäuscht reißt Alberto sich die falschen Bartteile ab.
Wie haben Sie mich erkannt?
Sie bricht vor Lachen fast zusammen.
Wie? An Ihren Stiefeletten mit Plateausohle... Sie sind der einzige Mensch in Paris, der so was trägt.
Und Sie haben meine Stiefel in dieser Dunkelheit erkennen können?
Bei dem Lärm, den sie machen...
Ja, aber zuerst haben Sie gedacht, es sei jemand anders.
Jemand anders?
Jemand, der diese falschen Bartteile benutzt.
Hören Sie, Alberto, ich habe einen anstrengenden Probenabend hinter mir und bin todmüde. Wir unterhalten uns ein andermal, ja?
Aber warum er?
Wer, er?
Voisin.
Ich weiß nicht, wer das ist.
Gabriel Voisin, mein Assistent.
Sind Sie verrückt geworden, Alberto?
Diese Dinger hier habe ich bei seinen Sachen gefunden.
Spielt er auch Theater?
Jetzt werden Sie nicht albern... Warum? Warum, Nana?
Sie streckt die Hand aus und streicht ihm über das Gesicht, Alberto küßt ihre Hand.

Sie sind wie ein Kind, Alberto... Gute Nacht...
Damit geht sie in die Wohnung und schließt die Tür ab. Frustriert wirft Alberto die Requisiten vor die Tür, um sie loszuwerden.

Max Linder als Detektiv I Die Nr. 14-Bis wird mit größter Sorgfalt gebaut. Alberto ist praktisch nach Neuilly umgezogen, wo er sich für seine wenigen Stunden Schlaf auf ein aus Baumwollpolstern improvisiertes Lager legt. Dies bedeutet, daß die Mechaniker an den Hangar gefesselt sind und fast pausenlos in einer Atmosphäre arbeiten, die allmählich angespannt wird.
Am dritten Tag bittet Voisin, weggehen zu dürfen.
Jetzt weggehen?
Eine dringende private Angelegenheit, bitte haben Sie dafür Verständnis.
Ist gut, willigt Alberto trocken ein.
Danke, ich ziehe die Fehlstunden heute abend ab.
Voisin setzt seinen Hut auf und geht. Alberto und die Mechaniker sehen ihm nach. Ein Windstoß bläst in den Hangar, als die Tür geöffnet und gleich darauf geschlossen wird. Chapin und Dazon werden brummig.
Ein undurchsichtiger Mensch, dieser Voisin. So arrogant...
Ohne auf ihre Kommentare zu achten, wäscht Alberto sich die Hände und zieht seinen Rock an.
Ich gehe auch weg.
Sie gehen weg?
Eine dringende private Angelegenheit, ihr versteht...
Seien Sie vorsichtig, Petitsantôs. Brauchen Sie Hilfe?
Nein, Freunde. Diese Sache muß ich allein machen.
Verstehe!
Alberto winkt ihnen zum Abschied mit dem Hut.

Max Linder als Detektiv II Voisin steigt aus einer Kutsche, bezahlt den Kutscher und läuft in einen Metroeingang. Der Zug kommt, er steigt ein und merkt nicht, daß Alberto ihm folgt. Der Amateurdetektiv steigt in den nächsten Wagen und behält den jungen Mechaniker im Auge. Die Metro fährt in einen entlegenen Vorort.

Max Linder als Detektiv III Unbekümmert steigt Voisin in Galliéni aus und geht schnell die Treppe der Metrostation hinauf.

Alberto folgt ihm, aufs äußerste gespannt, und sieht noch, wie der Mechaniker um eine Ecke biegt. Er läuft hinterher, aber Voisin ist verschwunden. Ärgerlich sieht er sich in der Straße um. Sie liegt in einer heruntergekommenen Industriegegend, zu beiden Seiten der Pflasterstraße stehen riesige ehemalige Fabrikgebäude. Das eine ist verfallen, aber das andere scheint noch benutzt zu werden. Durch eine große Tür kommen und gehen Arbeiter, die Holzbalken transportieren. Da ihm nichts anderes einfällt, mischt er sich unter die Arbeiter und betritt die Fabrik. Zu seiner Überraschung stellt er fest, daß in dem großen überdachten Raum ein komplizierter Doppeldecker gebaut wird und Voisin nicht zu einer Verabredung mit Nana Lantelme gegangen ist. Der Mechaniker unterhält sich seelenruhig mit seinem alten Bekannten aus dem Aéro Club, dem schnauzbärtigen Louis Blériot.

Petitsantôs, welche Ehre!

Noch fast unter Schock reicht Alberto Blériot die Hand.

Der junge Voisin tritt lächelnd, doch nach wie vor selbstbewußt dazu.

Ich möchte nicht, daß Sie das falsch verstehen, mein lieber Alberto.

Falsch verstehen? Nur weil Voisin für Sie arbeitet? Hören Sie, mein Freund, mir war noch nie daran gelegen, aus meinen Erfindungen ein Geheimnis zu machen. Alle Welt weiß, daß meine Erfindungen jedermann zugänglich sind und nie patentiert wurden...

Was halten Sie von unserem Flugzeug?

Die drei gehen zu dem Flugapparat. Alberto sieht ihn sich aufmerksam an.

Nun?

Nun? Was soll ich dazu sagen? Ich hoffe, daß er fliegen wird...

Das wird er, und er ist sehr schön anzusehen.

Geschmacksfrage Zu Albertos Bestürzung finden alle die Nr. 14-Bis ausgesprochen häßlich. Die eckigen Linien stoßen auf Ablehnung, weil die Leute an die geschwungenen Art Nouveau-Formen gewöhnt sind. Selbst Cristina Penteado, die sonst liebend gern der Mehrheit widerspricht, scheint das Flugzeug scheußlich zu finden.

Ach, mein Lieber, du wirst doch nicht erwarten, daß Schönheit etwas mit Fluggeräten zu tun hat, argumentiert Cristina Penteado.

Aber Alberto will sich nicht damit abfinden. Irgend etwas sagt ihm, daß diese geraden Linien etwas Neues, zu Modernes sind, um verstanden zu werden.
Schön ist der Diamant da auf deiner Krawattennadel, sagt Cristina.
Gefällt er dir? Ich habe ihn neulich gekauft, mein Freund Cartier hatte ihn gerade frisch aus Südafrika bekommen.
Was die Leute noch verunsichert, ist die fragile Konstruktion der Nr. 14-Bis. Antônio Prado sieht sich das Flugzeug manchmal stundenlang an. Und fragt dann: Du willst es wirklich wagen?
O ja, das wird er. Die 14-Bis wird bald fliegen, sie werden es alle sehen. Das Datum, von Sem vorgeschlagen, ist bereits festgelegt. Am 23. Oktober, einem Sonntag. Alberto rechnet mit einer Menschenmenge als Augenzeugen des großen Ereignisses.

DER GROSSGRUNDBESITZER IN DER LUFT Ein Herbstnachmittag, kalter, feuchter Wind bläst über das Flugfeld von Bagatelle. Eine Menschenmenge, darunter auch Albertos Freunde, blickt auf die 14-Bis. Der Vorstand des Aéro Club de Paris mit Archdeacon an der Spitze ist anwesend. Die Mechaniker legen letzte Hand an das Flugzeug. Alberto ist ruhig und unterhält sich angeregt mit Sem und Antônio Prado. Voisin kommt nervös zu ihnen.
Die Windgeschwindigkeit nimmt zu!
Ganz ruhig bleiben, junger Mann.
Das kann gefährlich werden...
Die Nr. 14-Bis ist weder ein Ballon noch ein Gleitflieger...
Chapin kommt zu Alberto.
Die Maschine ist fertig.
Dann wollen wir mal.
Alberto lächelt seinen Freunden zu und bekommt von Cristina Penteado einen Kuß. Er geht an Archdeacon vorbei und klopft ihm auf den Bauch. Archdeacon zuckt verwirrt zusammen.
Ich gehe jetzt fliegen.
Es ist fünf vor vier.
Auf meiner Uhr ist es vier.
Ich schicke die Beobachter auf ihre Posten.
Alberto bahnt sich einen Weg durch die Menge zu der 14-Bis, während Archdeacon den Beobachtern des Aéro Club Anweisung gibt, sich auf ihre Posten zu begeben. Alberto steigt in die 14-Bis und

gibt ein Zeichen, den Motor anzuwerfen. Angelockt von dem Lärm drängt die Menge zum Flugzeug.
Gehen Sie bitte zurück… ich brauche Platz…
Die 14-Bis setzt sich in Bewegung, und die Menge zieht sich zurück, einige laufen sogar. Das Flugzeug wird schneller, die Menschen halten den Atem an. Als die 14-Bis schon fast die Hälfte der Bahn hinter sich hat, dreht Alberto das Steuer nach hinten.
Die lange Nase hebt sich anmutig an, und die Beobachter des Aéro Club, die neben dem Flugzeug hergelaufen sind, werfen sich auf das nasse Gras. Aber die beiden zerbrechlichen Fahrradräder berühren nicht mehr den Boden. Die Beobachter schreien begeistert los.
Er ist hochgegangen, zehn Zentimeter hoch.
20 Zentimeter hoch.
Jetzt ist er 30 Zentimeter hoch.
Jetzt schon auf 50…
Über einen Meter, und er steigt immer weiter, nicht zu fassen, er fliegt.
Die weiße, elegante Gestalt des Flugzeugs gewinnt an Höhe und setzt zu einer sanften Linkskurve an.
Unglaublich, er fliegt…
Mein Gott, er hat es geschafft.
Sieh dir das an, wie wunderschön…
Phantastisch, phantastisch…
Aber gleich darauf wird die 14-Bis langsamer und fängt plötzlich an zu sinken. Die Menschen sperren die Münder auf und warten gespannt ab, was geschehen wird. Die 14-Bis setzt mit bereits abgestelltem Motor abrupt auf, die Räder brechen ab, aber das Flugzeug kommt ohne nennenswerte Beschädigung zum Stehen. Stille breitet sich aus, man hört nur noch das Atmen der Menschen, dann macht Chapin einen Freudensprung.
Hoch lebe Santos Dumont!
Alle schreien vor Freude und laufen zu dem nun stehenden Flugzeug. An der Spitze, um Vorsprung vor der Menge bemüht, laufen Archdeacon und seine Beobachter. Gleich hinter ihnen, ebenfalls im Laufschritt, Voisin und Blériot.
Alberto, noch immer an Bord der 14-Bis, sieht Archdeacon kommen.
Ich habe gewonnen, ich habe den Preis gewonnen!
Daran besteht nicht der geringste Zweifel, Alberto. Den Prix Arch-

deacon haben Sie gewonnen. Aber warum haben Sie so schnell abgebrochen? Sie hätten auch den Preis des Aéro Club gewinnen können.

Ich habe den Bug verloren...

Dann umringt die Menge das Flugzeug, die Szene verwandelt sich in ein großes Fest. Champagnerflaschen werden entkorkt, und Alberto wird im Triumph davongetragen.

Etwas abseits der Feiernden stehen Voisin und Blériot.

Das ist ungerecht, Blériot, Sie verstehen viel mehr als er von Aerodynamik.

Und Sie? Sie wissen zehnmal mehr über Maschinenbau als er.

Dieses Ungetüm hat die Bezeichnung Flugzeug überhaupt nicht verdient.

Er hat den Propeller mit Direktantrieb gebaut, und daran habe ich nie geglaubt.

Mit so einem Motor von 50 PS könnte ich auch einen Konzertflügel abheben lassen...

Der ziemlich mit Motoröl verschmierte Chapin bemerkt, daß die beiden sich von der feiernden Menge fernhalten.

Ihr habt's gesehen, das ist ein historischer Augenblick. Mit Petitsantôs hat der Mensch den Raum erobert.

Wie's scheint, sind ja wohl schon irgendwelche Amerikaner geflogen.

Chapin sieht Blériot verächtlich an.

Mag ja sein, Blériot, aber wenn es einen Amerikaner gibt, der vor den Augen einer Menschenmenge geflogen ist, dann heißt dieser Amerikaner Alberto Santos Dumont...

DIE KUBISTISCHE MASCHINE IST GEFLOGEN »Der Mensch hat die Luft erobert.«

»Eine denkwürdige Minute in der Geschichte der Luftfahrt.«

PATHÉ BABY Am nächsten Tag gönnt Alberto sich keine Ruhe. Er holt die Mechaniker zu sich ins Haus, lädt ein paar engere Freunde dazu ein, läßt Getränke und Häppchen servieren und zeigt ihnen die europäischen Zeitungen, die über das Ereignis berichten. Mit einem Pathé-Projektor führt er auf einer improvisierten Leinwand die Bilder vor, die ein Kameramann vom Flug aufgenommen hat. Er zeigt den Mechanikern, wie die 14-Bis sich verhält, wie sie schlingert und daß der Flug auf dem Platz von

Bagatelle nicht bloß ein Hopser wie der einer Heuschrecke war.
Ich muß etwas daran machen, Voisin. Irgendeine Art von seitlicher Steuerung.
Ja, etwas, das den Apparat stabilisiert.
Paßt auf, seht genau hin, wie er zum Schluß schlingert.
Die Vorführung ist zu Ende.
Zeigen Sie's noch einmal.
Der Vorführer spult den Film zurück, setzt ihn in den Projektor und zeigt den Film noch mal.
Voisin, sehen Sie das da...
Voisin geht, von Alberto am Arm gezogen, näher an die Leinwand heran.
Sehen Sie, wie er schlingert. So war's auch beim ersten Mal.
Da fehlt etwas, um die Balance zu halten.
Erinnern Sie sich noch an den Gleitflieger, den Esnault-Pelterie?
Der 1904 erprobt wurde?
Genau... Dieser Gleitflieger hatte ein interessantes Stabilisierungssystem an den Flügeln. Wenn er schlingerte, konnte er wieder in die korrekte Position zurückkehren...
Wir können's versuchen. Vielleicht kann man so was ähnliches bei der 14-Bis an den Flügeln anbauen.
Etwas, das ich steuern kann, das den Flügelenden Halt gibt.
Ich werde darüber nachdenken...
Aber denken Sie daran, diese Idee muß zuerst bei der 14-Bis ausprobiert werden!
Ja, natürlich.

MAX LINDER ALS FLIEGER Delikatessen schweben durch den Raum, von behandschuhten Lakaien dirigiert.
Aéro Club. Sämtliche Luftfahrer haben sich zu einem Mittagessen zu Ehren von Alberto versammelt. Auch ein paar Persönlichkeiten der Gesellschaft sind erschienen. Alberto sitzt leicht geistesabwesend am Kopfende der riesigen Tafel. Dienstbeflissene Kellner servieren das Bankett. Die Aufmerksamkeit sämtlicher Madames gilt uneingeschränkt Petitsantôs.
Ich hoffe, daß er unsere Einladungen jetzt wieder annimmt.
Ohne ihn sind unsere Feste nicht mehr, was sie waren.
Ich bin so glücklich über seinen Erfolg.
Stellen Sie sich vor, ich wollte ein Fest zum Sommerausklang geben und mußte es absagen, nur weil Alberto meine Einladung nicht

angenommen hat.
Neben Alberto nippt Archdeacon an einem Champagnerkelch.
Noch in Gedanken beim Sieg?
Alberto scheint ihn nicht gehört zu haben, aber Archdeacon gibt nicht auf.
Alberto, kommen Sie ein bißchen auf die Erde runter!
Verzeihung... was haben Sie gesagt?
Ich habe gefragt, ob Sie noch in Gedanken bei Ihrem Sieg sind.
Nein, ich denke an den Preis des Aéro Club.
An die 100 Meter? Wissen Sie, daß Blériot übermorgen einen Versuch machen wird?
Komisch, ich auch.
Und Petitsantôs klopft Archdeacon liebevoll auf die Schulter.
Dem Präsidenten des Aéro Club verschlägt es die Sprache, er sagt nur:
Sie sind wirklich ein Teufelskerl!

Die kubistische Maschine bricht einen Rekord Als wäre nicht Herbst. Es ist ein sonniger Tag auf dem Flugfeld von Bagatelle. Eine Menschenansammlung bestaunt die beiden Flugzeuge, die versuchen wollen, den Preis des Aéro Club zu gewinnen. Blériots Flugzeug ist der Doppeldecker, den Alberto schon kennt. Daneben die Nr. 14-Bis, wieder instandgesetzt und leicht abgeändert, vor allem durch die Querruder an den Flügelspitzen. Archdeacon unterhält sich aufgeregt mit Alberto und Blériot.
Dies wird ein Nachmittag, und was für einer... Sie haben also einen Antoinette-Motor eingebaut, Blériot?
Ja, mit 50 PS... ich sagte ja schon, mit so einem Motor kann ich sogar einen Konzertflügel abheben lassen.
Tja, das Problem ist aber nicht, den Apparat abheben zu lassen, sondern ihn zu steuern. Sie werden es sehen, falls Sie abheben...
Wer fängt an?
Wollen Sie, Blériot? bietet Petitsantôs ihm an.
Warum nicht?!
Also gut, zuerst Blériot...
Auf Anweisung von Archdeacon kommen die Beobachter mit einem riesigen Auto der Marke Mors, in das er einsteigt. Alberto drückt Blériot die Hand und setzt sich mit seinen treuen Freunden auf Segeltuchstühle. Blériot steigt in sein Flugzeug, und die Mechaniker werfen den Motor an. Voisin läuft aufgeregt hin und her.

Der Doppeldecker, um einiges größer als die 14-Bis, fängt an zu zittern und stößt Qualm aus. Die Mechaniker treten beiseite, und die Menge verharrt erwartungsvoll. Die Maschine rollt an, Alberto erhebt sich gespannt von seinem Stuhl. Der Doppeldecker macht großen Lärm, und die beiden Flügel rütteln mit zunehmender Geschwindigkeit immer stärker. Aber das Flugzeug löst sich nicht vom Boden, im Gegenteil, es bricht auseinander, zerfällt fast vollkommen in seine Teile. Archdeacon ist als erster bei den Trümmern und hilft, den leicht verletzten Blériot zu bergen. Voisin schaut zu Alberto und sieht, daß der Pionier traurig ist und die Niederlage des anderen Luftfahrers bedauert.
Irgend etwas ist schiefgelaufen.
Alberto antwortet nicht, Archdeacon nähert sich im Mors mit dem verletzten Blériot. Er hat nur ein paar Schürfwunden, und seine Kleidung ist zerrissen. Alberto läuft dem Auto entgegen. Bei Albertos Anblick winkt Blériot und streckt einen Daumen hoch.
Mir fehlt nichts, Alberto.
Sind Sie denn nicht verletzt?
Ach, Unsinn. Ich habe gerade gemerkt, daß es vielleicht praktischer gewesen wäre, mit einem Konzertflügel zu fliegen...
Alle lachen.
Gott sei Dank, daß er nicht verletzt ist.
Alberto, wenn Sie es jetzt versuchen wollen.
Alberto schaut auf die Uhr, es ist halb fünf Uhr nachmittags. Der Tag ist ruhig, ein sanfter Wind weht an diesem herbstlichen Spätnachmittag.
Ich versuche es...
Petitsantôs versucht es!
Alberto steigt ein und stellt sich in die Gondel seiner 14-Bis. Der Motor fängt an zu ächzen, dann knattert er laut. Photographen und Kameraleute machen ihre Kameras bereit, Archdeacon setzt sich in seinen Mors und wartet auf den Start.
Als die 14-Bis startet, scheinen alle sich vor Aufregung auf die Zehenspitzen zu stellen. Die 14-Bis rollt über das feuchte Gras, der Mors hinterher. Die leuchtendweiße Silhouette des Flugzeugs wirkt jetzt noch leichter.
Das Flugzeug hebt ab, die Menge bricht in staunende Rufe aus.
Schnell gewinnt die 14-Bis an Höhe und erreicht vier Meter.
Alberto in seiner Gondel vollführt beim Steuern des Flugzeugs einen behenden, sehr wohl durchdachten Tanz. Er schaut hinunter

und sieht, daß die erregte Menge binnen kurzem das ganze Flugfeld vereinnahmt hat. Der Mors weicht den über das Gras laufenden Menschen aus. Mit einem präzisen Kommando läßt er das Flugzeug eine Kurve beschreiben, die 14-Bis schaukelt ihre Flügel sanft von einer Seite zur anderen, dann fliegt er zurück, in die Richtung, wo sich weniger Menschen auf dem Feld befinden.
Die Menge sieht das Manöver des Flugzeugs und läuft zurück, doch die 14-Bis hat schon zur Landung angesetzt. Sanft nähert sie sich dem Erdboden, bis sie recht holperig aufsetzt, wobei ihr abermals die Räder abgerissen werden. Aber die Landung verläuft ansonsten ohne Zwischenfälle. Die 14-Bis kommt ein paar Meter vor einer dichten, kahlen Baumgruppe zum Stehen. Die Sonne geht schon fast unter. Archdeacon nähert sich in seinem Mors, er fährt der fröhlich heranstürmenden Menge voraus.
220 Meter! Er ist 220 Meter geflogen...
Inmitten der Menge Voisin und Blériot, die ihn mit Beifall und Rufen feiern.
Er hat es geschafft, 220 Meter...
Alberto spürt einen Kloß in der Kehle, er ist bewegt, aber keiner soll ihm seinen Zustand anmerken. Er schämt sich, Emotionen zu zeigen. Er muß immer der Harte, der Sachliche sein, nie ein Mensch mit Gefühlen. Rasch wischt er sich die Augen ab, in denen die Tränen stehen, und lächelt wie Petitsantôs.
Rings um ihn lassen seine Freunde ihrem Jubel freien Lauf. Zu dieser Stunde arbeiten in vielen Ländern Hunderte einsamer Irrer an der Erfindung eines Flugzeugs. Petitsantôs ist ein großartiger Repräsentant dieser Gattung von Irren.
Schon bald wird Petitsantôs von Reportern umringt.
Eine Erklärung für die »Illustrated London News«!
...das Flugzeug zu lenken, damit ist die halbe Schlacht gewonnen. Das genau ist der Bereich, auf den sich meine Überlegungen konzentrieren...
Und was für ein Gefühl empfindet man beim Fliegen?
Was soll ich dazu sagen? Ich habe meine Lehre für den Beruf der Vögel noch nicht abgeschlossen.

Métier d'Oiseau Der Hauptmann Ferber hat den ganzen Tag lang die Redaktionen der Pariser Zeitungen und Illustrierten besucht. Er trägt einen von Octave Chanute unterzeichneten Artikel bei sich, in dem der Professor behauptet, daß in Kill Devil Hill, südlich von Kitty Hawk, die Gebrüder Wright in Anwesenheit von fünf Landarbeitern in einem Schwerer-als-Luft geflogen seien. Man schreibt das Jahr 1903.

Teil IV

Die Demoiselle des Dumont-Daidalos oder Der Sieg des Dr. Bacamarte

1907 bis 1932

»Der Satz, das Flugzeug lässt die Welt schrumpfen und das Mikroskop vergrössert sie, stammt nicht von Chesterton.« *Paul Morand*

Spitzentechnologie I Gelegentlich verschmilzt Brasilien mit einer Person. Auf den schwedischen Fußballplätzen wurde ein Neger aus Minas zu Brasilien. Selbst ein Kellner aus Hanoi wußte seitdem, wer Pelé ist. Und weil er von Pelé wußte, meinte er, auch über Brasilien Bescheid zu wissen. Vor Pelé verkörperte ein temperamentvolles Mädchen Brasilien. Selbst ein Bauer aus Alabama wußte, wer Carmen Miranda war. Und weil er von ihr wußte, meinte er, über Brasilien Bescheid zu wissen. Vor Carmen Miranda repräsentierte ein brünetter junger Mann aus Minas Brasilien. Selbst ein Buchhalter aus Sansibar wußte, wer Santos Dumont war. Und weil er von Santos Dumont wußte, meinte er, über Brasilien Bescheid zu wissen.
In diesem Jahrhundert ist Brasilien also ein Sportler, eine Sängerin und ein Flieger gewesen.
Drei meisterhafte Erfinder: zwei Mineiros und eine Portugiesin.
Der Sportler wurde mit Fußballschuhen berühmt.
Die Sängerin und der Flieger trugen Schuhe mit Plateausohlen.

Spitzentechnologie II Um die empfindliche 14-Bis im Gleichgewicht zu halten, mußte man antäuschen, dribbeln und Samba tanzen können. Jeder einzelne Aufstieg von Petitsantôs war ein choreographisches Schauspiel, das die Menge begeisterte und die anderen Pioniere beeindruckte.
Seine Arme bewegten sich frenetisch: wie die Arme der von Busby Berkeley inspirierten Carmen Miranda.
Sein Körper war ein Vorbote der schlauen Beweglichkeit von Pelé.

Spitzentechnologie III Pelé wurde von einem multinationalen Konzern als Public Relations-Mann engagiert.
Carmen Miranda landete mit einem Bananenkranz auf dem Kopf in Hollywood.
Santos Dumont wurde zu einem Inlandsflughafen in Rio de Janeiro.

Eilnachrichten Kitty Hawk, Oktober 1906.
Dear Mr. Ferber,
zu den Experimenten des Herrn Santos Dumont: Stimmt es, daß das 14-Bis genannte Flugzeug Räder hat? Räder an einem Flugzeug? So was Verrücktes!
Mein Bruder und ich beginnen unsere Flüge immer sehr viel praktischer, nämlich von einem Startpylon aus. Und wir verwenden keine Räder.
Wilbur Wright.

Antwort Paris, November 1906.
Dear Mr. Wright,
unsere von europäischen Erfindern konstruierten Flugzeuge sind unvergleichlich schöner und harmonischer als die Nr. 14-Bis des Herrn Santos Dumont. Schade, daß sie nicht abheben.
Hauptmann Ferber.

Literary Digest »Die ersten von einem Flugzeug mit Erfolg durchgeführten und von der Öffentlichkeit ungehindert zu beobachtenden Versuche fanden am 15. September dieses Jahres in Paris statt. Die Versuche der Gebrüder Wright in diesem Land waren weit erfolgreicher und von längerer Dauer, doch konnte die Öffentlichkeit davon keinerlei Einzelheiten beobachten.«

La Nature »Der 13. September 1906 wird fortan ein historisches Datum sein, denn an diesem Tag hat sich zum ersten Mal ein Mensch aus eigener Kraft in die Luft erhoben.«

Smithsonian Institution »Tatsächlich haben die Gebrüder Wright als erste einen längeren Flug in einem Schwerer-als-Luft durchgeführt.«

Oiseau de Proie Am 22. Mai 1906 erhalten die Gebrüder Wright ein Patent auf ein Motorflugzeug.

Die Show geht weiter Madame Prado junior möchte fliegen. Bekleidet mit einem entzückenden Matrosenkostüm, eleganten hellen Reisestiefeln und einem kleinen, kunstvoll in einen weiten Schleier gehüllten Strohhut à la »Erzherzogin«, steigt sie in den Ballon »Lutèce«. Ihr Mann, ein bekannten Radrennfahrer und

Star der edlen bretonischen Sportart Fußball, Präsident des Esporte Clube Paulistano, wartet nervös.
Madame ist die erste Brasilianerin, die fliegt.

Die Erde holt sie alle Petitsantôs glaubte an die Zukunft der Flugzeuge, erinnerte sich Chapin ein paar Jahre später. Sie waren billiger als Luftschiffe und sehr viel einfacher zu bauen. Die Nr. 15 zum Beispiel wurde in sechs Wochen komplett montiert und kostete weniger als ein Auto. Die Nr. 15 war ein komplex konstruierter Doppeldecker, und Petitsantôs führte den ersten Flugversuch mit ihr in St. Cyr durch. Leider erlitt die Maschine bei diesem ersten Versuch Totalschaden.

Und die Zukunft läuft Das Jahr 1907 beginnt. Petitsantôs entwirft und baut die Nr. 16, halb Ballon und halb Flugzeug. Voisin betrachtet das Experiment als Rückschritt, die Mißstimmung erreicht ihren Höhepunkt. Als der Flugversuch mit der Nr. 16 zu einem Fiasko wird, beschuldigt Petitsantôs Voisin der Sabotage und wirft den Techniker raus. Voisin holt seinen jüngeren Bruder zu sich und eröffnet eine Flugzeugfabrik in Bilancour.

Ringelreihen in der Luft Die Nr. 17 ist ein Doppeldecker. Sie rollt mehrfach über das Flugfeld in St. Cyr und bricht total auseinander. Petitsantôs springt unverletzt heraus und klopft sich die gebügelte Kleidung ab. Kommentar des alten As der Luftfahrt: Keine Gefahr. Das Steuer am Boden birgt weit mehr Unfallmöglichkeiten als in der Luft. Oben ist zumindest das Risiko, mit anderen zusammenzustoßen, äußerst gering.
Petitsantôs' Freunde haben Orangeblütentee für ihn bestellt.

Wasserballett Monsieur Pedro Guimarães schiebt die Ärmel hoch und wirft sich in die eisigen Fluten der Seine. Mit kraftvollen Zügen schwimmt er zu der rasch sinkenden Kiste, die Petitsantôs mit in die Tiefe zieht. Die Kiste ist die Nr. 18, ein ausgefallenes Wasserflugzeug mit U-Boot-Ambitionen. Petitsantôs kommt mit dem Leben davon.

Maschine auf Abwegen Die Flügel sind fast durchsichtig, das Flugzeug sieht wie ein harmloses Insekt aus. Der Antoinette-Motor fängt an zu brummen, wodurch die Ähnlichkeit noch größer wird. Und die Nr. 19 hebt ab, steigt zehn Meter hoch und stürzt ab. In den Trümmern liegt blutend und bewußtlos Petitsantôs. Die Mechaniker kommen ihm zu Hilfe und bringen den Verletzten ins Krankenhaus. Als er wieder zur Besinnung kommt, hat Petitsantôs das eindeutige Gefühl, daß der Unfall auf die Fünfzig-Francs-Scheine zurückzuführen ist, die er in der Tasche hatte.

Winterschlaf In der Abgeschiedenheit seines Ateliers untersucht Alberto unermüdlich seine Verletzungen, als könne er es nicht glauben, daß er einen so schweren Unfall erlitten hat. Aber es ist nicht zu leugnen, daß die Nr. 19 versagt und eines seiner aufwendigsten Projekte zunichte gemacht hat. Seine erste Reaktion ist, alles aufzugeben. Er hat die Hausangestellten angewiesen, sämtliche Prototypen aus dem Atelier zu entfernen, und die Entwürfe eigenhändig in einen großen Zinkkoffer gepackt.

Ein immer schwierigerer Freund Eine Woche lang hat Alberto keinen Fuß vor die Haustür gesetzt. Er schläft und ißt im Atelier, sein hauptsächlicher Zeitvertreib besteht darin, sich über die Dienstboten zu erregen. Er scheint immer tiefer in eine Depression zu sinken, aus der es kein Zurück gibt. In den ersten drei Tagen hat nicht einmal Antônio Prado ihm ein Wort entlocken können. Pedro Guimarães ist zweimal dagewesen und gegangen, ohne mit seinem Freund gesprochen zu haben, weil Alberto sich schlafend gestellt hat. Mademoiselle Penteado ist es gelungen, mit ihm Tee zu trinken und eine seichte Unterhaltung zu führen, aber ihre Einladung, ein paar Wochen in Berlin zu verbringen, hat Alberto abgelehnt. Der alte Sem, der jeden Tag vorbeikommt und sich nach seinem Freund erkundigt, drängt darauf, daß er wenigstens ordentlich ißt. Der Butler hat ihm mitgeteilt, daß sein Herr keinen Appetit habe und wieder die schreckliche brasilianische Angewohnheit aufgenommen hat, nach den Mahlzeiten Kaffee zu trinken.

Der Busenfreund Im Jahre 1907 hätten wir fast den Kontakt zueinander abgebrochen, erinnerte sich Sem später. Alberto war übertrieben exzentrisch. Er schloß sich in seinem Atelier ein und empfing keinen Menschen. Wenn er herauskam, spielte er stundenlang Karten, ohne ein Wort zu reden. Dann verschwand er aus Paris. Niemand konnte mir sagen, wohin er gefahren war, bis ich herausfand, wo er sich aufhielt. Er war in Nizza und trug mit dem

Grafen Lambert Wettrennen per Wasserfahrrad aus. Während er sich vergnügte, waren die anderen aktiv und machten die Luftfahrt zu einer Industrie. Alberto verlor in diesem Jahr kostbare Zeit und hat sich nie mehr davon erholt.

Der Lauf der Geschichte Pirquet entdeckte eine Methode, die Tuberkulose zu diagnostizieren und versetzt den schwindsüchtigen Dichtern einen tödlichen Schlag. Gabriel Voisin, der nichts von einem Schwindsüchtigen hat, beginnt mit der Produktion des Voisin-Doppeldeckers und nimmt Aufträge aus Österreich, Italien, Rußland, Schweden und Argentinien an.
Voisin beginnt das Jahr 1908 als erfolgreicher Unternehmer.

Eine überraschende Begegnung Petitsantôs lebt auch im Jahr 1908 weiter von seinen Zinseinkünften.
Rivalisierende Demonstrantengruppen stoßen direkt vor dem Eingang zur Metrostation Étoile zusammen. Von seinem Fenster aus beobachtet Alberto den Tumult. Bald darauf kommt Polizei zu Pferd und zu Fuß. Der Tumult weitet sich aus, und einige Demonstranten laufen durch den Arc de Triomphe in Richtung Rue Washington, um einer Verhaftung zu entgehen. Die Polizei läßt nicht locker und verfolgt die Demonstranten. Ein Fuhrwerk wird mitten auf der Straße umgekippt, es hagelt Steine auf die Polizisten. Unter den Demonstranten, die der Polizei zu entkommen versuchen, bemerkt Alberto ein bekanntes Gesicht. Er läuft hinunter an die Haustür. Und zu seinem Schrecken stellt er fest, daß er sich nicht geirrt hat, es ist Nana Lantelme.
Instinktiv greift Alberto nach dem Arm der Lantelme, als sie an seinem Haus vorüberläuft. In der Annahme, im Griff eines Polizisten zu sein, wehrt sie sich anfangs, aber Alberto zieht sie in das Haus und schlägt die Tür zu.
Nana lehnt sich keuchend und erschrocken an die Wand.
Ich dachte… ich… ich würde… verhaftet!
Und ich dachte, ich hätte eine Fata Morgana gesehen.
Eine Fata Morgana?
Ja, Sie, mitten unter den Aktivisten. Ausgerechnet Sie!
Wieso ausgerechnet ich? Ich bin nicht von Haus aus reich, ich habe keine Erbschaft gemacht…
Und jetzt haben Sie der Bühne den Rücken gekehrt, um auf der Straße zu kämpfen.

Sie würden mich doch nicht verstehen.
Wie wär's, wenn Sie versuchten, es mir zu erklären?
Was erklären? Was bedarf hier einer Erklärung?
Jemand hämmerte mehrmals an die Haustür. Die Lantelme klammerte sich erschrocken an Alberto.
Das ist bestimmt die Polizei, ich glaube, die haben uns hier reingehen sehen.
Alberto bringt Nana Lantelme in einen anderen Raum und schickt den Butler an die Tür. Vom Nebenzimmer aus schauen sie durch die halbgeöffnete Tür, um zu sehen, wer es ist. Der Butler macht auf, draußen steht ein junger Mann mit langem Bart und Schnäuzer, derselbe, den Alberto schon gesehen hat. Der Butler und der junge Mann wechseln ein paar Worte.
Das ist mein Bruder!
Der Schlachter?
Und Sie können mir glauben, alles an ihm ist echt...
Was mag er hier wollen?
Ach! Sie haben Angst, was?
Angst? Unsinn.
Er war mit mir auf der Demonstration. Als die Provokateure kamen, haben wir uns verloren. Wahrscheinlich hat er gesehen, daß ich hier reingegangen bin...
Ein militanter Schlachter!
Er ist nicht Schlachter.
Hat er den Beruf gewechselt?
Er ist nie Schlachter gewesen...
Aber Sie haben mir doch gesagt, daß...
Er ist Student der... der Philosophie...
Aha, ein Philosoph! Vielleicht erklärt das Ihre enge Beziehung zueinander.
Ich weiß nicht, was Sie damit andeuten wollen.
Der Butler hat inzwischen zu dem jungen Mann gesagt, er solle an der Tür warten, und kommt zu Alberto.
Der Herr sucht nach seiner Schwester, ich nehme an, er meint Mademoiselle.
Hat er seinen Namen gesagt...
Butler: Er hat gesagt, er heiße Patric Lantelme.
Nana ruft ihren Bruder: Pierre!
Pierre oder Patric?
Ach, Sie langweilen mich, Alberto.

Die Lantelme seufzt tief und läuft zu dem bärtigen jungen Mann. Sie umarmen sich und wollen wortlos gehen. Alberto wird ungehalten.
Einen Augenblick.
Der junge Mann dreht sich um: Ja?
Ich wollte... nichts... Sie studieren also an der Sorbonne, ja?
Ja, doch, natürlich... an der Sorbonne...
Sie verlassen das Haus und treten auf die jetzt ruhige Straße hinaus.
Alberto gibt sprachlos auf, sein Blick fällt auf den Butler, der ihn beobachtet.
Ist etwas, Monsieur?
Verstehen Sie die Frauen?
Wie bitte, Monsieur?
Die Frauen, verstehen Sie die?
Der Butler entledigt sich des Problems mit einem Kopfschütteln.
Nein, Monsieur... und ich rate Ihnen, es aufzugeben, sie verstehen zu wollen...
Ich glaube, das können wir auch nicht.
Sehr vernünftig, Monsieur.

Der gewerbliche Flug Nach 1909 ist das alte Albion nicht mehr, was es einst war. Am 19. Juli fliegt Louis Blériot ungeachtet des äußerst schlechten Wetters um vier Uhr früh von Les Baraques ab. Seine sich ängstigende Frau, die seinen Flug von einem Fischerboot aus beobachtet, läßt das kleine Flugzeug nicht aus den Augen. Der Eindecker Blériot XI streift fast die Wellenkämme des Ärmelkanals. Wenn ein Unglück geschieht, wird Blériot Schulden in Höhe von Millionen Francs als Erbe hinterlassen. Wenn er die britische *splendid isolation* durchbricht, wird er vom »Daily Mail« 1000 Pfund erhalten.
37 Minuten später trinkt er in Dover Castle Whisky.

Serienproduktion Am Himmel von Paris fliegen: Aubrun, Voisin, Leblanc, Lindpaintner, Weymann und Bregi. Der Graf Lambert umkreist den Eiffelturm in einem Flugzeug. Farman legt 216 Kilometer in einem Flugzeug zurück und braucht dafür vier Stunden und 17 Minuten. Der Rabbiner Azancoth entkommt in einer zweimotorigen Maschine einem Pogrom in Marokko.
Mademoiselle Marvingt unternimmt, als Amazone gekleidet, ihre

ersten Übungen am Steuer einer einmotorigen Maschine mit Stoffverkleidung.
Und Petitsantôs?

DER GROSSGRUNDBESITZER IN DER WERKSTATT Petitsantôs hat nicht die Hände in den Schoß gelegt. Er ist mit diesen riesigen, schweren und schwierig zu steuernden Maschinen nicht einverstanden. Für ihn muß ein Flugzeug schlicht sein, fast eine Verlängerung des Körpers des Piloten. Ein Flugapparat, der nach Handwerkerart gebaut werden kann, leicht und zart, aber sehr leistungsfähig, um bei klarem Wetter, an besonders sonnigen Sommertagen zu fliegen. So ein Flugzeug will er entwickeln.
Aber Handwerksarbeit ist in diesen Zeiten nicht gefragt. Der beste Beweis dafür ist die Nachricht, die sein Freund Antônio Prado nach Neuilly mitbringt. Die Nachricht von einem Auto, das die Industrie revolutioniert. Alberto, immer gut informiert über die Fortschritte im Maschinenbau, zeigt Interesse. Das Auto hat nichts Beeindruckendes an sich, es ist nur das Modell T, hergestellt von dem Herrn Ford. Was zählt, ist die Methode der Herstellung: die Serienproduktion. Jeder Arbeiter montiert ein Teil des Autos, das steigert die Produktivität und senkt die Kosten. Jedes nach Handwerkerart in Europa hergestellte Auto kostet dreimal so viel wie das Modell T.
Bald werden die Flugzeuge, die du erfunden hast, auch auf diese Weise hergestellt, prophezeit der Freund.
Aber ich werde nicht der Fabrikant sein, entgegnet Alberto.
Antônio Prado nimmt diese Weigerung als Beweis für die Bescheidenheit des Erfinders.
Du darfst nicht vergessen, daß wir zur Landwirtschaft berufen sind, spöttelt Alberto.

DRAGONFLY Alberto will sich von dem Vorwurf der Häßlichkeit freimachen, der auf der 14-Bis lastete. Beim Entwurf der neuen Maschine gibt er sich ganz besondere Mühe. Die reinsten Art-Nouveau-Formen stehen dem Flugzeug für seinen Auftrag zu Diensten. Die Flügel aus Japanseide sind fast durchsichtig und haben Adern wie ein Blatt. Die zerbrechliche Konstruktion des Flugzeuges erinnert an ein Insekt. Es ist zart, zeichnet sich aber durch Dynamik und Präzision aus.
Um sich Anerkennung zu holen, lädt er Cristina Penteado ein. Sie

flattert eines Morgens mit einer roten Rosenknospe in der Hand durch den Hangar.
Der Anblick des Flugapparates im Mondlicht versetzt sie in Entzücken.
Das ist ja wunderschön, Alberto. Wie eine Libelle.
Das wird mein Reiseflugzeug, teilt er stolz mit.
Es ist so weiblich, wie eine Demoiselle, säuselt sie.

SCHROTT Antônio Prado erkundigt sich, was aus den alten Flugzeugen wird, die ungenutzt im Hangar herumstehen.
Ich weiß, daß ich sie abstoßen muß, aber es fällt mir schwer, erklärt Alberto.
Mein Gott, Alberto, wie teuer der Unterhalt eines Ballons war.
Ich war fast ruiniert, stimmt's?
Ruiniert ist etwas zu viel gesagt, aber du hast damals ein wenig über deine Verhältnisse gelebt.
Erstaunlich, wie billig ein Flugzeug ist.
Du meinst, die Zukunft gehört den Flugzeugen, nicht den Luftschiffen?
Richtig. Ballons haben in unserer Zeit keine Chance. Wir leben im Jahrhundert der Vereinfachung, der atemberaubenden Dinge, der schnellen, praktischen und zweckmäßigen Maschinen.
Glaubst du, dieses neue Flugzeug ist eine praktische Maschine?
Cristina hat die Nr. 20 Demoiselle getauft. Ich würde sie eigentlich gern als Spielzeug bezeichnen. Aber das würde nicht der Wahrheit entsprechen.
Für dich wird jedes Flugzeug immer ein Spielzeug sein, Alberto.
Alberto streicht liebevoll über die dünne Seide auf den Flügeln der Demoiselle.
Ein Spielzeug. Ein Jammer, daß die Menschen die Fähigkeit verloren haben, Spielzeuge wie die Demoiselle zu bauen.

DIE LIBELLE Den ersten Flug unternimmt er in St. Cyr. Es ist warm, und Alberto trägt einen weißen Leinenanzug. Die Demoiselle startet brummend und löst sich vom Boden. Sie erweist sich als stabil und sehr präzise, was diverse Manöver und Tiefflüge ermöglicht. Albertos Freunde und ein paar Neugierige sehen fasziniert zu. Das Flugzeug ist so stabil, daß Alberto zu aller Verblüffung mit ausgebreiteten Armen, in jeder Hand ein weißes Taschentuch, über den Platz fliegt. Als er sich über seinen Freunden befindet, läßt er die Taschentücher fallen. Die Menschen laufen los, um sie als Souvenirs aufzufangen.

NACHMITTAGSFALTER Überall fliegt er mit der Demoiselle hin. Das Brummen stört gelegentlich etwas sensiblere Ohren, wie etwa die von Marcel, der sich bemüht, auf den Rasenflächen von Bagatelle die verlorene Zeit wiederzufinden. Aber im Les Cascades erregt er Aufsehen, als er mit geschicktem Manöver sanft aufsetzt und seinen verrutschten Hut zurechtrückt, ehe er hineingeht. Eine Sensation.

DIE EXILIERTE Der Graf D'Eu hat keine Ruhe, wenn Alberto der Ehrengast des Tages ist. Schon früh spaziert die Prinzessin nervös durch die Gartenanlagen des Palastes.
Er kommt bestimmt, kein Grund, so nervös zu sein.
Ich weiß, aber er kommt in diesem federleichten Ding angeflogen. Das macht mich nervös...
Warum kann er eigentlich nicht einen Zug nehmen, so wie alle Leute?
Einen Zug... wie entsetzlich... nicht einmal Sie reisen mit dem Zug, mein lieber Mann.
Sie wollen mich doch nicht mit ihm gleichsetzen?
Gleichsetzen? Nein, natürlich will ich nicht...
Darf ich fragen, was diese Auslassung besagen soll?
Auslassung... das ist mir gar nicht aufgefallen...
Oh, doch, eine Auslassung... Sie merken das schon gar nicht mehr...
Sie sind noch immer böse mit mir, mein lieber Mann, das ist es.
Ich bin nicht böse.
Natürlich sind Sie das. Sie mögen es nicht, wenn ich Brasilianer einlade, nicht wahr?
Sie wissen, daß ich sie verabscheue. Die kommen her und nennen Sie Erlöserin... Erlöserin! Ha, ha, ha...
Sie haben schon immer größte Verachtung für uns Brasilianer gezeigt...
Sie, Brasilianerin? Ach, daß ich nicht lache!
Ich bin Brasilianerin, mein lieber Mann, und dieses Privileg haben mir nicht einmal die Republikaner abzuerkennen gewagt. Ich bin eine arme Exilierte in diesem Land, das für mich immer ein fremdes Land bleiben wird. Die Begegnung mit Brasilianern ist die einzige Freude, die ich noch habe...

Abgesehen vom Schmuggel mit schwarzen Bohnen, Maniokmehl, Speck...
Neulich hat der Vicomte von Barbacena mir wunderbare Limonen mitgebracht.
Ich habe mich fast zu Tode geschämt, als Sie den Baron von Solimões zum Zuckerrohrschnaps gebeten haben...
Sie hören das Knattern der Demoiselle. Bedienstete erscheinen auf der Bildfläche, und das Ehepaar begibt sich zu dem Landeplatz. Alberto steigt gerade mit einem Beutel in der Hand aus der Demoiselle. Er verbeugt sich vor dem Grafen und küßt der Prinzessin die Hand.
Meine Erlöserin!
Der Graf D'Eu verdreht wütend die Augen.
Ich habe Maniokmehl mitgebracht, frisch aus Brasilien...
Der Graf verdreht erneut die Augen.
Gott segne Sie, mein lieber Alberto.

Aufflackern der Erinnerung Allmählich verließ das Glück Alberto, stellte Sem Jahre später fest. Wir, die wir in gemäßigtem Klima leben, sagen oft, das Glück sei wie der Sommer. So gesehen, schien Alberto ständig im Hochsommer zu leben. Er trug die Wärme seiner Heimat in sich und brachte uns in Verlegenheit mit seiner entschiedenen, rationalen, direkten und für unglückliche oder frustrierte Menschen fast immer verletzend harten Art. Alles, was er machte, hatte etwas augenfällig Sanftes an sich. Sein Flugzeug Demoiselle zum Beispiel besaß solch eine einzigartige Grandezza, so wie ein Lichtstrahl in sommerlichem Wald.

Geheimtresor Er ahnt, daß er der Schattensphäre, die ihn bedroht, nicht mehr entfliehen kann. Die Flüge in der Demoiselle verbergen nichts, im Gegenteil, alles wird offenbar. Bleibt also nur die alte Schamhaftigkeit der Mineiros und die Zögerlichkeit der Südländer. Mit der Absage an die Industrie erweist der Sport sich mit der Zeit als sehr bitter.

Die Flügel am Feuer Wie alles in seinem Leben ist der Akt des Ankleidens ein peinlich genaues, minuziöses Ritual. Die Kleidungsstücke haben sehr gut gebügelt und untadelig zu sein und werden überaus sorgfältig angezogen. Nach dem Ankleiden ohne fremde Hilfe wird der Butler gerufen, um beim Anziehen der

berühmten Stiefel mit Plateausohle behilflich zu sein. Eines Abends stellt der Butler fest, daß die Beine seines Herrn zittern. Er hebt den Blick und sieht, daß Albertos Gesicht zu einer Grimasse verzerrt und seine Lippen verzogen sind.
Geht es Ihnen nicht gut, Monsieur?
Ich weiß nicht... mir ist unwohl...
Alberto schwinden die Sinne, der Butler stützt ihn.
Petitsantôs! Um Gottes willen!
Er legt Alberto auf das Bett und verläßt das Schlafzimmer.
Schnell, Petitsantôs geht es nicht gut.
Die Dienerschaft kommt ins Schlafzimmer gelaufen. Die Köchin ergreift die Initiative.
Nun mach schon, schnell, knöpf ihm das Hemd auf, nimm ihm die Krawatte ab...
Der Butler befolgt die Anweisungen der Köchin. Sem, der gerade hereingekommen ist und noch mit dem Zylinder auf dem Kopf und dem Spazierstock in der Hand dasteht, erschrickt über die Aufregung.
Was geht hier vor?
Petitsantôs.
Er hat die Besinnung verloren.
Alberto kommt wieder zu sich und schlägt die Augen auf.
Sem, bist du das?
Ja. Wie fühlst du dich?
Soll ich einen Arzt holen?
Nein, das ist nicht nötig.
Aber Sie sind ohnmächtig geworden.
Schon vorbei, keine Sorge.
Ich finde, du solltest einen Arzt konsultieren.
Ich habe doch gesagt, es ist schon vorbei. Mir war unwohl, ich glaube, das ist Erschöpfung. Einfach nur Überanstrengung...
Du hast dir in letzter Zeit keine Ruhe gegönnt...
Petitsantôs muß auf sich aufpassen...
Er meint, ihm könnte nichts etwas anhaben...

AUF DEM ABSTIEG Zwei Tage später erscheint Alberto offensichtlich guter Dinge auf einer Gesellschaft im Hause von Antônio Prado. Er ist gesprächig und umgänglich und äußert sich über den alten Unwillen des Grafen D'Eu gegenüber den Brasilianern.

Das Problem ist, daß er uns alle als widerwärtige Republikaner betrachtet...

Viel schlimmer, er hält die Brasilianer für eine Horde von Wilden.

Aber, mein Gott, dieser arme Franzose ist doch nach Brasilien gegangen, weil er ruiniert war. Und dann jagen sie ihn mit dem Bajonett aus dem Land.

Das ist perfide, Cristina!

Das ist wahr, Alberto. Es ist allgemein bekannt. Hier hatte er noch nicht mal einen Besitz, den er Touristen hätte zeigen können.

Mein Gott, Cristina, dich möchte ich nie zur Feindin haben.

Ich habe die Prinzessin Dona Isabel sehr gern. Sie ist eine sehr couragierte Frau... Und der Graf D'Eu hat mich immer sehr gut behandelt.

Wer so einen Mann heiratet, muß wirklich Courage haben...

Alberto steht auf und geht zum Tisch, um sich ein Getränk zu holen. Er streckt die Hand aus und scheint die Kontrolle über seine Bewegungen zu verlieren. Er stößt die Gläser um. Perplex und beschämt über das Mißgeschick setzt er sich auf einen Stuhl.

Wie schrecklich!

Ach, das ist doch nicht schlimm, Alberto...

Sie merkt, daß er blaß geworden ist.

Fühlst du dich nicht gut?

Doch, doch... Komisch, plötzlich sah ich alles nur noch verschwommen.

Wahrscheinlich war das eine Verwünschung vom Grafen D'Eu...

Er kommt um vor Eifersucht auf dich, Alberto.

Ach, Cristina, das ist nun wirklich geschmacklos.

Alberto will sich in einen Sessel setzen und taumelt.

Alberto!

Er wischt sich mit einem Taschentuch über das fahle Gesicht und ringt nach Luft.

Ich fahre nach Hause, ich bin sehr müde.

Ich lasse dich bringen.

Nicht nötig, es geht schon wieder.

Ich fände es besser, wenn du nicht selbst fährst...

Nicht nötig... ich fahre allein...

Der letzte Flug An welchem Tag es gewesen ist, hat die Erinnerung ausgelöscht. Aber der Start findet in St. Cyr statt, an einem Wintermorgen. Der einzige Augenzeuge ist sein Freund Goursat,

und der ist besorgt, denn Alberto zeigt in letzter Zeit merkwürdige Symptome und scheint nicht in der richtigen körperlichen Verfassung zu sein, um die Demoiselle zu fliegen.
Schwarze Wolken am Himmel kündigen ein Unwetter an, aber Alberto will den Flug nicht verschieben. Er hat vor, einen Freund in Buc zu besuchen.
Was ist, Sem? Ich sehe keinen Grund, sich solche Sorgen zu machen.
Dir geht es nicht gut, Alberto.
Mir geht es sehr gut.
Aber es kommt ein Unwetter.
Alberto schaut zu den Wolken und lächelt zuversichtlich.
Heute gibt es keinen Regen, wetten?
Sem läßt ergeben die Schultern sinken. Die Demoiselle knattert los und hebt ab. Gleich darauf verschwindet sie in den schwarzen Wolken.

Im Auge des Sturms Die Demoiselle fliegt durch schwarze Wolken, Alberto kann nichts sehen, und der Propeller frißt sich durch das wabernde Dampfkondensat. Er empfindet ein enormes Lustgefühl, dort oben zu sein und dem aufziehenden Unwetter zu trotzen. Hin und wieder ein Blitz und anschließender Donner runden die atemberaubende Harmonie des Unwetters ab. Eine besonders dichte Wolke schließt das Flugzeug und seinen verwegenen Passagier vollkommen in sich ein.

Diagnose Mit nacktem Oberkörper sitzt Alberto auf einer Untersuchungsliege und wartet auf das Resultat der Konsultation. Der Arzt wäscht sich die Hände in einer Emailleschüssel, trocknet sie ab, dreht sich um und sieht seinen Patienten an. Er fragt, ob er irgendeinen Verwandten habe, jemanden, mit dem er sprechen könne.
Alberto hat niemanden in Paris, er ist seit dem 18. Lebensjahr auf sich allein gestellt.
Der Arzt seufzt, dies gehört zu den schlimmsten Seiten seines Berufes: dem Patienten die Wahrheit sagen zu müssen. Ganz besonders diesem Patienten.
Sie müssen tapfer sein, Petitsantôs… sehr tapfer…

Der Traum hat ein Ende Chapin, Dazon und Gasteau sehen weinend zu, wie der Hangar in Neuilly abgerissen wird. Auch Antônio Prado steht mit ernstem Gesicht daneben. Während das riesige Balkenwerk, das an ein gigantisches Nomadenzelt erinnert, rasch zerlegt wird, treffen die ersten Reporter ein.
Wo ist Petitsantôs?
Wir haben gehört, er hätte einen Nervenzusammenbruch erlitten.
Die drei Mechaniker stehen niedergeschlagen da und antworten nicht.

Und der Alptraum beginnt Sem sitzt an seinem Zeichenbrett in der Redaktion einer Zeitung, für die er arbeitet. Ein anderer Journalist kommt zu ihm.
Ich soll zwei Seiten über Petitsantôs' Krankheit schreiben, Sie sind doch sein Freund, was stimmt daran nun eigentlich?
Er ist überanstrengt, er braucht Erholung.
Aber das ist kein Grund, alles aufzugeben. Stimmt es, daß er sogar aufs Fliegen verzichtet hat?
Keine Ahnung, es wird behauptet, ja.
Und was stimmt nun? Was ist tatsächlich los?
Ich habe nicht mit ihm gesprochen.
Wie bitte, er empfängt nicht einmal Sie?
Nein, nicht einmal mich...

Ein Mann von guten Eigenschaften Die Wohnung in der Rue Washington ist fast leer, die Möbel sind praktisch alle abgeholt worden, nur im Erdgeschoß stehen ein paar Kisten und Pakete und warten auf das Transportunternehmen. Jemand klingelt. Der Butler schleppt sich bedrückt zur Tür und öffnet. Es ist Antônio Prado.
Wie geht es ihm?
Gut, es war besser, daß er zu uns gekommen ist.
Sie haben recht, hier steht ständig jemand von der Presse vor der Tür.
Ist alles gepackt?
Ja, Monsieur.
Dann können wir das Haus also morgen übergeben.
Traurig kommen die anderen Hausangestellten dazu und sprechen Antônio Prado an.

Monsieur…
Ja?
Könnten wir uns vielleicht von ihm verabschieden?
Ich will sehen, was ich tun kann.
Wir haben ihn sehr gern. Wir wollten nicht, daß er uns vergißt.
Das weiß er… und er wird euch nicht vergessen…

Ein Pionier der Industrie Ich konnte es nicht glauben, sollte sich Voisin später erinnern. Petitsantôs gab die Fliegerei auf. Dafür gab es keine triftige Erklärung. Auch wenn er ein Mann voller Rätsel und Widersprüche war, dieser Rückzug wirkte auf uns alle wie eine Niederlage. Petitsantôs war unser aller geliebter Ritter der Lüfte, der Rebell, der sich immer gegen den Wind stellte. Wenn er uns nun verließ, bedeutete dies, daß etwas nicht stimmte. Meine letzte Begegnung mit ihm fand, glaube ich, bei einem Mittagessen im Aéro Club statt. Er war schweigsam, so wie immer, aber gegen Ende setzte er sich zu mir und fing an, von Vergangenem zu sprechen. Ich war etwas überrascht, aber auch stolz. Petitsantôs behandelte mich wie seinesgleichen. Bei dieser Gelegenheit, erinnere ich mich, erzählte er mir von seinen Mißgeschicken mit Mademoiselle Lantelme, der Schauspielerin, und wie sehr er mich verdächtigt hatte. Ich versicherte ihm, daß ich nie irgendeinen Kontakt zu besagter Dame gehabt hätte, und er schien zufrieden zu sein. Ich kann so etwas nicht beurteilen, aber ich glaube, Petitsantôs' größtes Problem war sein Perfektionismus, auch wenn seine Kriterien für Perfektion sehr persönlicher Art waren. Bald nach dem Flug der grundhäßlichen 14-Bis nahmen die Dinge im Flugwesen einen anderen Lauf. Entgegen Petitsantôs' Annahme, die Fliegerei würde sich zu einer technisch raffiniertere Ausformung dieser Sportart entwickeln, wurde sie statt dessen immer praktischer, immer stärker industrialisiert, machte hohe Investitionen erforderlich und weckte zum erstenmal das Interesse der Regierungen. Ich glaube, für seine – im übrigen für mich bei ihm unverständliche – aristokratische Einstellung war diese neue Realität ein Schock. Petitsantôs widersetzte sich der beginnenden Industrialisierung der Fliegerei, sein Individualismus, den er sehr gut dadurch kaschierte, daß er seine Erfindungen der Öffentlichkeit zur Verfügung stellte, war mit der Industrie unvereinbar.

In kaltem Licht In der Obhut der Prados verbringt Alberto die Tage in einem Polstersessel sitzend, im Zimmer herrscht Halbdunkel, sein Blick verliert sich im Unendlichen. Der Tee mit Keksen aus Maniokmehl, die er so liebt, bleibt unangetastet. Mit Ausnahme der leichten Voile-Gardine vor dem Fenster, die sich ständig im lauen Sommerwind bläht, bewegt sich nichts in diesem traurigen Ambiente. Eines Morgens dringt eine weibliche Gestalt, die ihre nervösen, feuchten Hände verbirgt, in einem grauen Kleid in die erstarrte Atmosphäre ein. Als Alberto den Blick zu den undeutlichen Konturen der Gestalt hebt, die in der Tür steht, bekommt er Angst, es könnte sich wieder einmal um eine seiner Halluzinationen handeln. Eine Frauenstimme flüstert: »Das Geheimnis der Luftschiffe von Monsieur Santos liegt darin, daß sie klein…« Alberto ergänzt: »…aus hochwertigem Material gebaut, leichter und widerstandsfähiger sind.« Sie scheinen sich auf dem Gebiet gut auszukennen, Mademoiselle, bemerkt er, und beide fangen an zu lachen.
Aída D'Acosta läuft zu ihm, umarmt ihn und küßt ihn auf das blasse Gesicht.
Alberto, Alberto, was ist mit dir?
Seit wann bist du hier?
Ich bin gestern angekommen, und ganz Paris spricht darüber.
Ich habe alles aufgegeben…
Das kann doch nicht sein!
Alberto nimmt Aídas Gesicht in beide Hände.
Du glaubst es nicht, stimmt's?
Nein, ich kenne dich, Alberto. Mich kannst du nicht täuschen.
Inzwischen fliegen alle, Aída. Die Fliegerei ist zu einer Industrie geworden. Da ist für mich kein Platz mehr…
Das ist doch absurd. Das kann nicht dein Ernst sein…
Inzwischen fliegt alle Welt…
Aber genau das war es doch, wovon du geträumt hast.
Sie zieht den Kopf zurück und kniet sich vor ihn. Sie streckt eine Hand aus, will Albertos Gesicht berühren, aber er hält sie fest, küßt sie auf den Handrücken und entdeckt einen Ehering auf ihrem Finger.
Du hast geheiratet?
Ja, ich bin verheiratet. Und du, hast du nicht geheiratet?
Einen Moment herrscht Schweigen.
Nein, in meinem Leben ist alles schiefgegangen.

Wieder schweigen sie eine Weile, und sie nutzt die Gelegenheit und zieht ihre Hand zurück, die sie unbedingt verbergen zu wollen scheint.
Und er, wer ist er?
Henry?
Heißt er Henry?
Ja... er ist Anwalt, wir kannten uns schon länger... Er ist aus New York... arbeitet bei der Regierung...
Wie heißt du jetzt?
Breckinridge.
Wollen Sie die Wahrheit wissen, Senhora Breckinridge?
Sie nickt mit einer leichten Kopfbewegung.
Meine Mutter hat sich 1902 das Leben genommen.
Das tut mir sehr leid.
Es braucht dir nicht sehr leid zu tun, sie war alt, krank, fast blind und abhängig. Meine Mutter war eine tiefgläubige Katholikin. Ihr Selbstmord war für mich immer ein Rätsel, ich konnte nicht begreifen, wieso eine so glühend überzeugte Katholikin wie sie ihrem Leben ein Ende setzen konnte. Jetzt weiß ich, warum sie die furchtbare Verdammung ihrer Religion auf sich genommen und sich umgebracht hat...
Aber, Alberto, was redest du da?
Meine Mutter war auch eine sehr stolze Frau, sie konnte die Demütigung, daß andere Mitleid mit ihr hatten, nicht ertragen. Das ist das Gefühl, das alte Menschen, Invalide und Kranke bei anderen erwecken: Mitleid. Da hat sie sich lieber umgebracht.
Bist du krank, Alberto?
Ja, Senhora Breckinridge. Ich leide an einer unheilbaren Krankheit, die mich nach und nach verkümmern läßt. Der Alberto, den du gekannt hast, den gibt es nicht mehr. Was von ihm noch existiert, ist ein Mann, dem es davor graut, bemitleidet zu werden.
Wir alle leiden auf die eine oder andere Art, Alberto.
Aber nicht alle genießen das Privileg, an multipler Sklerose zu leiden und weiterzuleben.
Du denkst doch nicht an... ans Sterben...
Du meinst, mich umzubringen?
Aída nickt und kämpft mit den Tränen.
Nein, keine Sorge, ich denke nicht daran, mir das Leben zu nehmen. Die Vorstellung, was der Tod bedeutet, ist mir nicht angenehm.

Na also. Warum dann diese Stimmung... Ein Mann wie du, was hat der zu befürchten?
In Vergessenheit zu geraten.
Du, in Vergessenheit geraten? Ausgeschlossen...
Was werde ich denn als Symbol meiner Anstrengungen hinterlassen?
Sehr vieles, Alberto, aber das Wichtigste ist vielleicht das, was allen Brasilianern gemein ist: die Freude am Leben.
Adieu, Senhora Breckinridge.
Adieu, Alberto.
Sie steht auf und geht, ohne sich umzudrehen, aus dem Raum. Alberto versucht, sich aus dem Sessel zu erheben, da fällt etwas von seinem Schoß und klirrt auf dem Fußboden. Er bückt sich und nimmt es auf. Es ist Aída D'Acostas Ehering.

Auf der Avenida Paulista Er hat in seinen letzten Tagen große Qualen gelitten, erinnerte sich Antônio Prado. Er war verbittert über die Richtung, die das Flugwesen eingeschlagen hatte. Von den Krisen der zum Verfall führenden Krankheit angegriffen, wurde Alberto schnell zu einem Wrack seiner selbst. Ich litt bei jeder Begegnung mit ihm.

Brasilien wird zivilisiert Antônio Prado kehrt 1918 endgültig nach Brasilien zurück.
Er baut eine Glasfabrik auf.

Der kleine Prinz Goursat in Nizza, viele Jahre später.
Er hat sich nie jemandem ganz und gar ausgeliefert, er war immer auf der Hut. Ich glaube nicht, daß dies das Ergebnis einer strengen Erziehung auf dem Land gewesen ist. Ich selbst habe eine überaus strenge ländliche Erziehung genossen und galt als Libertin. Alberto hingegen hat immer seine Intimsphäre geschützt. Vielleicht träumte er davon, gutaussehend, stark und groß zu sein, vor allem groß. Und wünschte sich, spontan zu sein, zu jener Sorte Mann zu gehören, die Frauen sich nie als Vertraute, aber als Liebhaber wünschen. Doch er war das Gegenteil, er besaß etwas Liebevolles, das die Menschen für ihn einnahm, wenn er mal etwas aus sich herauskam. Seine Beziehungen zu Frauen entwickelten sich langsam, verlangten Geduld, brauchten wenig Worte... Aber wer bin ich, daß ich mich mit solcher Sicherheit über ihn äußere.

Die zölibatäre Maschine I Man schreibt das Jahr 1910. Ein schöner Sommervormittag. Jardin des Tuileries. Paare gehen spazieren, Kindermädchen hüten kleine Kinder, und Gymnasiasten schlendern lärmend zwischen den Blumenbeeten. Eine Demoiselle in den französischen Nationalfarben fliegt friedlich am Himmel.

Die zölibatäre Maschine II Boulevard des Capucines. Menschen eilen die Bürgersteige entlang. Die Autos, jetzt schon zahlreicher als die Pferdekutschen, hupen, um unachtsame Fußgänger auf sich aufmerksam zu machen. Über den Boulevard fliegt eine leuchtend rote Demoiselle mit knatterndem Motor.

Die zölibatäre Maschine III Boulevard St. Michel. Studenten halten vor der Statue des Heiligen Michael eine lautstarke Kundgebung ab. Polizisten sehen feindselig zu. Am Himmel zieht brummend eine irrsinnig gelbe Demoiselle vorüber.

Die zölibatäre Maschine IV Gare de Montparnasse. Ein Zug ist gerade eingelaufen, die Fahrgäste steigen hastig mit Koffern und Paketen beladen aus. Sie hören ein Geräusch am Himmel, heben den Blick und beobachten, wie eine Demoiselle, so bunt wie ein Regenbogen, vorüberfliegt.

Der letzte Film von Max Linder Jardin du Luxembourg. Auf den im Park verstreuten Bänken sitzen ältere Menschen und sonnen sich. Eilige Fußgänger hasten die Wege entlang. Die Luft ist mild, vereinzelt stehen noch ein paar Frühlingsblumen. Da wird die ganze friedliche Ruhe vom Brummen einer blauen Demoiselle gestört, die im Tiefflug über die Bäume gleitet. Die Menschen blikken auf, andere kommen aus ihren Häusern gelaufen, um den Anblick des wunderschönen kleinen Fliegers zu genießen. Selbst die wortkargen Gäste eines Bistros in der Rue d'Assas lassen ihre Anisettgläser stehen und bewundern die Flugfiguren der Demoiselle. Nur einer bleibt gleichgültig an seinem Tisch sitzen und starrt auf sein Glas Weißwein. Der einsame Bistrogast ist Alberto Santos Dumont.

Lächerliche Wünsche Er kauft ein Teleskop und beobachtet fortan die Sterne. Vielleicht eine Übung, um seine eigenen Grenzen

zu akzeptieren. Oder ein Versuch, sie zu überwinden. Und er zieht in ein Strandhäuschen mit Terrasse in dem beschaulichen Dorf Blonville-sur-Mer um. Tagsüber schaut er zu, wie die Frauen in den Wellen baden, spitz kreischen und über den weißen Sandstrand laufen.
Für die badenden Frauen, die ihn beobachten, ist er ein genügsamer Mann mit blassem Gesicht und nervösen Händen.
Was will er mit diesem Teleskop?
Sich verstecken, vielleicht.

LE PETIT POUCET Die letzten Neuigkeiten vom Himmel erreichen sein Refugium. Der Pilot Tony Janus hat zwischen St. Petersburg und Tampa in Florida die erste regelmäßige Luftverbindung eingeweiht. Das Wasserflugzeug legt die 35 Kilometer in 20 Minuten zurück, der Flugpreis beträgt fünf Dollar.
In vier Monaten hat er 10000 Dollar eingenommen.

ROYAUME DES VALDARS Jorge Chavez, ein in Paris ansässiger Peruaner, versucht, in seiner »Blériot« die Alpen zu überfliegen. Er schafft die Überquerung bei dichter Bewölkung und stirbt auf der Landepiste, als er kurz vorm Aufsetzen abstürzt.

STATISTIK Unglücksfälle bei den ersten Flügen

1908	1 Toter
1909	3 Tote
1910	29 Tote
1911	100 Tote

Flugzeuge im Einsatz: 1350
Keine einzige im Einsatz befindliche Demoiselle erlitt einen schweren Unfall.

LA GOULUE Roland Garros überquert in seiner »Morane-Saulnier H« das Mittelmeer und landet in Bizerta, Tunesien, während Calbraith P. Rodgers als Pilot einer »Wright Baby« die 5000 Kilometer zwischen New York und Pasadena in 49 Tagen mit 68 Zwischenlandungen und 82 effektiven Flugstunden zurücklegt.

LE NAVIRE SANS PAREIL Alberto kommt im Januar 1914 in Brasilien an. Er ist fast ruiniert, denn Flugzeuge zu bauen ist billiger als Arztrechnungen zu bezahlen.

Er will für den Rest seines Lebens bleiben, kehrt aber im Juli nach Frankreich zurück.
Während er die Sterne betrachtet, wird der Erzherzog Franz Ferdinand in Sarajewo, Bosnien, von Gavril Princip erschossen.
Das Österreichisch-Ungarische Kaiserreich fällt in Serbien ein.
Petitsantôs taucht in Paris in einer Warteschlange von Kriegsfreiwilligen auf. Er will als Fahrer an der Front dienen. Das Ärzteteam des Heeres stellt bei ihm Doppelsichtigkeit fest und verweigert ihm die Uniform.
Kurz danach wird er als deutscher Spion verhaftet.

Le petit futeux Alberto bleibt nicht einmal einen Nachmittag in Haft. Auf persönliche Anordnung des französischen Staatspräsidenten wird er mit der Bitte um Entschuldigung freigelassen. Aber die offiziellen Ehrenbezeugungen lassen ihn kalt. Er kehrt nach Hause zurück und betrachtet angeekelt seine gesammelten Unterlagen, Entwürfe, Briefe, die ihn für alle Welt transparent machen. Diese vergilbten Papiere sollen nicht mehr seine Existenz wie einen Kristall für immer glänzen lassen. Sein Leben entspricht nicht mehr dem Glanz, den diese Papiere ausstrahlen. Er ist jetzt ein anderer, ein Mensch voller Geheimnisse und auf immer in sich zurückgezogen. Wenn ein Anfall seiner Krankheit auftritt, versinkt dieses neue Geschöpf, zu dem er geworden ist, in einem zähflüssigen Halbdunkel voller schreckenerregender Winkel, das so ganz anders ist als die sanfte Helligkeit vergangener Zeiten.
Um nicht die Aufmerksamkeit des Hausmädchens zu erregen, trägt er den ganzen Nachmittag über die Papiere nach hinten in den Garten. Als es dunkel wird, läßt er die nicht mehr den Tatsachen entsprechenden Überreste der Vergangenheit, die für sein gegenwärtiges Leiden so verletzend sind, vom Feuer endgültig vernichten.
Am nächsten Tag holt sein Neffe Henrique den kranken Onkel ab.

Cherbourg Im Café drängen sich Passagiere, die zu früh zur Einschiffung gekommen sind. Es sind die besonders aufgeregten, die auch besonders laut sprechen und alle Augenblicke verstummen, um zu horchen, ob das Schiff tutet und damit das Zeichen gibt, daß sie an Bord gehen können.
Alberto, der an einem Pernod nippt, scheint eine große Zärtlichkeit zu überkommen. Neben ihm, mit dem Rücken zum betriebsa-

men Kai, schaut Sem auf einen dampfenden Croque-Monsieur, den der Kellner gerade dem jungen Henrique serviert hat.
Wann kommst du wieder?
Das steht in den Sternen.
Weißt du, was ich am meisten an dir mag, Alberto?
Nein.
Deine Art, wenig zu reden und zu tun, was getan werden muß.
Ich glaube, das ist mir angeboren.
(Unsere Freundschaft ist immer sehr oberflächlich gewesen. Ein herzliches Verhältnis.)
Woran denkst du, Sem?
An unsere Freundschaft.
(Du bist der einzige, der mich verstanden und unterstützt hat.)
Du bist der beste Freund, den ich je gehabt habe, Sem.
(Warum hast du immer Freundschaft mit dem Bedürfnis, verstanden zu werden, verwechselt, Alberto?)
Ich weiß, mein lieber Alberto. Aber ich ahne, daß wir uns nicht wiedersehen werden.
Unsinn, ich bin bald wieder hier.
Wir haben hier bald Krieg.
(Ich kann es nicht erklären, Sem, aber jeder Versuch, Vertraulichkeit bei mir zu unterdrücken, macht mich zutiefst gereizt. Ich kann es nicht verhindern.
(Für dich, Alberto, wird es immer eine undefinierbare, vage Herzlichkeit geben, die du mit Freundschaft verwechseln wirst.)
Lebwohl, Sem.

IM SAMBA-TANZSCHRITT Petitsantôs kommt als Toter in Brasilien an, aber keiner merkt es. Sie überhäufen ihn mit Reden und Feiern.
Alberto indessen lächelt, schüttelt Hände und kratzt sich den graumelierten Schnurrbart.
Niemand fragt nach dem Weltbrand, der in Europa wütet, das Tagesthema ist die Neuverhandlung über die Schulden von 14 Millionen Pfund, die England von den Brasilianern verlangt.

EINE NATIONALE PLAGE Alberto beschließt, sich in Cabangu niederzulassen. Er spielt den Provinzler, überzeugt aber nicht.
Er möchte das Herrenhaus der Fazenda zurückkaufen und träumt davon, Milchvieh und Legehühner zu züchten.

Aber es fehlt am nötigen Kleingeld.
An seinen guten Tagen verbringt er Stunden mit der Lektüre mathematischer Abhandlungen und atmet dabei den Duft vom taufeuchten Gras ein.
Und wenn es ihn packt, hißt er die Nationalflagge.
Die Einheimischen wagen nicht, sich seinem Grundstück zu nähern.
He, Nachbar, is da nich eben der Mann, der wo fliegt, da rüber gegangen?
Is er, Nachbar, aber dem seine Wiege ist das da drüben nich!

KRIEGSECHO In der Zeitung steht:
Zwei Flugzeuge vom Typ »Voisin 5« haben gestern, am 14. August, die Zeppelin-Luftschiff-Basis in Metz-Frascaty bombardiert und die feindlichen Ziele vollkommen zerstört.
In der Zeitung steht:
Santos Dumont, der Vater der Luftfahrt, wurde gestern, am 8. Oktober, im Rathaus der Stadt Ouro Preto geehrt. Im Verlauf der Feier ergriff der Domherr Ehrwürden Valdir Pelegrini das Wort.
In der Zeitung steht:
Ein Flugzeug vom Typ »Voisin 5« hat vorgestern, am 5. Oktober, in der ersten Luftschlacht der Welt ein feindliches Flugzeug vom Typ »Aviatik« abgeschossen. Die Luftschlacht fand in der Nähe von Reims statt.

DER REBELL Die Ehrung war aufrichtig gemeint, erinnerte sich der Domherr Pelegrini. Wir wollten unserem berühmten Landsmann von ganzem Herzen huldigen. Aber der Mann bereitete uns eine böse Überraschung. Er erschien wie eine Wachspuppe im Rathaus, machte kein einziges Mal den Mund auf und zog sich vor dem kalten Buffet zurück, zur allgemeinen Enttäuschung des Vereins der Bürgersfrauen, die ganz besondere Leckerbissen für ihn bereitet hatten. Nichts liegt meiner bescheidenen Person ferner, als irgendwelche Werturteile über eine solch hochgestellte Persönlichkeit aus dem Kreis unserer Nationalgrößen zu äußern, aber daß dieser Herr mit seinem Verhalten rundum eindeutig Hochmut demonstriert hat, daran besteht nicht der geringste Zweifel.

VATERLAND, MEIN HERZ KLOPFT IN DIR, IN DEINEM BALKENKREUZ... Der republikanische General Pinheiro Machado läßt

die Asche seiner Zigarre auf den Marmorfußboden des Hotel dos Estrangeiros fallen. Sein Parteigenosse neben ihm verteilt den dikken Ascheklumpen mit dem Fuß. Dabei hört er ein hohles Geräusch und ein Husten. Er denkt, es wird Zeit, daß sein Parteiführer mal für eine Weile sein Laster, dieses schwarze Kraut zu rauchen, aufgibt. Als er den Blick hebt, sieht er seinen Parteiführer zu Boden stürzen, seine Brust ist von Dolchstichen zerfetzt. Er schreit verzweifelt, aber der Caudillo ist tot.
Brasilien bleibt auch im Jahr 1915 ein neutrales, friedliches Land.

KIND, DU FINDEST KEIN LAND WIE DIESES Der Dichter stellt sich vor dem Spiegel des Café do Rio in Positur. Der eigene Anblick, bräunlicher Teint, schwarze Haare und prophetischer Blick, gefällt ihm. Sämtliche anwesenden Damen zollen seiner eleganten Erscheinung Beifall. Und der Dichter Aníbal Teófilo gibt sich dem Lustgefühl hin, an einem sonnigen Nachmittag in Rio de Janeiro schön und intelligent zu sein. Kurz darauf wird er mit zwei Löchern im Brustkorb auf dem Fußboden der Konditorei liegen, dahingerafft von den Schüssen eines Abgeordneten aus dem Nordosten.
Dem Dichter wird der Triumph zuteil, daß man seinen Leichnam in einem Schwall von französischem Parfum beisetzt. Dem Abgeordneten Gilberto Amado, dem Mörder, die Ehre, daß man ihn zum Botschafter von Brasilien ernennt.
Das Land hält sich aus dem weltweiten Konflikt heraus.

BRASILIEN IM BILD Er steht immer sehr früh auf und geht spazieren. Das Leben in Cabangu ist absolut einförmig, aber er beschwert sich nicht. Da sein Interesse an den Dingen mit jedem Anfall geringer wird, helfen ihm die Spaziergänge zumindest, sich eine gewisse Beweglichkeit zu bewahren. Die Natur duftet faszinierend, und Alberto versucht, sich mit ihrer Hilfe Momente aus den vom Glück begünstigten Zeiten in Erinnerung zu rufen. Aber er ist ein Mann der Tat, kein besinnlicher Mensch. Das geregelte Leben auf dem Land ist ihm wegen seiner angegriffenen Gesundheit in jeder Hinsicht zuträglich. Doch kaum hat er eine der scheußlichen Attacken seiner Krankheit überstanden, scheint er wieder aufzublühen und läßt sich von dem Wohlbefinden täuschen, das sich nach den schrecklichen Anfällen in seinem geschundenen Körper ausbreitet. Und sobald er spürt, daß sein

Körper, wenn auch nur vorübergehend, frei von Beschwerden ist, verlangt sein Geist nach Taten. Dann wird Cabangu unerträglich.

Le chasseur adroit Monsieur Voisin hat die Anlagen seiner Flugzeugfabrik in Billancour erweitert, um den Auftrag über 3500 Kampfflugzeuge ausführen zu können. Die neuen Anlagen haben Investitionen in Höhe von 20 Millionen Francs erforderlich gemacht und werden eine Kapazität von 300 Arbeitsplätzen haben.

Annales de la vertu Wann war es? Im Jahre 1902? 1903? Er kann sich nicht mehr an das genaue Datum erinnern. Aber es war in Marokko, im Hotel. Eine Gruppe deutscher Aristokraten verteilte dicke Trinkgelder, um die besten Zimmer zu bekommen. Der käufliche Geschäftsführer des Hotels wagte es, ihm nahezulegen, das Zimmer zu wechseln, damit ein Herr mit Monokel und strichdünnem Lippenbart in sein Zimmer einziehen könne. Alberto lehnte dieses Ansinnen so vehement ab, daß der Aristokrat sich erkundigte, wer er sei.
Herr Santos?
Ja!
Baron Manfred von Richthofen, sagte er und schlug mit einer leichten Verbeugung die Hacken zusammen.
Sie freundeten sich während ihres kurzen Aufenthalts an. Alberto konnte nicht ahnen, daß der Mann, mit dem er in Marokko zu Kamelrennen ging, einmal der Schrecken des europäischen Himmels werden sollte, der Rote Baron mit seiner »Fokker D VII«.

Ich weiss alles Schlaflosigkeit ist jetzt seine schlimmste Feindin. Nächtelang findet er keinen Schlaf, streicht durch das Haus und rückt in manischer Besessenheit die Möbel zurecht. Alles muß genau auf seinem Platz stehen, die rustikalen Stühle, der schlichte Tisch und der Sisalteppich bekommen eine ungeahnte Bedeutung, wie Figuren eines irrwitzigen Schachspiels. Aus der Zeitung weiß er, daß die Welt in Flammen steht. Millionen von Menschen verlieren ihr Leben in den Schützengräben oder verhungern. Bukarest, Venedig, Padua, Treviso und Verona sind aus der Luft bombardiert worden. Die Flugzeuge sind nicht mehr die zarten, zerbrechlichen Vögel, die er miterschaffen hat, sie haben sich in gepanzerte Raubvögel verwandelt. Deshalb muß das Haus gut aufgeräumt sein, müssen die Möbel in einer mysteriösen geometrischen Anordnung stehen, so daß der Alptraum Krieg in weite Ferne rückt.

ÜBERS TELEFON Ein Freund kommt mit der Nachricht, daß deutsche U-Boote das Schiff Macau versenkt haben. Es ist das zweite brasilianische Handelsschiff, das in der Nähe der Nordostküste angegriffen worden ist.
Der Kommandant ist schuld.
Der Kommandant, Alberto? Das war ein Angriff!
Wahrscheinlich ist der Kommandant mit dem linken Fuß an Bord gegangen.
???

MADE IN FRANCE Der bekannte Industrielle Louis Blériot hat mit der Standard Aircraft Co. aus New Jersey einen Lizenzvertrag für den Bau seiner Flugzeuge unterzeichnet. Das Geschäft ist auf sechs Millionen Dollar veranschlagt. Zur Feier des Ereignisses hat Madame Blériot für die Pariser Gesellschaft einen Wohltätigkeitstee zugunsten der Kriegsversehrten veranstaltet.

LE PETIT FORGERON Die Krankheit scheint zurückgegangen zu sein. Seit zwei Monaten kein Anfall.
Und der Krieg geht zu Ende.
Petitsantôs will wieder auferstehen.
Er packt die Koffer und reist ab.
Im Winter 1918 kommt er in Paris an.
Die Stadt hat sich verändert. Auf den Straßen laufen Soldaten herum, die auf englisch fluchen und mit Dollars um sich werfen. Die Rocksäume der Madcmoiselles sind ein paar Zentimeter hochgerutscht, und zum erstenmal seit 200 Jahren sind ihre Knöchel zu sehen. Durch die Keller von Montparnasse hallt Jazzmusik.
Schwarze Ringe unter den Augen, bleiche Wangen. Bärtige junge Männer.
Und die Eleganz, wo hat sich die Eleganz versteckt?
Eine alte Freundin erklärt ihm, nach einem Krieg sei es elegant, nicht elegant zu sein.
Alberto stellt fest, daß die Pariser nervöser sind denn je. Wegen einer albernen Kleinigkeit schüttet ein Kellner einem jungen Mäd-

chen einen Aschenbecher voller Kippen in den Ausschnitt.
Wegen einer Nichtigkeit schlägt ein Fahrkartenverkäufer der Metro wütend den Schalter zu und zerquetscht einem alten Mann die Finger.
Und die Kriegsversehrten.
Junge Männer ohne Beine, ohne Arme, in Rollstühlen.
Junge Menschen, die auf der Straße vor sich hinreden: Kriegsneurose.
An der Ecke Rue Washington hat eine Herrenboutique aufgemacht.
Petitsantôs ist rings um den Étoile ein Unbekannter.

DER PROVINZLER Blériot hat sich neue Zähne machen lassen. Aber sein Lächeln ist umwölkt. Es kommen keine Aufträge mehr, die Fabrik steht fast still.
Was soll man auch in Friedenszeiten mit Flugzeugen machen?
Voisin läßt 300 Arbeitern in seiner Fabrik in Billancour kündigen.
Ich habe ja immer gesagt, Fliegen ist ein Herrensport.
Der Krieg auch, Alberto. Aber der Krieg ist aus.
Und was wollen Sie jetzt machen?
Die Flugzeuge für den Transport von Passagieren einsetzen.
Die Flugpreise werden ein Vermögen kosten.
Das Problem ist nicht der Preis, sondern die Passagiere davon zu überzeugen, daß Fliegen sicher ist.

DER BÜRGER ALS EDELMANN Alberto verbringt mit Cristina Penteado ein Wochenende in Nizza.
Voisin ist auch da, mit einer neuen Yacht.
Sie trinken Champagner draußen auf dem Meer.
Sind Sie schon einmal geflogen, Mademoiselle?
Ich? Gott bewahre mich.
Es ist sehr viel sicherer als Autofahren, fragen Sie Alberto.
Mein lieber Voisin, Sie sind schon immer sehr geistreich gewesen.
Aber es stimmt. Vergleichen Sie doch die Zahlen der Autounfälle mit der Zahl der Flugzeugabstürze.
Sie können mich nicht täuschen, mein Lieber. Wie wär's, wenn Sie vergleichen, wieviele Menschen einen Autounfall überleben und wieviele einen Flugzeugabsturz?
Ach, mit einer schönen Frau kann man nicht diskutieren.

In West Point Petitsantôs reist anonym in die Vereinigten Staaten.
Er hält vor einem halben Dutzend Militärs einen Vortrag.
Im Hotel in New York bekommt er einen Anfall.

Stärkungselixier Vielleicht hilft das Klima in den Bergen?
Er kauft ein Grundstück in Petrópolis und baut ein Haus.
Hier darf keiner mit dem linken Fuß reinkommen.
Und er reist.
In Lima fragt er den brasilianischen Botschafter über die peruanischen Frauen aus.
In Argentinien hört er im La Boca einen Tango.
In Chile spricht er vor den Schülern einer Grundschule.
In Bolivien bekommt er Schwindelanfälle und läuft vor einer schwarzen Katze davon.

Brasilianische Poesie I Sehr geehrter Herr Präsident Efigênio Salles!
Alberto Santos Dumont ist von Pontius zu Pilatus gelaufen, um sein Geburtshaus auf dem Land in Minas Gerais zu kaufen. Ich möchte Euer Exzellenz vorschlagen, unserem illustren Mitbürger das besagte Haus zu schenken.
Paulo de Frontin.

Brasilianische Poesie II Mein lieber Bürgermeister Paulo de Frontin!
Ich habe eine Versammlung der Parlamentsabgeordneten aus Minas einberufen und teile Ihnen mit, daß wir mittels eines Haushaltsnachtrags des Verkehrsministeriums die Schenkung der Immobilie an unseren illustren Mitbürger vornehmen werden.
Efigênio Salles.

Brasilianische Poesie III Sehr geehrter Herr Präsident Efigênio Salles!
Ich habe erfahren, daß Santos Dumont jetzt in einem verrückten Haus wohnt, das er in Petrópolis hat bauen lassen. Er will nicht mehr in Minas leben.
Paulo de Frontin.

Ich will ja nur mal 'n bisschen sticheln Zu jener Zeit nimmt die brasilianische Fußballnationalmannschaft keine Schwarzen auf.
Aber das Land ist bereits mit 68 Millionen Dollar, 322 Millionen Francs und 102 Millionen Pfund verschuldet.
1922: drei Militärrevolten und eine mit Kaffee betriebene Kulturrevolution.
Und die Nation in ihrer Dummheit starrt im Jahr der hundertjährigen Unabhängigkeit entgeistert auf Anélia Pinheiro Chaves. Petitsantôs kommt aus den Bergen von Petrópolis und küßt der fliegenden Dame die Hand, die ein Flugzeug aus Segeltuch von São Paulo nach Rio gesteuert hat. Mitten in der Feierei erscheinen zwei Portugiesen, Sacadura Cabral und Gago Coutinho. Sie haben gerade den Atlantik überquert, ohne sich den Schnurrbart naß zu machen.
Auf der großen Ausstellung zur Unabhängigkeitsfeier staunt das Volk über den Fortschritt der einheimischen Wirtschaft: Kaffee, Gummi, Zucker, pflanzliche Öle und Leder.
Die Nähgarnspulen des Dr. Delmiro Gouveia stehen nicht mehr auf der Liste der Fertigprodukte, die dort in Vitrinen aus Mahagoni und Kristallglas ausgestellt werden.
Dr. Artur Bernardes übernimmt das Amt des Staatspräsidenten, es herrscht Belagerungszustand.

Holperverse Die Stille von Petrópolis wird alle Augenblicke von Schülergruppen gestört, die ständig »tüchtig« sagen. Petitsantôs gibt sich Mühe, jovial zu sein und die Kinder nicht zu enttäuschen. Aber Alberto kann die lärmende Schülerbeschränktheit nicht ertragen und packt die Koffer. Vier Wochen später hebt er in den Tuilerien unter dem Beifall der Pariser neben den Piloten La Vaux und Georges Besançon zu einem Flug in dem Luftschiff ab, mit dem der Grand Prix des Aéro Club de France 1922 eröffnet wird. Er verkehrt jetzt wieder im Les Cascades und stellt fest, daß man Kellnerinnen engagiert und mehr Tische aufgestellt hat. Die Militärs sind verschwunden, und die Frauen tragen geblümte Kleider. Alles ist ganz anders, aber er hat ein unangenehmes Gefühl von Heimkehr, Rückkehr in den alten Zoo, in dem er einst als besondere Attraktion Hof gehalten hat. Der Maître ist ein junger Bursche mit Marseiller Akzent und kennt ihn offensichtlich nicht. Aber die Stühle sind noch die alten, und auch die Leinentischdekken und das Silberbesteck sind unverändert. Diese Details schenken ihm eine gewisse Hoffnung auf Wiederanknüpfung. Aber es sind nur Details.

L'HOMME SAUVAGE Er hat in den Schweizer Alpen Zuflucht gesucht und hält sich dort sechs Jahre lang versteckt.
Er beobachtet die Menschen. Die einfachsten sind für ihn die interessantesten.
Das Hotelzimmermädchen macht nie den Mund auf, ist aber ganz außergewöhnlich flink. Der kleine Kofferträger macht liebend gern Krach, der Nachtportier raucht Pfeife und stößt dicke Rauchwolken aus. Der Zeitungsverkäufer redet immer sehr laut und gibt sich gern gebildet. Das Mädchen an der Garderobe verbringt ihre Schicht damit, ihr Make-up aufzufrischen.
Alberto bewegt sich unter den einfachen Leuten mit dem deutlichen Gefühl, daß er sie versteht.
Eines Tages erzählt ihm der Zeitungsverkäufer, dessen Zeitungen Alberto nicht liest, daß ein Amerikaner im Alleinflug den Atlantik überquert hat. Den menschenscheuen Alberto schaudert es unter dem Redeschwall des alten Schwätzers.
Ein Flieger und sein Flugzeug mitten über dem Meer, den Unwettern trotzend.
Es juckt ihn in den Fingern.
Seine Rettung ist, daß Cristina Penteado mit all ihrer Empfindsamkeit eintrifft.
Alberto, du wirst noch zu einer Ziege, wenn du hier weiter in den Alpen rumkletterst.
Und was ist mit Brasilien, Cristina?
Brasilien? Was für eine Frage!
Ich habe gehört, daß ein Hauptmann mit einer Kolonne von Aufständischen über Land zieht.
Das ist Hauptmann Prestes. Der ist bereits in Bolivien im Exil. Und du, wie ist es dir ergangen?
Mir? Ich lebe von Zinsen und bei kümmerlicher Gesundheit.

LETTRES D'UN SEIGNEUR Lieber Antônio Prado!
Nachdem ich all diese Jahre abgeschieden in der Schweiz gelebt habe, denke ich daran, endgültig in mein Heimatland zurückzukehren. Vielleicht läßt es meine Freunde ja inzwischen kalt, daß ich wieder einmal endgültig zurückkehre, aber ich fühle, daß es

mit meinen Kräften zu Ende geht. Nach so vielen Jahren habe ich das Bedürfnis nach Brasilien...
Alberto.

NOURRITURES Lieber Alberto!
Wir erwarten dich mit offenen Armen. Brasilien hat sich nicht viel verändert.
Antônio Prado.

AUF DEM WEG LAG EIN STEIN Der Überseedampfer »Ca. Ancora« taucht draußen auf See vor der Guanabara-Bucht auf. An Deck steht Petitsantôs mit dem Fernglas in der Hand und blickt auf die Berge, die durch den Schleier verdunstender Feuchtigkeit schimmern. Er hört etwas brummen und stellt das Fernglas scharf.
Ein auf den Namen Santos Dumont getauftes Wasserflugzeug voller Freunde, die aus den Luken winken, fliegt über den Dampfer.
Der Motor gibt stotternde Geräusche von sich und fällt aus. Die Maschine gerät ins Trudeln und versinkt im Meer. Keiner überlebt.

CARIOCA In einem Lokal in Lapa.
Dieses Unglück, so was aber auch! Und nicht einer hat's überlebt.
Der bringt aber auch Pech, dieser Typ. Dieser Santos Dumont.
Im Ernst?
Ein ausgemachter Pechvogel.
Unberufen, toi, toi, toi.

KLEIDERSORGEN Die Freunde sind alt und feist wie Mastschweine.
Die Fremden brutal und rücksichtslos.
Alle scheinen ihn für den Absturz der Santos Dumont verantwortlich zu machen.
Er flieht jede gesellschaftliche Verpflichtung und jede Art von Feier.
Den Jahreswechsel erlebt er auf einem Vollblut reitend im Stadtteil Butantã in São Paulo.
Der Börsenkurs des Kaffees fällt, und Cristina Penteado verliert ihr gesamtes Vermögen. Ihre Kaffeefazenda in Catanduva verkauft sie an den italienischen Aufseher und ihr Stadtpalais in der

Avenida Angélica an einen arabischen Kaufmann. Die Krise. Getúlio Vargas, inzwischen herangewachsen, steigt in Porto Alegre in einen Zug und in Rio de Janeiro aus. 3000 Gaúchos besetzen den Platz Cinelândia und binden ihre Pferde an dem Obelisken in der Avenida Rio Branco an.

Tagebuch von Cristina Penteado

12. Mai 1930 – Liebes Tagebuch.
Empfang im Reitklub. Habe Alberto getroffen. Mein Gott, wie mager und geschwächt er ist. Sein Haar ist vollkommen ergraut, und er wirkt noch kleiner, als er schon ist. Er hat gleichgültig mit mir gesprochen. Es tat in der Seele weh, aber ich habe ihm verziehen. Das soll an seiner Krankheit liegen. Habe erfahren, daß er wenig aus dem Haus geht, weil er ständige Pflege braucht. Es schmerzt, daß ein Freund so endet.

5. Oktober 1930 – Liebes Tagebuch.
Der liebe Prado hat angerufen und mitgeteilt, daß Albertos Gesundheitszustand sich verschlechtert hat. Man munkelt, er habe einen Selbstmordversuch gemacht. Ich will nicht bösartig sein, aber ich glaube, der Grund dafür war, daß man ihm den Sitz von Graça Aranha in der Academia Brasileira de Letras gegeben hat.

18. April 1931 – Liebes Tagebuch.
Jubiläumsfeier im Esporte Clube Paulistano. Alberto war da. Er strahlte und war gut gelaunt. Wie in den guten alten Zeiten. Wir haben über so manches aus der Vergangenheit gesprochen, und mir schien, daß er geistig klar war und sein Gedächtnis ausgezeichnet funktionierte.

21. November 1931 – Liebes Tagebuch.
Zwei Wochen in Santos. Im selben Hotel, in Begleitung seines Neffen und noch immer sehr elegant, unser lieber Alberto. Aber nicht wiederzuerkennen. Wir haben einmal zusammen zu Abend gegessen, und er hat die ganze Zeit von seinen Erfindungen geredet. Er hat gesagt, er hätte eine Maschine für Alleinflug erfunden und eine Art Floß zur Rettung Ertrinkender.

30. Januar 1932 – Liebes Tagebuch.
Rio de Janeiro. Habe den lieben Prado im Café Colombo getroffen. Er hat erzählt, daß Alberto in Petrópolis ist. Wir sind in die Berge gefahren, um unseren Freund zu besuchen. Das Haus war verschlossen, wir sind zurückgefahren. Sehr eigenartig, dieses Haus, das Alberto als sein »Märchenhaus« bezeichnet. Ich kann daran nichts Märchenhaftes finden, es sieht eher nach was Modernistischem aus.

20. Juli 1932 – Liebes Tagebuch.
Ich sterbe vor Angst wegen dieser blöden Revolution. Gestern nacht habe ich kein Auge zugetan, weil all diese Flugzeuge am Himmel knatterten. Ich hatte Angst, sie würden Bomben abwerfen. Der liebe Prado hat beim Abendessen reingeschaut und gesagt, Alberto sei in Santos. Wenn es irgend geht, will ich am Wochenende zur Küste runterfahren und meinen Freund besuchen.

Begegnung in Baalbek Die Begeisterung für die alten Pioniere klingt bei Marcel Proust so:
»... Plötzlich bäumte sich mein Pferd auf, es hatte ein fremdartiges Geräusch gehört, und ich hatte einige Mühe, es im Zaum zu halten, um nicht abgeworfen zu werden; ich richtete meinen tränennassen Blick auf den Punkt, von wo das Geräusch zu kommen schien; und ich sah etwa 50 Yards über mir im Sonnenlicht zwischen zwei großen, glänzenden Metallflügeln ein Wesen, dessen unscharfes Antlitz nach dem eines Mannes aussah. Ich war so erschüttert wie ein alter Grieche, der zum erstenmal einen Halbgott erblickt. Und ich weinte, denn die Tränen standen mir schon in den Augen, seit ich begriffen hatte, daß dieses Geräusch sich oberhalb meines Kopfes näherte – Flugzeuge waren eine Seltenheit in jenen Tagen –, und mir vorstellte, daß ich nun zum erstenmal ein Flugzeug zu sehen bekäme. So wie wir bei einer Lektüre spüren, daß ein bewegendes Wort naht, wartete ich nur darauf, das Flugzeug zu erblicken, um dann in Tränen auszubrechen. Aber der Flieger schien noch in der Richtung zu zögern. Ich spürte, daß sich ihm – mir, wäre ich nicht Gefangener meines Lebensraumes – sämtliche Wege im Raum öffneten, sämtliche Wege im Leben; er setzte seinen Flug fort, schwebte ein paar Sekunden über dem Meer; dann traf er eine plötzliche Entscheidung, entwickelte eine

Kraft, die im Widerspruch zur Erdanziehung stand, und schwang sich, als kehrte er in seine Heimat zurück, mit einer leichten Bewegung seiner goldenen Flügel in den Himmel hinauf.«
Proust gedachte seiner großen Liebe Alfred Agostinelli, der 1914 bei einem Flugzeugabsturz ums Leben kam.
Agostinelli tritt unter dem Namen Albertine in allen sieben Bänden von »Auf der Suche nach der verlorenen Zeit« auf.

La mer Als er aufwacht, fühlt er sich prächtig. Lächelnd blickt er auf den Strand von Santos. Das winterliche Meer ist schroff und farblos. Im Nebenbett schläft sein Neffe. Er muß sehr müde sein, denn er hat die ganze Nacht an seiner Seite gewacht.
Leise steigt er aus dem Bett, zieht seinen Morgenmantel über und betrachtet eine Weile seinen Neffen. Die vom Großvater geerbten Züge sind deutlich zu erkennen, der junge Mann ähnelt einem 1870 in Paris aufgenommenen Photo des alten Henrique. Der Neffe hat sich bewegt. Alberto hält fast den Atem an, er will den Jungen nicht aus seinem erholsamen Schlaf reißen. Die letzten Tage sind für ihn anstrengend gewesen.
Auch er ist sehr erschöpft. Im Land herrscht eine Revolution, wieder mal. Während der Nacht sind ganze Schwadronen von Eindeckern über Santos geflogen. Auf dem Weg nach São Paulo, um es zu bombardieren. Wahnsinn.
Seine Krankheit ist langsam und unerbittlich fortgeschritten, und er weiß infolgedessen, daß einem Menschen alles widerfahren kann. Das Schlimmste ist der Verlust des alten Gefühls, daß nichts auf der Welt geschieht, was sich nicht wieder gutmachen, beheben, reparieren ließe. Diese Gewißheit hat ihm früher die Kraft für all seine Wagnisse gegeben, selbst für die leichtsinnigsten.
Er verspürt Hunger, ein heißes Verlangen nach einem guten, schön heißen Kaffee und knusprigem Brot. Er geht zum Kleiderschrank und nimmt einen Kaschmiranzug, die englische Seidenkrawatte und die Schuhe heraus.
Der Neffe wacht auf. Der Onkel lächelt und bedeutet ihm mit einem Zeichen, daß alles in Ordnung sei.

Bauernaufstand Die Last ist zu schwer.
Der Roman geht zu Ende.
Der Held greift nach der Krawatte und geht ins Badezimmer. Im Morgenmantel.

Er bindet die Krawatte am Rohr der Dusche fest und knüpft am anderen Ende eine Schlaufe. Flink steigt er auf einen Hocker und legt sich die Schlaufe um den Hals.
Dann springt er ins Leere.

SO GUT ES GEHT Als Blériot vom Tod des Pioniers erfährt, tauft er sein neuestes Passagierflugzeug auf den Namen Santos Dumont.
Das Flugzeug stürzt ab, der Pilot kommt ums Leben.

RUHM DER NATION Wissen Sie, was geschieht, wenn Sie an Bord eines der vielen Millionen Dollar teuren Flugzeuge, die kreuz und quer durch Brasilien fliegen, den Namen Santos Dumont erwähnen?
Die gesamte Besatzung klopft dreimal auf Holz.
Santos Dumont!
Unberufen, toi, toi, toi.

Danksagungen

Mein größter Dank gebührt Tizuka Yamasaki, die meine Einwände mit seiner solchen Entschiedenheit entkräftet hat, daß ich gar nicht mehr anders konnte.
Desgleichen gilt mein Dank Marco Aurélio, weil er immer so überschwenglich von diesem Projekt gesprochen hat, sowie Wilson Solon, der eine sehr nützliche und detaillierte Chronologie über den Erfinder zusammengestellt hat.
Sehr viel habe ich ganz speziell Henrique Lins de Barros vom Centro Brasileiro de Pesquisas Físicas zu verdanken, dem Verfasser einer erschöpfenden Dokumentation über das Leben und die Erfindungen von Santos Dumont, mit deren Hilfe ich in die Lage versetzt wurde, meine Arbeit anzufertigen. Dabei möchte ich klarstellen, daß Henrique nicht immer damit einverstanden ist, welche Freiheiten ich mir herausgenommen habe, und mit Sicherheit sehr bald seinen eigenen Beitrag in Form eines Buches vorlegen wird. Aber die Großzügigkeit, mit der er uneingeschränkte Einsicht in seine Recherchen gewährt und jeden Schritt der Arbeit am Film in leidenschaftlicher Ausführlichkeit diskutierte, war von fundamentaler Bedeutung.

Márcio Souza

Anhang

Einsamkeit und Leidenschaft

»Eigentlich hatte ich keine große Sympathie für den Protagonisten.« Gleich zu Beginn des Romans zeigt Márcio Souza seine wenig einnehmende Haltung gegenüber Alberto Santos Dumont. Ein kaum bekannter Hauptdarsteller, eine historische Figur, dessen Leben nur von Zeitzeugen aus dem Dunkel des Vergessens geholt werden kann, ein Mensch, der zu Beginn dieses Jahrhunderts gelebt hat – wovon spricht dieser Roman, der 54 Jahre nach dem Tod von Santos Dumont entstanden ist?

Márcio Souza macht mit seinem Roman Alberto Santos Dumont zu einer literarischen Figur mit einer erzählten Vergangenheit. So wird das Historische zu Literatur – das Erzählte ist ebenso real, wie das Reale erzählbar ist.

Alberto Santos Dumont will fliegen. Der Zweck spielt keine Rolle, denn er will die Natur herausfordern: Der Mensch soll fliegen können wie ein Vogel. »Ich sehe darin keine Logik«, stellt sein Kollege Chapin nüchtern fest – offensichtlich hat er ihn nicht verstanden. Die Logik des Fliegens ist Santos Dumont gleichgültig, einzig die Leidenschaft zählt.

Leidenschaften – Alberto Santos Dumont verkörpert drei: Er ist ein Flieger, er ist ein Dandy, er ist ein Liebender.

Der Flieger

»O Wunder! Fliegt er noch? / Er steigt empor und seine Flügel ruhn! / Was hebt und trägt ihn doch? / Was ist ihm Ziel und Zug und Zügel nun?« In den »Idyllen aus Messina« hat Friedrich Nietzsche ein Bild entworfen, in dem sich die Lebensauffassung von Alberto Santos Dumont widerspiegelt. Er fragt sich nicht, ob er fliegt – dies fragen seine Zuschauer. Die Leidenschaft läßt ihn fliegen, deshalb ist es kein Wunder, daß er fliegt. Er steigt empor als »Wolkenjäger« und »Himmelsfeger«, ganz er selbst. Er kennt Preis und Ziel.

Alberto Santos Dumont hat keine natürlichen Flügel. Er fordert die Natur heraus und besiegt sie. Wo sie ihm keine Flügel schenkt, schafft er sich eigene, mit denen er ebenso vollendet fliegt. Aber der Romanheld stößt an seine Grenzen, die Naturbeherrschung hält nicht unentwegt an. Er erreicht nicht jedes weitgesteckte Ziel, aber andere Bezwinger der Lüfte werden folgen, die alte Hürde zu nehmen, und gleichzeitig neue Ziele stecken für die, die nach ihnen kommen.

»Wir Luft-Schiffahrer des Geistes! Alle diese kühnen Vögel, die in's Weite, Weiteste hinausfliegen, – gewiss! irgendwo werden sie nicht mehr weiter können und sich auf einen Mast oder eine kärgliche Klippe niederhocken – und noch dazu so dankbar für diese erbärmliche Unterkunft! Aber wer dürfte daraus schliessen, dass es vor ihnen keine ungeheuere freie Bahn mehr gebe, dass sie soweit geflogen sind, als man fliegen könne!« Im Fünften Buch der »Morgenröthe« charakterisiert Nietzsche jene Ambivalenz des Fliegens und Lebens, die für Alberto Santos Dumont gilt.

Angeregt von einem Bericht über die Ballonfahrt des schwedischen Polarforschers Salomon Auguste Andrée wird Santos Dumont zum Autodidakten. Er bedarf keines Lehrers, er ist sein eigener Meister. Niemals des Fliegens müde, in stetiger Unrast, werfen ihn erstmals die Nachrichten von der unheilbaren Krankheit und der nahende Tod aus der Flugbahn.

Albertos Santos Dumont lebt gefährlich. Mehrfach setzt er sein Leben aufs Spiel, aber es scheint, als verdränge er die Gedanken an die Risiken. Das gefährliche Leben ist Teil des technischen Lebens, ist nicht Sinnbild für Tollkühnheit oder Ruhmessucht, sondern verweist auf den begehrten Zustand, in dem der Mensch Mittelpunkt des Geschehens ist.

Die Technik als handwerkliche Seite der Flugkunst bildet nur die Grundlage, um das Reich der Leidenschaft zu betreten. Entscheidend für Santos Dumont ist die Lust. So wichtig die Daten über einzelne Flugtypen und -strecken erscheinen mögen, sie sind nicht halb so erregend wie die eigentlichen Gründe für das Fliegen. Santos Dumont interessiert sich nicht in erster Linie für Propeller, Fahrgestelle oder Motoren, er will die Grenzen des menschlichen Körpers erweitern.

Der Dandy

Sein exaltiertes Kleidungsverhalten macht es schnell deutlich: Beau Brummel, der Prototyp des Dandy, diente als Vorlage für den Protagonisten. Vom 19. Jahrhundert hervorgebracht, verschwand der Dandy fast genauso schnell, wie er die europäischen Salons betreten hatte. Baron de Charlus, seinem Stolz und seiner Selbstinszenierung ergeben, ist in Marcel Prousts »Auf der Suche nach der verlorenen Zeit« schon der letzte seiner Gattung.

Der Dandy will gefallen und zugleich Erstaunen erregen. Damit zielt er auf seinen gesellschaftlichen Erfolg, und genau dies verschafft ihm soziale Anerkennung. Die Befriedigung seines Stolzes und seiner Eigenliebe geschieht indes um den Preis des Erschreckens und Verwirrens. Charles

Baudelaire spricht vom Vergnügen, in Erstaunen zu setzen, und von der stolzen Genugtuung, niemals in Erstaunen zu geraten.

Alberto Santos Dumont studiert mit Hilfe seines Privatlehrers ausgefallene Fächer, beteiligt sich an den Dreiradrennen im Parc des Princes und steuert mit dem Luftschiff die Cafés seiner Wahl an. Die Pariser Gesellschaft sieht über seine Kapricen hinweg, denn eines überzeugt: sein Fliegen.

Das Verhältnis des Dandys zu den Menschen, die ihn umgeben, ist ambivalent. Er braucht ihre Aufmerksamkeit wie die Luft zum Atmen, baut gleichzeitig Distanz auf, ist fremd und unantastbar. Seine Selbstinszenierung, in kühler Blasiertheit und scheinbarer Leidenschaftslosigkeit gipfelnd, geht so weit, daß der Dandy Sinnlichkeit nicht bei sich selbst sucht. Einem Voyeur gleich, erschöpft sich sein Lustgewinn darin, zu beobachten. Der Dandy selbst bleibt unerkannt, gibt sich nicht preis, will nicht bewegt werden. Das macht seine Kühle aus.

Er ist stoisch, gleichzeitig aber sensibel, emotionsgeladen und in selbstzerstörerischen Gefühlswidersprüchen gefangen. Diese drei Merkmale finden sich auch bei Santos Dumont. Zu den Festen der Pariser Gesellschaft eingeladen, ist er anwesend und wiederum nicht. Er spricht nicht, sondern schweigt. Er nimmt teil und ist teilnahmslos.

Der Dandy ist ein Mann von Intellekt mit einem ausgeprägten Sinn für Ironie. Mit ihrer Hilfe setzt er sich über sich selbst hinweg, stellt sich in seiner Bedingtheit in Frage. Sein eigenes Ich betrachtet er gleichsam mit fremdem Blick von außen. Es ist dieses ironische Ich, das Alberto Santos Dumont besitzt und das ihn zum beliebten »Petitsantôs« macht.

Modisches Stutzertum oder geckenhafte Eitelkeit sind die Attribute, die oft in einem Atemzug mit dem Dandy genannt werden. Selbst Márcio Souza benutzt die Begriffe »schmächtiger Stutzer«, »schillernder Typ« und »Exzentriker«. Doch ist es Barbey d'Aurevilly zufolge im Gegenteil das Geistige, was die eigene Schönheit des Dandys bestimmt.

Der Dandy bewegt sich mit seinen modischen Neuerungen innerhalb der gegebenen Grundstrukturen, bietet aber zugleich Abwechslung und Innovation, die die Monotonie der tradierten Norm durchbrechen. Der Dandy ist einsam, aber kein Außenseiter wie der Sonderling oder der Exzentriker.

Der Liebende

Alberto Santos Dumonts Passion für das Fliegen speist sich aus seiner leidenschaftlichen Auffassung vom Leben. Die Lust, das gesteckte Ziel zu erreichen, begleitet ihn auch in seinen Beziehungen zu den Geliebten. Aber nicht allein die Begegnung, das Kennen- und Liebenlernen reizen ihn, sondern das Prickelnde der Situation selbst, das Leidenschaftliche an sich.

Sah Platon noch die leidenschaftliche Liebe als belastend für den Gesundheitszustand des Menschen an, so gilt in der Moderne eine Liebe ohne Leiden nichts. Für Alberto Santos Dumont gehört beides zusammen als feste Bestandteile seiner Lebensauffassung: Leiden geschieht aus Leidenschaftlichkeit, Liebe erfüllt sich in Leidenschaft.

In seiner Sehnsucht, den begehrten Menschen zu erreichen, ist der Liebende glücklich. Die erste Erfahrung dieser Liebe irritiert den fast egomanisch mit sich und seinen Interessen beschäftigten Santos Dumont. Er hat sie nicht gesucht, sie widerfährt ihm und erschließt ihm neben dem Fliegen einen neuen Raum für seine Leidenschaft.

Eine andere Qualität des Glücks erfährt der Liebende, indem er seine Liebe mit dem erwählten Menschen teilt. Das gefundene Glück stellt sich ihm als höchste Erfüllung dar, das er um nichts preisgeben will. Er spricht nicht von der Liebe und von dem, was er in ihr erlebt. Diese Zurückgezogenheit trennt ihn von den Menschen, denn sie entkräftet alle engeren Beziehungen zu ihnen.

Aber seine Liebe ist gefährdet, sie erscheint nie sicher. Alberto Santos Dumont muß kämpfen, die Liebe zu gewinnen und zu behalten. Ebenso müssen seine Geliebten kämpfen, um das zu erhalten, was er sich selbst ausbezahlt: die Erfüllung der Liebe.

Albertos Santos Dumont lebt eine andere Dimension des Glücks: Den geliebten Menschen nicht erreichen zu können, erfährt er nicht als Zustand der Qual, sondern als Befriedigung des Eigentlichen, als Erfüllung. Ihm geht es weniger um den Partner als um die Liebe selbst. Seine Geliebten sind nur Mittler, die ihm ermöglichen, diesen angestrebten Zustand zu erreichen. Erfüllte Liebe heißt für ihn nicht, geliebt zu werden, sondern zu lieben.

Es ist die konsequente Umsetzung seiner Träume – das Fliegen um des Fliegens und die Liebe um der Liebe willen –, die Alberto Santos Dumont ein Glück schenkt, das allein den Leidenschaftlichen vorbehalten ist.

Michael Fisch, Februar 1990

Glossar

Boche	französisches Schimpfwort für den Deutschen, möglicherweise abgeleitet von dem Argot-Ausdruck *caboche* (Quadratschädel)
Cachambi	Stadtteil von Rio de Janeiro
Canudos	Ort im Nordosten Brasiliens, 1897 Schauplatz des Vernichtungskrieges der brasilianischen Armee gegen Antônio Conselheiro und seine Glaubensgemeinschaft
Chá-Viadukt	*Viaduto do Chá:* berühmte Straßenüberführung in São Paulo
Chorinho	wehmütige Musik
Contos de Réis	alte brasilianische Währung
Fazenda	Landgut, Plantage, Farm
Feijoada	brasilianisches Nationalgericht aus schwarzen Bohnen, diversen Fleischsorten und Reis
Laranjeiras	Stadtteil von Rio de Janeiro
Métèque	abfälliger französischer Ausdruck für Ausländer
Midinette	Pariser Nähmädchen
Mineiro	Bewohner von Minas Gerais
Minas	Minas Gerais: Bundesstaat im Südosten Brasiliens
Paulistaner	Einwohner von São Paulo
Sertão	das spärlich besiedelte Hinterland des brasilianischen Nordostens, ein größtenteils arides Gebiet mit mittelhoher Dornbuschsavanne
Sertanejo	Bewohner des Sertão
Zuaven	französische Infanterietruppe, seit 1831 aus dem algerischen Berberstamm der Zuaven rekrutiert

Personenregister

ÄOLUS in der griechischen Mythologie Gott der Winde; lebte auf der unzugänglichen Insel Äolia

SALOMON AUGUST ANDRÉE (1854-1897) schwedischer Polarforscher; startete mit zwei Begleitern am 11. Juli 1897 in einem Freiballon in Spitzbergen, um den Nordpol zu überqueren; seitdem verschollen. Am 6. August 1930 wurden die Überreste der Expedition aufgefunden, darunter seine Tagebücher, die 1930 unter dem Titel »Dem Pol entgegen« veröffentlicht wurden.

DR. BACAMARTE literarische Figur aus der Erzählung *O Alienista* (Der Irrenarzt) von Joaquim Maria Machado de Assis

MAURICE BARRÈS (1862-1923) französischer Schriftsteller und in Jugendjahren ein bekannter Dandy; entwickelte in seinen frühen Romanen – von Johann Gottlieb Fichte ausgehend – den Ich-Kult, der starken Einfluß unter anderem auf André Gide, Paul Claudel, François Mauriac und Henry de Montherland ausübte

JAMES GORDON BENNETT (1841-1918) US-amerikanischer Verleger; übernahm 1862 die von seinem Vater gegründete Tageszeitung *New York Herald* und gründete 1887 eine Europa-Ausgabe in Paris *(International Herald Tribune);* stiftete die Gordon Bennett-Preise für Automobilrennen, Ballon- und Flugwettbewerbe

LOUIS BLÉRIOT (1872-1936) französischer Flugzeugpionier; überquerte am 25. Juli 1909 mit einem kleinen, von einem 25-PS-Motor angetriebenen Eindecker als Erster den Ärmelkanal in 27,20 Minuten

MANOEL JOSÉ BONFIM (1868-1932) brasilianischer Schriftsteller; wegen seines Engagements für den gesamten lateinamerikanischen Kontinent ein Sonderfall unter den Intellektuellen; thematisierte die Rückständigkeit der brasilianischen Gesellschaft im Rahmen einer bio-sozialen Theorie

QUINCAS BORBA literarische Figur aus den Romanen *Quincas Borba* (Quincas Borba) und *Memórias Póstumas de Brás Cubas* (Die nachträglichen Memoiren des Brás Cubas) von Joaquim Maria Machado de Assis

ISABEL DE BRAGANÇA E BOURBON, GRÄFIN D'EU (1846-1921) Tochter des brasilianischen Kaisers Dom Pedro II. und Kronprinzessin; führte während seiner Abwesenheit die Regierungsgeschäfte; verkündete am 13. Mai 1888 das *Lei Aurea* (Goldenes Gesetz) zur Abschaffung der Sklaverei

GEORGE BRYAN BRUMMEL (1778-1840) englischer Dandy; als »Beau Brummel« gefeierter Modeheld der Londoner Gesellschaft, befreundet mit dem Prince of Wales und späteren König George IV.; verließ 1816 England, um seinen Gläubigern zu entfliehen, nachdem er sein Vermögen verspielt hatte; starb völlig verarmt in einem Asyl

Octave Chanute (1831-1910) Ingenieur und Flugzeugpionier; von 1853 bis 1883 in den USA als Eisenbahningenieur tätig; studierte seit 1889 das Problem des Fluges und besonders die von Otto Lilienthal angestellten Flugversuche, führte seit 1895 zahlreiche Gleitflüge durch; gilt als Lehrer der Brüder Wilbur und Orville Wright

Jorge Chavez (1887-1910) peruanischer Flieger; überquerte am 23. September 1910 mit einem Blériot-Eindecker die Alpen und stellte 1910 mit 2652 Meter Flughöhe einen Weltrekord auf; starb 1910 bei einem Absturz über der Lombardei. Der Flughafen der peruanischen Hauptstadt ist nach ihm benannt.

Antônio Conselheiro (1828-1897) eigentlich Antônio Vicente Mendes Maciel; brasilianischer Wanderprediger; gründete mit seiner messianischen Glaubensgemeinschaft die Siedlung Canudos im brasilianischen Nordosten, die nach langem Widerstand 1897 durch das Militär dem Erdboden gleichgemacht wurde

Daidalos in der griechischen Mythologie Baumeister und Erfinder; baute für sich und seinen Sohn Ikaros Flügel, um aus dem Labyrinth des Minos auf Kreta nach Sizilien zu fliehen

Henry Deutsch de la Meurthe Erdölunternehmer; stiftete den mit 100000 Francs dotierten Prix Deutsch für eine Ballonfahrt von Saint-Cloud zum Eiffelturm und zurück in weniger als 30 Minuten, der von Alberto Santos Dumont am 19. Oktober 1901 gewonnen wurde

Thomas Alva Edison (1847-1931) US-amerikanischer Ingenieur; erfand den Phonographen, die Kohlenfadenlampe, den Dampfmaschinengenerator zur Erzeugung elektrischen Stroms, den Kintographen und das Vitaskop

Alexandre Gustave Eiffel (1832-1923) französischer Ingenieur; konstruierte die Hallen der Pariser Weltausstellung von 1878, zahlreiche Brücken und von 1885 bis 1889 den 300,5 Meter hohen Eiffelturm, dessen Entwurf auf Koechlin zurückgeht

Henry Farman (1874-1958) französischer Flugpionier; stellte von 1908 bis 1910 mehrere Flugrekorde auf; konstruierte mit seinem Bruder Maurice (1877-1964) die ersten Doppeldecker; gründete 1912 die Farman-Flugzeugwerke in Boulogne-Billancourt, in denen 1919 ein Verkehrsflugzeug für zwölf Passagiere entstand

Edmond Ferber (1862-1909) eigentlich Louis Ferdinand Ferber; französischer Hauptmann und Flugzeugtechniker; baute Eindecker nach dem System von Otto Lilienthal; stürzte am 22. September 1909 mit seinem Flugzeug ab. Ein Jahr nach seinem Tod erschien sein Buch »Die Kunst zu fliegen«.

Henry Jacques Giffard (1825-1882) französischer Luftschiffer; baute das erste halbstarre Luftschiff (mit 44 Meter Länge und einer Dampfmaschine von 3 PS) und für Weltausstellungen große Luftballons bis 25000 Kubikmeter; erfand 1858 den Injektor für Dampfkessel

Jean Jaurès (1859-1914) französischer Philosoph und Politiker; von 1883 bis 1885 Professor in Toulouse; setzte sich für die Revision des Dreyfus-Prozesses ein; wurde kurz vor Ausbruch des Ersten Weltkrieges von einem nationalistischen Fanatiker ermordet

Maurice Leblanc (1864-1941) französischer Schriftsteller und Flieger; begann mit Erzählungen und psychologischen Romanen; schuf mit seinen zahlreichen populären Kriminal- und Abenteuerromanen die Figur des Arsène Lupin; befreundet mit Louis Blériot

Max Linder (1883-1925) eigentlich Maximilian Leuville; französischer Schauspieler und Regisseur; seit 1905 beim Film tätig, wirkte in über 200 Filmen mit; gilt als einer der besten Komiker des Stummfilms; beeinflußte wesentlich den Stil Charlie Chaplins

Cesare Lombroso (1836-1909) italienischer Arzt; Professor für Gerichtsmedizin und Psychiatrie; wurde bekannt durch seine Lehre vom »geborenen Verbrecher« und der Beziehung zwischen Genie und Irrsinn

Jean Lorrain (1855-1906) eigentlich Paul Duval; französischer Schriftsteller und Journalist; Verfasser naturalistischer Sittenromane aus dem zeitgenössischen Paris mit ausgeprägter Vorliebe für die Beschreibung phantastischer »Perversionen«; auch Lyriker und Dramatiker

Émile Loubet (1838-1929) französischer Politiker; gemäßigter republikanischer Abgeordneter und Senator; mußte als Ministerpräsident 1892 infolge der Panamakrise zurücktreten; 1896 Senatspräsident, von 1899 bis 1906 Staatspräsident

Louis Jean Lumière (1864-1948) französischer Chemiker und Fabrikant; begründete mit seinem Bruder Auguste Marie Nicolas (1862-1954) eine Fabrik für photographische Platten in Lyon; entwickelte 1895 das moderne kinematographische Verfahren

Joaquim Maria Machado de Assis (1839-1908) brasilianischer Dichter; als Buchdrucker, Korrektor und Journalist tätig; hatte als Mulatte höchste Staatsämter inne; erster Präsident der *Academia Brasileira de Letras;* gilt als größter brasilianischer Schriftsteller

Gulgielmo Marchese Marconi (1874-1937) italienischer Ingenieur und Physiker; entwickelte die drahtlose Telegraphie; begann 1895 mit seinen Versuchen zur drahtlosen Übermittlung von Radiowellen, die ihm 1899 (Ärmelkanal) und 1901 (Nordatlantik) gelangen; erhielt 1909 den Nobelpreis für Physik

Louis Philippe Marie Ferdinand Gaston d'Orléans, Graf d'Eu (1842-1922) Enkel des französischen »Bürgerkönigs« Louis Philippe und Prinzgemahl von Isabel de Bragança e Bourbon; nahm am Paraguay-Krieg teil und unterschrieb den Friedensvertrag zwischen Brasilien und Paraguay

Júlio Prestes (1882-1946) brasilianischer Politiker; sollte 1930 Nachfolger des Präsidenten Washington Luís werden, wurde jedoch von seinem Gegenkandidaten Getúlio Vargas gefangengenommen

Luís Carlos Prestes (1898-1990) Führer der Kommunistischen Partei Brasiliens; leitete einen mißglückten Aufstand gegen Präsident Getúlio Vargas, wurde verhaftet und in die DDR ausgewiesen

Marcel Proust (1871-1922) französischer Romancier; schrieb den fundamentalen Romanzyklus *A la recherche du temps perdu* (Auf der Suche nach der verlorenen Zeit), der von 1913 bis 1927 erschien; thematisiert die Zeit im Sinne einer erfüllten Gegenwart, ihren Verlust durch den Verlust der Erinnerung und ihre Wiedergewinnung in der Erinnerung

Manfred Freiherr von Richthofen (1892-1918) deutscher Offizier; erfolgreichster deutscher Jagdflieger des Ersten Weltkriegs (»Roter Baron«); ab 1917 Kommandeur des Jagdgeschwaders I

Alphonse de Rothschild (1827-1905) französischer Bankier; Enkel von Mayer Amschel Rothschild; der in Frankfurt am Main die Bankdynastie der Rothschilds begründete

David Schwarz (1850-1897) österreichischer Luftschiffkonstrukteur; baute 1896/97 das erste starre, lenkbare Luftschiff mit einem 12-PS-Daimler-Motor und Aluminiumhülle, das auf der ersten Probefahrt verunglückte. Die Patente wurden 1898 von Ferdinand Graf von Zeppelin erworben.

Augusto Severo (1864-1902) brasilianischer Abgeordneter, Politiker und Flieger; starb in Paris bei einer Ballonexplosion

Tartarin de Tarascon literarische Figur aus dem Roman *Aventures prodigieuses de Tartarin de Tarascon* (Die wundersamen Abenteuer des Herrn Tartarin de Tarascon) von Alphonse Daudet

Gaston Tissandier (1843-1899) französischer Luftfahrtpionier; stieg in einem Freiballon auf 8600 Meter Höhe, wobei seine beiden Begleiter infolge Sauerstoffmangels umkamen; unternahm 1883/84 Versuche mit einem selbstgebauten, elektrisch angetriebenen Luftschiff; verließ 1870 im Ballon das von preußischen Truppen belagerte Paris

Cornelius Vanderbilt (1794-1877) US-amerikanischer Unternehmer; betätigte sich in der Schiffahrt und später im Eisenbahnwesen; kontrollierte wichtige Eisenbahnlinien im Osten der USA und erwarb auf diese Weise ein Vermögen von über 100 Millionen Dollar

Getúlio Vargas (1883-1954) brasilianischer Politiker; wurde 1930 nach einem Staatsstreich Präsident und versuchte auf diktatorischem Weg Reformen durchzusetzen; 1945 zum Rücktritt gezwungen, von 1950 bis 1954 erneut Präsident

Jules Verne (1828-1905) französischer Schriftsteller; studierte Jura und arbeitete als Börsenmakler; schrieb ab 1863 in regelmäßiger Folge utopisch-halbwissenschaftliche Abenteuer- und Zukunftsromane, die als Beginn der Science-fiction-Literatur gelten

Orville Wright (1871-1948) und Wilbur Wright (1867-1912) US-amerikanische Flugzeugbauer und Erfinder des Motorflugzeugs; führten am 17. Dezember 1903 die ersten gesteuerten Motorflüge mit selbstgebauten Flugzeugen durch; gelten aufgrund ihrer systematischen Studien, Vorbereitungsarbeiten und Vervollkommnung in der Flugzeugentwicklung als die eigentlichen Pioniere des Motorflugzeugs

Ferdinand Graf von Zeppelin (1838-1917) deutscher Luftschiffkonstrukteur; entwickelte ab 1892 das erste Starr-Luftschiff; stieg am 2. Juli 1900 mit dem Luftschiff LZ I am Bodensee auf. Nach der Zerstörung des Luftschiffes LZ 4 bei Echterdingen 1908 spendete die deutsche Bevölkerung sechs Millionen Mark zur weiteren Entwicklung seiner Luftschiffe.

Zeittafel zu Alberto Santos Dumont

20. 7. 1873	Geburt in Ribeirão Preto im Bundesstaat São Paulo
1891	Ankunft in Paris
20. 9. 1898	erster Aufstieg mit dem Luftschiff »Santos Dumont I«
1900	Henry Deutsch de la Meurthe setzt einen Preis von 100 000 Francs aus für eine Ballonfahrt von Saint-Cloud zum Eiffelturm und zurück in weniger als 30 Minuten
12. 7. 1901	erster Versuch mit dem Luftschiff »Santos Dumont 5«, der um zehn Minuten scheitert
3. 8. 1901	zweiter Versuch, bei dem die »Santos Dumont 5« explodiert
19. 10. 1901	dritter Versuch mit der »Santos Dumont 6«, bei dem Santos Dumont sein Ziel um 40 Sekunden verfehlt. Nach Protesten aus der Bevölkerung wird ihm der Prix Deutsch zuerkannt.
23. 6. 1903	Explosion der »Santos Dumont 9« bei einer Fahrt von Saint-Cloud zum Étoile
14. 7. 1903	Militärparade in Paris, bei der Santos Dumont 21 Salutschüsse aus seinem Ballon abfeuert und ein Attentat vermutet wird
1904	Publikation von Santos Dumonts Buch *Dans l'air* in Paris
13. 9. 1906	erster Flug mit dem Entenflügler »Santos Dumont 14«, der als kubistische Maschine in die Geschichte der Luftfahrt eingeht
23. 10. 1906	Santos Dumont gewinnt mit der »14-Bis« den Archdeacon-Preis für den ersten 25-Meter-Flug mit einem »Schwerer-als-Luft«.
12. 11. 1906	Santos Dumont gewinnt mit der »14-Bis« den Preis des Aéro Club für den ersten 100-Meter-Flug mit einem »Schwerer-als-Luft«.
1908	erster gefährlicher Absturz, bei dem Santos Dumont verletzt wird
	Entwicklung der »Demoiselle«, des ersten erfolgreichen Leichtbau-Flugzeugs
	Diagnose des Arztes: multiple Sklerose
13. 9. 1909	erster Flug mit einer Geschwindigkeit von 100 Stundenkilometern in der »Demoiselle«
1909	letzter Flug
1914	Vernichtung der Tagebücher
1928	endgültige Rückkehr nach Brasilien
1932	Umzug in sein »Märchenhaus«
23. 7. 1932	Selbstmord
1956	offizielle Ausstellung des Totenscheins

Wir danken der Stiftung *Vitae – Apoio à Cultura, Educação e Promoção Social* und dem *Instituto Nacional do Livro/Fundação Pró-Leitura do Ministério da Cultura do Brasil* für eine Bezuschussung der Übersetzerkosten.

Lateinamerikanische Literatur in der edition suhrkamp und in den suhrkamp taschenbüchern

»Imagination, Sensibilität, Liebenswürdigkeit, Sinnlichkeit, Melancholie, eine gewisse Religiosität und ein gwisser Stoizismus gegenüber dem Leben und dem Tode, ein tiefes Gefühl für das Jenseitige und ein nicht weniger ausgeprägter Sinn für das Hier und Jetzt ... Lateinamerika ist eine Kultur.« *Octavio Paz*

Ciro Alegría: Die hungrigen Hunde. Roman. Deutsch von Wolfgang A. Luchting. Mit einem Nachwort von Walter Boehlich. st 447

Isabel Allende: Eva Luna. Roman. Aus dem Spanischen von Lieselotte Kolanoske. st 1897

– Das Geisterhaus. Roman. Aus dem Spanischen von Anneliese Botond. st 1676 und st 1901

– Von Liebe und Schatten. Roman. Aus dem Spanischen von Dagmar Ploetz. st 1735

Reinaldo Arenas: Wahnwitzige Welt. Ein Abenteuerroman. Aus dem Spanischen von Monika López. st 1350

José María Arguedas: Die tiefen Flüsse. Roman. Aus dem Spanischen von Suzanne Heintz. st 588

Miguel Barnet: Alle träumten von Cuba. Die Lebensgeschichte eines galicischen Auswanderers. Roman. Aus dem Spanischen von Anneliese Botond. st 1577

Der Cimarrón. Die Lebensgeschichte eines entflohenen Negersklaven aus Cuba, von ihm selbst erzählt. Nach Tonbandaufnahmen herausgegeben von Miguel Barnet. Aus dem Spanischen von Hildegard Baumgart. Mit einem Nachwort von Heinz Rudolf Sonntag und Alfredo Chacón. st 346

– Das Lied der Rahel. Mit einem Nachwort von Miguel Barnet. Aus dem Spanischen von Wilhelm Plackmeyer. st 966

Adolfo Bioy Casares: Fluchtplan. Roman. Aus dem Spanischen von Joachim A. Frank. st 378

– Die fremde Dienerin. Phantastische Erzählungen. Aus dem Spanischen von Joachim A. Frank. PhB 113. st 962

– Liebesgeschichten. Aus dem Spanischen von René Strien. st 1701

– Morels Erfindung. Roman. Mit einem Nachwort von Jorge Luis Borges. Aus dem Spanischen von Karl August Horst. PhB 106. st 939

– Schlaf in der Sonne. Roman. Aus dem Spanischen von Joachim A. Frank. st 691

– Tagebuch des Schweinekriegs. Roman. Aus dem Spanischen von Karl August Horst. st 469

112/1/9.91

Lateinamerikanische Literatur in der edition suhrkamp und in den suhrkamp taschenbüchern

Adolfo Bioy Casares: Der Traum der Helden. Roman. Aus dem Spanischen von Joachim A. Frank. st 1185

Ignácio de Loyola Brandão: Kein Land wie dieses. Aufzeichnungen aus der Zukunft. Aus dem brasilianischen Portugiesisch von Ray-Güde Mertin. es 1236

– Null. Prähistorischer Roman. Aus dem Brasilianischen und mit einem Nachwort von Curt Meyer-Clason. st 777

Guillermo Cabrera Infante: Drei traurige Tiger. Roman. Aus dem kubanischen Spanisch von Wilfried Böhringer. st 1714

– Rauchzeichen. Aus dem Englischen von Joachim Kalka. st 1750

Alejo Carpentier: Explosion in der Kathedrale. Roman. Aus dem Spanischen von Hermann Stiehl. st 370

– Die Harfe und der Schatten. Roman. Aus dem Spanischen von Anneliese Botond. st 1024

– Stegreif und Kunstgriffe. Essays zur Literatur, Musik und Architektur in Lateinamerika. Aus dem Spanischen von Anneliese Botond. es 1033

– Die verlorenen Spuren. Roman. Aus dem Spanischen von Anneliese Botond. st 808

José Cândido de Carvalho: Der Oberst und der Werwolf. Roman. Aus dem Brasilianischen von Curt Meyer-Clason. st 1092

Gregorio Condori Mamani: »Sie wollen nur, daß man ihnen dient ...« Autobiographie. Aus dem Spanischen von Karin Schmidt. es 1230

Julio Cortázar: Alle lieben Glenda. Erzählungen. Aus dem Spanischen von Rudolf Wittkopf. st 1576

– Bestiarium. Erzählungen. Aus dem Spanischen von Rudolf Wittkopf. st 543

– Ende des Spiels. Erzählungen. Aus dem Spanischen von Wolfgang Promies. st 373

– Das Feuer aller Feuer. Erzählungen. Aus dem Spanischen von Fritz Rudolf Fries. st 298

– Die geheimen Waffen. Erzählungen. Aus dem Spanischen von Rudolf Wittkopf. st 672

– Die Gewinner. Roman. Aus dem Spanischen von Christa Wegen. st 1761

– Ein gewisser Lukas. Aus dem Spanischen von Rudolf Wittkopf. st 1937

– Letzte Runde. Aus dem Spanischen von Rudolf Wittkopf. es 1140

– Das Observatorium. Aus dem Spanischen von Rudolf Wittkopf. Mit Fotos von Julio Cortázar unter Mitarbeit von Antonio Gálvez. es 1527

112/2/9.91

Lateinamerikanische Literatur in der edition suhrkamp und in den suhrkamp taschenbüchern

Julio Cortázar: Oktaeder. Erzählungen. Aus dem Spanischen von Rudolf Wittkopf. st 1295

– Passatwinde. Erzählungen. Aus dem Spanischen von Rudolf Wittkopf. st 1370

– Rayuela. Himmel und Hölle. Roman. Aus dem argentinischen Spanisch von Fritz Rudolf Fries. st 1462

– Reise um den Tag in 80 Welten. Aus dem Spanischen von Rudolf Wittkopf. es 1045

Der Frauenheld. Geschichten der Liebe aus Lateinamerika. Herausgegeben und mit einem Nachwort versehen von Michi Strausfeld. st 1296

Carlos Fuentes: Nichts als das Leben. Roman. Deutsch von Christa Wegen. st 343

Fernando Gabeira: Die Guerilleros sind müde. Aus dem brasilianischen Portugiesisch übersetzt und herausgegeben von Henry Thorau und Marina Spinu. Nachwort von Hans Füchtner. st 737

Rómulo Gallegos: Canaima. Roman. Aus dem Spanischen übertragen von Doris Deinhard. st 1639

Elena Garro: Erinnerungen an die Zukunft. Roman. Aus dem mexikanischen Spanisch von Konrad Schrögendorfer. Mit einem Nachwort von Michi Strausfeld. st 1647

Oswaldo França Junior: Jorge, der Brasilianer. Roman. Aus dem brasilianischen Portugiesisch von Inés Koebel. es 1571

Lateinamerikaner über Europa. Herausgegeben von Curt Meyer-Clason. es 1428

José Lezama Lima: Die amerikanische Ausdruckswelt. Aus dem kubanischen Spanisch von Gerhard Poppenberg. es 1457

– Paradiso. Roman. Aus dem Spanischen von Curt Meyer-Clason unter Mitwirkung von Anneliese Botond. st 1005

Osman Lins: Die Königin der Kerker Griechenlands. Roman. Aus dem brasilianischen Portugiesisch von Marianne Jolowicz. st 1431

Clarice Lispector: Die Passion nach G. H. Roman. Aus dem brasilianischen Portugiesisch von Christiane Schrübbers und Sarita Brandt. st 1724

Angeles Mastretta: Mexikanischer Tango. Roman. Aus dem Spanischen von Monika López. st 1787 und st 1913

Pablo Neruda: Liebesbriefe an Albertina Rosa. Zusammengestellt, eingeleitet und mit Anmerkungen versehen von Sergio Fernández Larrain. Aus dem Spanischen von Curt Meyer-Clason. st 829

112/3/9.91

Lateinamerikanische Literatur in der edition suhrkamp und in den suhrkamp taschenbüchern

Juan Carlos Onetti: Das kurze Leben. Roman. Aus dem Spanischen von Curt Meyer-Clason. st 661

– Lassen wir den Wind sprechen. Roman. Aus dem Spanischen von Anneliese Botond. st 1763

– So traurig wie sie. Erzählungen. Aus dem Spanischen von Wilhelm Muster. st 1601

Octavio Paz: Essays I/II. 2 Bände. Aus dem Spanischen von Carl Heupel und Rudolf Wittkopf. st 1036

– Gedichte. Spanisch und deutsch. Übertragung von Fritz Vogelgsang. st 1832

– Der menschenfreundliche Menschenfresser. Geschichte und Politik 1971-1980. Aus dem Spanischen von Rudolf Wittkopf und Carl Heupel. es 1064

– Nackte Erscheinung. Das Werk von Marcel Duchamp. Aus dem Spanischen von Rudolf Wittkopf. st 1833

– Suche nach einer Mitte. Die großen Gedichte. Spanisch und deutsch. Übersetzung Fritz Vogelgsang. Nachwort Pere Gimferrer. es 1008

– Zwiesprache. Essays zu Kunst und Literatur. Aus dem Spanischen von Elke Wehr und Rudolf Wittkopf. es 1290

Elena Poniatowska: Lieber Diego. Aus dem mexikanischen Spanisch von Astrid Schmitt. st 1592

– Stark ist das Schweigen. Vier Reportagen aus Mexiko. Übersetzt von Anna Jonas und Gerhard Poppenberg. Mit Abbildungen. st 1438

Manuel Puig: Die Engel von Hollywood. Roman. Aus dem Spanischen von Anneliese Botond. st 1165

– Herzblut erwiderter Liebe. Roman. Aus dem brasilianischen Portugiesisch von Karin von Schweder-Schreiner. st 1469

– Der Kuß der Spinnenfrau. Roman. Aus dem Spanischen von Anneliese Botond. st 869

– Der schönste Tango der Welt. Ein Fortsetzungsroman. Deutsch von Adelheid Hanke-Schaefer. st 474

– Verraten von Rita Hayworth. Roman. st 344

Horacio Quiroga: Geschichten von Liebe, Irrsinn und Tod. Aus dem Spanischen von Wilfried Böhringer, Hans-Otto Dill, Astrid Schmitt und Erna Stoldt. PhB 248. st 1711

Graciliano Ramos: Karges Leben. Aus dem Brasilianischen von Willy Keller. st 667

José Revueltas: Die Schwester, die Feindin. Erzählungen. Aus dem Spanischen von Monika López. es 1155

112/4/9.91

Lateinamerikanische Literatur
in der edition suhrkamp und
in den suhrkamp taschenbüchern

Darcy Ribeiro: Maíra. Roman. Deutsch von Heidrun Adler. st 809
– Wildes Utopia. Sehnsucht nach der verlorenen Unschuld. Eine Fabel. Aus dem brasilianischen Portugiesisch von Maralde Meyer-Minnemann. es 1354
João Ubaldo Ribeiro: Brasilien, Brasilien. Roman. Aus dem brasilianischen Portugiesisch von Curt Meyer-Clason und Jacob Deutsch. st 1835
– Sargento Getúlio. Roman. Aus dem brasilianischen Portugiesisch übersetzt und mit einem Nachwort versehen von Curt Meyer-Clason. es 1183
Der rote Mond. Phantastische Erzählungen vom Rio de la Plata. Vorwort von Adolfo Bioy Casares. Herausgegeben von Michi Strausfeld. Deutsch von René Strien und anderen. PhB 213. st 1536
Alberto Ruy Sánchez: Octavio Paz. Leben und Werk. Eine Einführung. Aus dem Spanischen übersetzt von Thomas Brovot. st 1894
Osvaldo Soriano: Das Autogramm. Roman. Aus dem Spanischen von Volker Klotsch. st 1252
– Traurig, einsam und endgültig. Auf den Spuren von Laurel und Hardy in Hollywood. Roman. Aus dem Spanischen von Heidrun Adler. st 928
Antônio Torres: Diese Erde. Aus dem brasilianischen Portugiesisch übertragen und mit einem Nachwort versehen von Ray-Güde Mertin. es 1382
Dalton Trevisan: Ehekrieg. Erzählungen. Aus dem brasilianischen Portugiesisch von Georg Rudolf Lind. es 1041
Mario Vargas Llosa: Gegen Wind und Wetter. Literatur und Politik. Aus dem Spanischen von Elke Wehr. es 1513
– Gespräch in der Kathedrale. Roman. Deutsch von Wolfgang A. Luchting. st 1015
– Das grüne Haus. Roman. Deutsch von Wolfgang A. Luchting. st 342
– Der Hauptmann und sein Frauenbataillon. Roman. Aus dem Spanischen von Heidrun Adler. st 959
– Die jungen Hunde. Erzählung. Deutsch von Alexander Luchting. Mit einem Nachwort von José Miguel Oviedo. st 1841
– Der Krieg am Ende der Welt. Roman. Aus dem Spanischen von Anneliese Botond. st 1343
– La Chunga. Ein Stück. Aus dem Spanischen von Dagmar Ploetz. es 1555

112/5/9.91

Lateinamerikanische Literatur in der edition suhrkamp und in den suhrkamp taschenbüchern

Mario Vargas Llosa: Maytas Geschichte. Roman. Aus dem Spanischen von Elke Wehr. st 1605
– Die Stadt und die Hunde. Roman. Aus dem Spanischen von Wolfgang A. Luchting. st 622
– Tante Julia und der Kunstschreiber. Roman. Aus den Spanischen von Heidrun Adler. st 1520
– Wer hat Palomino Molero umgebracht? Roman. Aus dem Spanischen von Elke Wehr. st 1786

112/6/9.91